基于
"问题导学"
的高中政治课堂教学

汤真平◎著

线装書局

图书在版编目（CIP）数据

基于"问题导学"的高中政治课堂教学 / 汤真平著
. -- 北京：线装书局，2023.4
ISBN 978-7-5120-5180-5

Ⅰ．①基… Ⅱ．①汤… Ⅲ．①政治课－课堂教学－
教学研究－高中 Ⅳ．① G633.202

中国版本图书馆 CIP 数据核字（2022）第 177888 号

基于"问题导学"的高中政治课堂教学
JIYU "WENTI DAOXUE" DE GAOZHONG ZHENGZHI KETANG JIAOXUE

作　　者：汤真平
责任编辑：姚　欣
出版发行：线装书局
　　　　　地　　址：北京市丰台区方庄日月天地大厦 B 座 17 层（100078）
　　　　　电　　话：010-58077126（发行部）010-58076938（总编室）
　　　　　网　　址：www.zgxzsj.com
经　　销：新华书店
印　　制：成都市兴雅致印务有限责任公司
开　　本：880mm×1230mm　1/32
印　　张：9.75
字　　数：228 千字
版　　次：2023 年 4 月第 1 版第 1 次印刷

定　　价：78.00 元

线装书局官方微信

"问题导学":当代课堂教学
深度改革的新方向

(代前言)

教育的本质是追求自我教育,教学的本质是让学生学会学习,最终使学习者学会终身学习和持续发展。从教学内涵上看,课堂教学是从"教"的课堂逐步向"学"的课堂发展的动态过程,从低级阶段逐步向高级阶段发展,从不成熟逐步向成熟发展。具体可划分为四个境界:即教师知识讲授课堂——教师导学课堂——问题导学课堂——自我导学课堂。

以上四重境界既有密切的内在联系,又有着本质差异,其教学理念和思路以及方法都有很大差异。"教师讲授"课堂是指教师有目的、有计划地向学生系统讲授知识,促进学生发展的课堂境界;"教师导学"课堂是指在教师指导下组织学生自主合作探究学习的课堂境界;"问题导学"课堂是指以问题学习为主线,在自觉进行自主学习、发现生成问题的基础上,师生开展合作探究学习的课堂境界;"自我导学"课堂是指学生在真正意义上实现自主合作探究学习的课堂境界。

我国自20世纪90年代以来全面实施素质教育,21世纪初在基础教育阶段全面推动新一轮课程改革,使中小学课堂教学改革取得了历史性的显著成就,目前,有很多学校都超越了"教师讲授"课堂境界,积极地走向了"教师导学"课堂境界,尤其是部分小学、初中课改先进学校。最令人兴奋的是有少数学校在课堂改革的实践中,成功探索和实现了"问题导学"课堂境界,如山东省枣庄市红旗小学、深圳市沙河小学、北京周口店小学、内蒙古乌丹五中、沈阳市浑南一中、河南省漯河高中、山西省太谷二中、北京大学附中云南实验学校等学校成功实现了"问题导学"课堂境界。实践证明,"问题导学"课堂不仅使学习者学会学习,还能促进多元思维发展,为学习者学会终身持续发展奠定了十分重要的基础。

"教师导学"是实现"问题导学"的基础阶段,"问题导学"是实现"自我导学"的关键环节,也是必经之路。这三种境界都属于素质教育范畴。"问题导学"课堂的真实意义在于使学生学会问题发现、问题生成、问题解决学习,培养创新思维意识、合作能力、交往能力、实践能力和创造能力,使学习者学会终身学习。如果我国实现人力资源强国的发展目标,就必须使每位社会成员培养成优秀人力资源。这些优秀人力资源在哪里培养?就必须在"问题导学"课堂和"自我导学"课堂里培养。"教师讲授"课堂和"教师导学"课堂是面对少数人成长的精英教育,只能培养少数人成为优秀人力资源,是难以落实素质教育精神的。而只有"问题导学"课堂和"自我导学"课堂,才能做到"面向全体、主动发展和全面发展"。当下,我们面临的最核心任务:就是为了实现人力资源强国,挑战自我,超越现实,创建"问题导学"课堂,追求"自我导学"课堂理想。"问题导学"是当代课堂教学深度改革不可回避的新路径、新思维,也是新方向。

一、"问题导学"超越了"教师导学"范畴

"教师导学"是一种教学行为理念话语,在内涵上超越了"教师知识讲授"境界。其含义是在教师指导下组织学生自主合作探究学习,教师依然发挥其教学主导作用,学生在教师预设的教学情境下,按教师规定的教学内容进行自主和探究学习,教师根据学生需要进行讲授或指导。教学思维基本上有两种:一种是

"先教后学",教师按提前备课内容讲授知识,然后让学生进行自主合作学习;另一种是"先学后教",教师先让学生进行自主合作探究学习,然后教师有针对性地讲授知识。支持"教师导学"的理论体系是行为主义教学理论,属于"知识传递型"教学认识论,在实践中又融进了部分"知识建构型"教学认识论的一些要素。"教师导学"行为局限在"新授课"单一课型中,关注知识体系、教学组织、系统讲解、课堂管理、学生纪律等。

"问题导学"是基于"教师导学"基础上的体现素质教育思想和建构主义学习理论的一种理念话语,对教师"教"的行为和学生"学"的行为以及学习方式转变,提出了新的要求,教师和学生对文本知识进行结构化学习,体现知识问题化理念,要本着如何发现问题、分析问题、解决问题的线索来展开,同时在问题发现、问题分析、问题解决、问题拓展等各个阶段都要嵌入评价,保障教师和学生的问题生成质量以及问题解决的质量。这里的"问题"主要分为"概念性问题""原理性问题""习题性问题"和"拓展性问题"四类。"问题"是在师生交往、多元评价中产生,又在多元评价中得到解决的问题,从而实现学习目标。"问题导学"行为不是在单一的"新授课"实施,而是在"问题发现评价课""问题生成评价课""问题解决评价课""问题拓展评价课"和"问题综合解决课"等多元课型中实施。

在"问题导学"视野下,没有教师讲授,只有智慧导学。提倡"先学后导"教学思维,教师要充分相信学生潜能,在教师智慧型引导下让学生学会自主合作探究学习,始终鼓励学生要自主发现问题、分析问题和解决问题,对那些合作解决不了的问题,教师或学生要给予规范而科学的指导。这里的"学",有两层涵义:一是要求教师事先对文本知识进行结构化学习,对课程和学生做出科学分析和问题预设,深度开发相应的问题学习工具,选择适当时机支持学生进行有效学习；二是要求学生课前对文本知识进行结构化预习，对课程内容尽可能做出结构化分析和问题预设，围绕"概念性问题""原理性问题""习题性问题"和"拓展性问题"进行自主合作探究学习。这里的"导"，是指对学生自主合作解决而尚未解决的"问题"进行指导学习，具体有三层涵义："生本联导""生生互导"和"师生相导"。"先学后导"与"先学后教"有本质性差异，绝不是一个"教"与"导"的更换。"先学后教"是属于行为主义教学论；而"先学后导"是建构主义教学论。由于"问题导学"研究走在了"教师导学"理论的前沿，行为主义教学理论难以支持"问题导学"，目前，亟须构建适合"问题导学"的教与学理论体系。

二、"问题导学"体现以"学"为中心理念

"教师导学"课堂是教师指导下让学生进行自主合作探究学习，主要特征是强调文本知识学习、教师主导地位和教师掌控下的、有限度的自主学习、合作学习和探究学习。许多教师也都努力追求以"学"为中心的课堂教学，但由于没有跳出"教师导学"范畴，又回到以教师"教"为中心的课堂教学。在"教师导学"课堂中，由于教师难以割舍"教师讲授课堂"的教学情节和权威角色，所以，不由自主地想时时刻刻都体现自己的主导作用。一个自然环境中，只要存在权威性的上对下的辈分等级关系，人文民主的氛围是很难形成的。也就是说，在"教师导学"视野下，实现以"学"为中心的"生本"课堂是极其艰难的。

"问题导学"课堂是以问题发现、问题生成、问题解决为主线，而开展自主合作探究学习。主要特征是以问题学习为重心、师生围绕"问题"而开展自主合作探究学习。在"问题导学"课堂中，没有强调哪一方的权威性，也不存在谁先知和后知，问题解决不靠谁的权威，而靠的是通过合作对话来进行理性分析和科

学探究。教师和学生之间不存在主导和主体的关系，都是平等的发现者、合作者、探究者、解决者和分享者。很显然，这种"问题导学"课堂自然而然地走向了以"学"为中心的"学本"课堂，将体现以"学"为中心的教学理念，而不再是体现以"教"为中心的教学理念和特征。这里的"学"不是单纯指学生学习，而是指学习者学习，也就是包括学生学习和教师成长。体现以"学"为中心理念，意味着所有学生的学习成功与成长，和教师的专业成长，而不是少数人的成功与成长。

三、"问题导学"转变了教师和学生角色

"问题导学"对教师和学生角色提出了新的要求，同时"问题导学"课堂又推动了教师教学角色和学生学习角色的迅速转型。在"教师导学"课堂中，教师是学生学习的组织者、引导者、指导者、解惑者和示范者；学生是教师组织教学的配合者、接受者、服从者。而在"问题导学"课堂中，教学目标仍然是最上位的，目标转化为"问题"后，呈现在师生面前的就是我们要共同解决的"问题"，所以说，师生共同解决的"问题"是最上位的。在这里，权当把"问题"视为目标性主体，那么在"问题"、教师和学生三者中，谁是最大的？谁是最重要的？毫无疑问是"问题"。教师和学生都是"问题"的发现者、生成者和解决者，都是问题学习的主体。

从教师角度来看，若要实实在在地提高"问题"质量，促进学生学业成就，教师角色必须从原来传统教师角色调整为"大同学"。若突出了教师权威性，强调了教师传统角色，那么"问题"发现、生成、解决质量以及学生成长度将会大打折扣。只有教师变为"大同学"，定位于实现同一个学习目标而与学生共同合作的学习者，才能有效地解决"问题"，提高学习质量。教师尽快学会问题导学能力，还要学会"问题学习工具单"开发与设计。

同时，教师要明确自己也是一个受益者、成长者，要相信"问题导学"课堂会给我们带来意想不到的收获。

从学生角色来看，学生由过去的配合者、接受者和服从者要转向充满自信的、积极学习的问题探究者、发现者、生成者、解决者、合作者和评价者，学会小组合作团队学习，利用小组团队学习平台，开展小组讨论、集思广益、发挥集体智慧，提高问题学习质量。学生在教师指导下尽快学会自主合作、展示对话探究学习，学会"问题发现、生成和解决"学习。

从师生关系来看，师生关系就是简单的、合作的、和谐的、朋友式的发展关系，也是一个"大小同学"的关系，对于某一知识的问题学习，一个人的预设、解决终究是有限的，只有靠大家的智慧来发现和解决，才是丰满的、科学的。这里没有主导和主体的关系，教师和学生是问题学习的主体，开始之时"大同学"主体发挥作用大一些，是显性主体，随着学生问题学习能力提升，教师主体由显性主体逐步走向隐形主体；反之，开始之时学生主体是隐形主体，因为问题学习能力尚不成熟，随着学生问题学习能力逐步提升，学生主体由隐形主体逐步走向显性主体。这是一个师生学习主体成长标志，也是发展成熟的规律。

四、"问题导学"改变了备课思维和方式

"教师讲授"课堂要求教师备教案；"教师导学课堂"要求教师备教案、导学案。在"问题导学课堂"中，教师要备"问题学习工具单"和"课堂学习方案设计"。三个层次是不同思维和方式，有人误认为都是一回事，是"换汤不换药"，其实，三者是有本质区别的。

在"教师讲授"课堂视野中，教师备教案。教案是教师履行教学任务而设计的一种教学方案，出发点是从教师角度设计如何让学生接受知识、如何让学生明白所传知识，通过教师的教来达

到实现教学目标的目的。教案是教师教学行动方案和路线图，却很少研究和顾及所有学生的发展需要，难以满足学生个性发展的需要。

在"教师导学"课堂视野中，教师备导学案。导学案比教案有一定的进步，使教师单纯的知识教授有了一定的发展，设计思路是在教师指导下如何让学生进行自主合作探究学习知识，当学生不能理解和掌握时教师要进行讲授或指导。导学案的进步在于教学方案设计中"嵌入"了自主学习、合作探究学习等要素。但是，导学案仍然属于教师导学视野下的一种封闭性方案设计，不能完全适用于所有年级的学生，不能满足不同程度学生的发展需要，尤其是当学生自主合作探究学习能力提升后，再使用导学案将会束缚学生学习能力的提升。

在"问题导学"课堂视野中，教师备"问题学习工具单"和"课堂学习方案设计"。课堂学习方案设计是"问题导学"视野下的为实现师生共同学习而开发设计的一种结构化设计方案。严格来说，课堂学习方案主要由"学习过程设计"和"问题学习工具单"两部分组成，过程设计和问题工具是分离的，不像导学案一样学习过程方法与知识点"掺"在一起的。这种分离的目的就是逐步让学生学会"问题"式自主合作对话探究学习，为实现"自我导学"课堂奠定基础，为学会终身学习奠定基础。教师在备课时需要用"心"备课，不仅备问题，还要备学法；不仅备过程设计，还要根据不同课型来开发、设计不同工具，如《问题导读评价单》《问题解决评价单》和《问题拓展评价单》（另外有两个小工具单如《问题生成评价单》和《问题训练评价单》）等。教师备课思维和方式的转型，不是使教师工作变得复杂，而是让教师学会结构化、科学化设计，目的是解放教师工作，促进教师专业发展。

五、"问题导学"改变了上课思维和方式

"问题导学"课堂要求每位学生都要具备一定的自主合作对话探究学习能力,学会"问题发现、生成和解决"学习;要求每位教师具备智慧导学能力。在"问题导学"视野下,上课思维不是教师给学生教授知识,也不是教师组织学生围绕文本知识进行自主合作探究学习,而是师生共同围绕"问题"进行自主合作探究学习,体现"先学后导、师生共研"的学习理念,通过自主探究、合作交流、展示对话、问题训练、拓展提升等方式和途径进行学习。

问题导学。"问题"是课堂引领者,是学习的"向导",通过各种问题学习工具单来呈现,以便学生和教师使用。问题工具单的使用体现任务驱动教学法,引进多元评价手段,使问题学习工具单的使用进入一种自然的循环系统。每个问题学习工具单都是面向每位学生的,而不是面向少数学生。学生对问题学习工具单的顺利完成和多元评价,确保了学习目标的落实和高质量达成。

热情高涨。在"问题导学"课堂中,"问题"来自学生的发现学习和生成学习,是经过学生体验学习而得来的,学生对"问题"的解决都带有一种渴望和需求,这种渴望和需求在学习过程中表现为一种学习热情和冲动。所以,学生在自主探究、合作对话、展示交流的解决过程中,都变得十分积极和投入。由于课堂学习始终是围绕学生学习需要而展开,所以,学习热情不断得以激发,学生始终能够保持极大的学习热情。

智慧学习。每位学生都能主动、自主、自觉地学习;同学之间能够合作交流、相互帮助、相互支持、相互促进;每个小组都能够在学科长组织下积极主动地开展合作学习、在单位时间内完成学习任务。教师的主要任务是"两关两导一发展"。"两关",一是关注学生"问题"解决得如何;二是关注"差生"学习表现

如何。"两导"，一是针对"问题"解决质量情况给予规范性、科学性、智慧性指导；二是根据"差生"学习表现和效果给予有效性指导。"一发展"，是指教师在课堂学习过程中关注自己的专业发展，教师随时携带一张《随堂记录评价卡》，在指导之余，做些简单记录，以便课后进行总结、反思和提升。

"温馨之家"。在"问题导学"课堂中，教室变成学生问题探讨、学习交流、思维碰撞、智慧生成的和谐之家，学生往往会投入学习达到忘我境界，在教室每个角落都能做到"行走自如"和"坐立自如"。"问题导学"课堂几乎不存在课堂纪律和管理，学生学习处于亢奋状态，每位学生的自主、主动、合作、展示、探究学习意识都很强烈，人人想在社会化的"小舞台"上展示自我、体验成功。学生学习不受传统的行为观念约束，同学之间、学生和教师之间都能够自然和谐相处，都为了解决问题，实现学习目标而合作学习、共同发展。

六、"问题导学"能够培养创新思维品质

《国家中长期教育改革和发展规划纲要（2010—2020年）》在"战略目标"中提出"到2020年，基本实现教育现代化，基本形成学习型社会，进入人力资源强国行列"。在"战略主题"中指出"坚持以人为本、推进素质教育是教育改革发展的战略主题，是贯彻党的教育方针的时代要求，核心是解决好培养什么人、怎样培养人的重大问题，重点是面向全体学生、促进学生全面发展，着力提高学生服务国家人民的社会责任感、勇于探索的创新精神和善于解决问题的实践能力"。这正为我国教育改革与发展指明了方向，明确了今后人才培养目标要着眼于"提高学生服务国家人民的社会责任感、勇于探索的创新精神和善于解决问题的实践能力"。

尤其是"勇于探索的创新精神和善于解决问题的实践能力"，

在教师讲授课堂和教师导学课堂中，都是无法实现的。因为这两种境界的课堂，不同程度地限制了学生潜能发展、忽视了学生思维发展以及泯灭了学生情感发展。而"问题导学"课堂，就能够实现丰富学生情感、挖掘学生潜能、促进学生思维发展的目标。因为，"问题导学"课堂是以"问题"发现、生成和解决为主线的小组合作学习，其"问题解决"的主要途径是以各种有效活动为学习平台，学生在自主建构、合作探究、展示对话过程中，学会了思考、分析、比较、总结、归纳、综合、判断和评价等学习，经过长期的"问题导学"课堂学习，学生逐步培养了多元思维、发散思维、创新思维能力，久而久之，就能够提升创新思维品质。中小学阶段是学生创新思维品质养成的奠基阶段，不一定能有什么惊人的发明和创造，但是，学生在中小学阶段一旦养成创新思维能力，将在未来的社会实践中发挥我们现代人无法想象的巨大能量。遗憾的是，目前许多高中和大学都封闭地、高傲地、权威性地滞留在"教师讲授课堂"境界，没有走向"问题导学"课堂境界。

"问题导学"课堂，不仅能够培养学生创新思维品质，而且还能够促进教师专业发展，也能够挖掘教师潜能、丰富教师情感和培养教师创新思维能力。由于广大教师都出身于教师讲授课堂，就连"教师导学"课堂都未曾经历过，他们也不具备创新思维能力。在"问题导学"课堂中，我们教师不是成熟和完善的人，只不过是年龄比学生大，生活经验比学生丰富，实际上，也是一个大年龄的"新学生"。在"问题导学"课堂中，教师转换角色和身份后，有责任、有义务与学生共同学习和成长。

早在20世纪80年代，联合国教科文组织国际教育发展委员会在《学会生存——教师世界的今天和明天》中提出"对于传统学校里那种权威式的传授知识的方式要重新进行估价，这就是说，要减少强加在学生身上的束缚（纪律、练习、考试）。学习者可以在小组中互相讨论与课堂讨论中获取知识"。在这句话中，虽然没有明确提出"问题导学"课堂，但是，其含义是重新估价"教师讲授"课堂，走向"教师导学"课堂和"问题导学"课堂，使学习者实现知识建构型学习，围绕"问题"开展小组内相互讨论和课堂展示对话学习。激发学生学习兴趣，培养学生创新思维意识和问题解决能力。随着我国综合实力和知识经济社会的不断发展，社会对人才培养和教育改革将会提出更高的要求，要求教育培养"具有创新意识和实践能力"的优秀人力资源。那么，这种人才就要从课堂中培养。无疑，"问题导学"课堂是未来教育发展的必然，也是当代我国基础教育课堂教学深度改革的新方向。

目　录

第三章　问题导学的教学策略

第四章　问题导学模式的探索与实践

第五章　基于问题导学的经济生活教学设计

第六章 基于问题导学的政治生活教学设计

第七章 基于问题导学的文化生活教学设计

第八章　基于问题导学的生活与哲学教学设计

第一章 高中政治课堂的社会价值与使命

Ⅰ 试论高中政治课堂教学的社会现实意义

思想政治课，在实施素质教育的过程中，有着特殊的地位和作用。高中政治课程中的经济生活、政治生活、文化生活、生活与哲学这四大知识体系，可以说涵盖了政治素质、思想素质、道德素质、心理素质、商业素质等多方面的内容。所以，中学政治课堂教学，向来是思想政治、社会道德教育的重要阵地。本文从以下三个方面，进一步阐明高中政治课堂教学的社会现实意义。

一、科学的社会民主制度理念的继承

1. 感知、研究政治

高中的政治课堂，应学会让学生主动地去感知政治，去研究政治。总的来说，政治课堂所研究的对象是一种社会现象，这种社会现象体现在人与人之间的关系上，也体现在人与自然，与社会的关系上；这种社会现象具有时代性，是客观现实存在的，也是与时俱进的。教师在教学的过程中，要紧扣时政要闻、追踪、专题评析，时政知识、背景材料等；要注意选取当今中外较有代表性的政治热点问题，在学生中展开讨论。教师应鼓励学生讲出自己对政治的见解，并引导学生对政治热点问题进行分析、评论。这一过程，不仅体现了政治课的时代性特点，更从一个层面上让学生很好地理解了人民的权力、人民的政治、人民的政府的问题。作为一国公民，对政治的参与性、参与度，也正是这个国家政治民主的前提与基础。在理解人民参与性的基础上，指

导学生理解政府的代表性问题，也就顺利而易于理解得多。从选举权、罢免权，到政府法令、政策的方方面面，树立政治与己有关、与众有关的观念，是适合高中年龄阶段的学生理解并认知的。当然，在这一教学过程中，教师也要考虑到学生的认知阶段，注意深入浅出，以培养民主、众议的氛围为出发点，以树立民主产生智慧的政治观念为目的。

2. 继承科学的政治理念

没有民主思想的公民，何来民主的政府与国家。培养具有民主思想的下一代，并将科学、正确的政治思想观念代代相传，除了社会与家庭的作用外，也是每一位政治教育工作者义不容辞的责任。具体到教学工作的环节，就是要引导学生正确理解党的路线、方针、政策；理解我国和平崛起的世界意义；理解和平与发展这一世界主题。例如，当下讨论比较热烈的政府公信力问题，教师就应让学生先理解公信力的概念，即指政府获得公众的信任度，是政府行为所产生的信誉和形象在社会组织和民众中所形成的一种心理反应。然后，教师再引导学生就自己的所见所闻中，谈谈哪些政府行为提升了公信力，哪些政府行为又是在破坏公信力。当然，教师还要及时进行归纳总结，让学生先从概念的理性阶段，经过现实的感性认知之后，又能得出具有指导作用的理性判断。

众所周知，政治问题并不是单向的，还要考虑并研究复杂的国际政治形势。如在讲述国体、政体、政党时，教师就可以通过新闻图片、资料，引导学生进行直观对比并思考。特别是遇到一些腐朽落后、特权专制的政治制度时，教师更应将其与先进的政治制度进行清晰的对比，引导学生认识其本质，认识其必将被新时代民主、文明世界所淘汰的规律。例如，我们在教授学生现代民主共和制度国家的政府是人民意志的执行系统，其宗旨是为全体人民服务这一民主常识时，要向他们解答清楚迄今仍在少数国家实行的"君主立宪制"是不符合社会发展潮流的，像这样仍保留世袭君主，公然地制造并认可特权阶级的做法，显然有违现代文明，应被现代文明人所摒弃。

总之，在复杂的国际形势下，政治课教学时更应引导学生关注国家、世界和人类的命运，树立现代民主、文明的意识与精神，继承科学的政治理念，为保证人类社会的长久和谐发展而努力。

二、正确的人生观、世界观的形成

道德是人类精神文明的根本。教师应把政治观点和道德规范落实到知、情、信、意、行等具体的品德要素中。规范学生具体的品德行为，帮助学生形成正确的人生观、世界观。过去的教学，往往片面地强调学生对知识的掌握情况，在情感、意向和行为上提出的要求较为笼统。新课标下，要求教师必须引导学生通过教材的学习，达到发展思维、情感的目的；达到修整自己的认知结构、认知水平的目的。教师必须因材施教，掌握并运用适当的方式和方法。如教师可以组织学生围绕校内外热点社会问题展开讨论，让学生各抒己见，共同思考。方法上，要触类旁通，联系历史、地理各科的知识，通过学习先进人物、事迹，达到培养学生人文精神、提高人文素质的目的。还可以根据学校及周边社会的具体情况，走出课堂进行社会调查。让学生从社会现实中寻找问题的答案，从中受到教育。

三、认识问题、解决问题能力的培养

新课标中提到，要培养学生运用生活实践经验知识来分析和解决问题。现今知识信息更替越来越快，一个人遇到问题时，如果不会去想、去分析，就不可能很好地学习吸收新知识，并最终解决实际问题了。如经济常识教学时，回归生活的讲授方法，就

可以较好地激发学生的学习兴趣。像讲解依法保护消费者合法权益时，可组织学生模拟生活场景进行短剧表演，让他们亲身体会何为消费者知情权、自主权、公平交易权；当消费者权利受到损害时，应通过何种途径正确的解决等，这些知识点在学生表演的过程中很快被记住了。又如讲到税收是国家调节经济的重要杠杆这一知识点时，可引导学生分析减免农业税、缴纳个人所得税的问题。国家通过具体的征收、征管手段来调节市场经济活动，以促进生产和社会的全面协调发展。这不仅有助于学生理解国家的税收政策，也有助于他们自身合法纳税行为的养成。综上，高中政治课堂教学具有丰富而深远的社会现实意义，应受到每一位政治教育工作者的重视。这也正与新课标中更加强调对学生的政治观念教育、思想教育，以及法律观念和公民意识教育的理念相符。

Ⅱ　让兴国之魂走进课堂
——社会主义核心价值体系融入高中政治教学之我见

党的十八大指出："社会主义核心价值体系是兴国之魂，决定着中国特色社会主义发展方向。要深入开展社会主义核心价值体系学习教育，用社会主义核心价值体系引领社会思潮、凝聚社会共识。推进马克思主义中国化时代化大众化，坚持不懈用中国特色社会主义理论体系武装全党、教育人民，深入实施马克思主义理论研究和建设工程，建设哲学社会科学创新体系，推动中国特色社会主义理论体系进教材进课堂进头脑。"社会主义核心价值体系包括四个方面的内容，即坚持马克思主义指导思想，树立中国特色社会主义共同理想，弘扬以爱国主义为核心的民族精神和以改革创新为核心的时代精神，倡导社会主义荣辱观。社会主义核心价值体系也可以这样表述，即倡导富强、民主、文明、和谐，倡导自由、平等、公正、法治，倡导爱国、敬业、诚信、友善。"三个倡导"分别从国家、社会和个人三个层面用24个字提出要求，兼顾国家、社会和个人三者的价值目标，把政治理想、社会导向、个人行为准则统一起来。社会主义核心价值观，既有明确的内容，又可以在表述上详略灵活，而不一定是语词固定、一成不变的。为了学生理解的方便，笔者采用了前者表述。如何让社会主义核心价值理论体系进课堂、进头脑，下面谈谈笔者在高中政治必修4《生活与哲学》教学中贯彻社会主义核心价值体系的几点做法。

一、贯彻马克思主义指导思想，让学生有信心、有信念建设社会主义核心价值体系，就要巩固马克思主义的指导地位

在教学《生活与哲学》第三课时代精神的精华第二节《哲学史上的伟大变革》时，笔者首先向学生提出三个问题：①唯物主义发展经历了哪三个阶段？②马克思哲学以前的旧唯物主义有哪些缺陷？③为什么说马克思主义哲学的产生是人类认识史上一次最为壮丽的日出，是人类认识发展结出的丰美硕果？学生经过思考讨论交流，分组进行了展示，特别是对第三个问题的争论，达到了比预想要好得多的效果。有的学生说，马克思主义哲学的产生有当时的自然科学基础，比如能量守恒和转化定律，就从自然科学角度证明了物质世界运动的客观性，物质运动形式的多样性而不是孤立静止地存在着；细胞学说就证明了自然界是联系的，一切生物有机体之间都不是彼此无关的；生物进化论说明了生物进化的原因在于自然界本身，也说明了自然界是运动变化发展的。这些科学事实充分说明世界是物质的、客观的，认为神创造了一切完全是骗人的鬼话。有的同学说，刚才同学的观点正好说明马克思主义哲学是建立在实践基础上的，细胞学说等三大发现都来自实践又经过实践的反复检验，所以是科学的。有的同学说马克思主义哲学要改变世界，所以它是革命的。是无产阶级科学的世界观和方法论，使马克思主义哲学进入了一个崭新的时代。建设社会主义核心价值体系，就是要坚持不懈地用马克思主义中国化最新理论成果武装全党、教育人民。在教学《生活与哲学》第三课时代精神的精华第二节《哲学史上的伟大变革》第三目"马克思主义中国化的重大理论成果"时，笔者结合课本活动探究节中的问题，引导学生进行讨论探究：

（1）为什么马克思主义理论总是随着历史和实践的发展而不断地向前发展？

（2）你所知道的马克思主义中国化的理论成果有哪些？为什么说中国特色的社会主义理论是真正的哲学？

同学们或沉思，或小声议论，或喜出望外、喜形于色，按捺不住自己的情绪，想展示、想表达，笔者因势利导，让这些同学走上讲台去展示自己的观点。有的同学说中国特色的社会主义理论是我们这个时代精神上的精华，它反映了我们当代的任务和要求，把握住了我们这个时代的脉搏。有的同学说科学发展观是马克思主义关于发展世界观和方法论的集中体现，把对中国特色社会主义规律的认识提高到新的水平。有的同学说真正的哲学给人以智慧，科学发展观是对新形势下要怎样发展的科学回答，它科学地总结和概括了当代的实践经验和认识成果，必须长期坚持。

二、贯彻中国特色社会主义共同理想，让学生有价值目标和理想追求

为什么我们过去能在非常困难的情况下奋斗出来，战胜千难万险使革命胜利呢？就是因为我们有理想，有马克思主义信念，有共产主义信念。中国梦是民族的梦，也是每个中国人的梦。我坚信，到中国共产党成立100周年时全面建成小康社会的目标一定能实现，到中华人民共和国成立 100 周年时建成富强民主文明和谐的社会主义现代化国家的目标一定能实现，中华民族伟大复兴的梦想一定能实现。笔者把这些党和国家领导人的话投影到大屏幕上，让学生一齐朗读产生情感共鸣，让学生从感情思想上感受中国特色社会主义共同理想的重要性。在教学第十二课实现人生的价值第三节《价值的创造与实现》第一目"在劳动和奉献中创造价值"时，笔者指导学生阅读，要求大家思考讨论以下两个问题并把答案写出来：

（1）想一想，为什么奋不顾身地工作着的人生才是真正有意义的人生？

（2）为什么有些人享有优裕的物质生活条件，还是觉得不开心、不幸福，甚至认为生活没有意义？

同学们七嘴八舌，有的说劳动创造了人本身，劳动也是人的存在方式。人只有在劳动中才能自由地彰显和发挥自己的智力和体力、意志和情感，从而实现和证明自己的价值。有的同学说劳动是实现人生价值的根本途径。一个人在劳动中创造的财富越多，意味着他为满足社会和人民的需要所作出的贡献就越大，他的幸福感就越强。笔者趁热打铁，请大家结合自己或者熟悉的人举例说明这个问题，话匣子打开了，每个同学都跃跃欲试，最后笔者请几个发言不太积极的同学作总结，一个同学说得好："人往高处走，水往低处流。意思是说人只有积极上进才可能向高处走，怕苦怕累图享受不劳动就像流水一样向不幸福的道路上走。"

在教学第四单元综合探究《坚定理想，铸就辉煌》时，笔者将每班学生分成 10 个小组收集整理材料。在小组协作的基础上，每组推荐代表上台在全班展示交流。坚持中国特色社会主义共同理想教育，教师不能越俎代庖、急于求成，要重过程，让学生自己教育自己。只有学生亲近的、经过思想斗争作出的选择，他们才会心甘情愿地接受，社会主义核心价值观才会渗透到内心。

三、贯彻以爱国主义为核心的民族精神和以改革创新为核心的时代精神，让学生心中有根、有激情，用以爱国主义为核心的民族精神和以改革创新为核心的时代精神鼓舞斗志

在学习第十课创新意识与社会进步第一节《树立创新意识是唯物辩证法的要求》时，笔者指导学生在自主学习的基础上，明确辩证法不崇拜任何东西，按其本质来说，它是批判的革命的和创新的。在此基础上，笔者引导学生思考怎样创新。有的同学从理论上阐述，有的同学则举例加以说明。有一个同学说我们用的热水瓶变大些变小些都是创新，热水瓶变大些就是保温桶，量变到质变了，就能供应很多人喝水；热水瓶变小点就是捧在手上的小茶杯。制作小茶杯的材料改变了也是创新，如小茶杯有双层不锈钢的，有太空材料做成的，非常轻，便于携带。

在教学第十课第二节《创新是民族进步的灵魂》、第十一课第一节《社会发展的规律》时，笔者变教为诱，变学为导，积极引导学生把改革创新为核心的时代精神与课本紧密结合起来，取得了很好的教学效果。由于把课堂交给了学生，给学生时间，给学生空间，极大地激发了学习的主动性，有的学生还找一些经典的高考题来说明辩证否定观与创新的关系。

四、学生主体参与，让核心价值在学生心目中生根开花结果

叶圣陶说："学生跟种子一样，有自己的生命力，老师能做到的只是供给他们适当的条件和照料，让他们自己成长。"社会主义核心价值体系进教材进课堂进头脑，需要老师做个有心人，在课堂上要重引导点拨而不能强加捆绑，同时要相信学生，有时候在老师看来是很抽象、很理论性的问题，对学生来说却可能如数家珍，每个班总有优秀的同学，比如，在探究马克思主义哲学的产生有当时的自然科学基础时，有的同学就不久前在物理和生物等课堂上学到的能量守恒知识、细胞知识侃侃而谈，少数同学的发言又会激起群体效应都动起来了，课堂不但高效，更重要的是学生的思想道德修养在不知不觉中提升了。

Ⅲ　高中政治新课程教学中渗透
STSE 教育的思考

STSE 是科学（Science）、技术（Technolgy）、社会（Socity）、环境（Environment）的英文缩写。STSE 教育强调科学、技术与社会、环境的相互关系和科学技术在社会生产、生活中的应用，重视科学技术的价值取向以保护人类赖以生存的环境和促进社会可持续发展，培养学生的参与、交流、合作以及探究与创新能力。STSE 教育的基本目标就是不仅教会学生如何去掌握科学技术本身，而且要教会学生在社会中如何应用科学技术，使青少年树立科学技术与社会发展相统一的价值观，并由他们推动科学技术与世界文明的和谐共进。为适应 21 世纪经济、社会、科技发展和环境问题对人才的要求，世界课程改革的一大趋势就是将 STSE 教育纳入课程理念中，并成为课程改革前沿程度的重要指标。STSE 教育是科学教育与人文教育相融合的一种产物，是当前国际教育改革的潮流和热点。如何在高中政治教学中渗透 STSE 教育是我国高中政治教学改革需要探索的一个重要课题。

一、在高中政治教学中渗透 STSE 教育的意义

1. 推进新课程改革，更好地实现政治学科功能

2001 年 5 月《国务院关于基础教育改革与发展的决定》中提出"加快构建符合素质教育要求的新的基础教育课程体系，适应社会发展和科技进步"。2001 年 6 月教育部颁布的《基础教育课程改革纲要（试行）》中对基础教育课程改革的具体目标又强

调"加强课程内容与学生生活以及现代社会和科技发展的联系，关注学生的学习兴趣和经验，精选终身学习必备的基础知识和技能。改变课程实施过于强调接受学习、死记硬背、机械训练的现状，倡导学生主动参与、乐于探究、勤于动手，培养学生搜集和处理信息的能力、获取新知识的能力、分析和解决问题的能力以及交流与合作的能力。"2004年3月教育部印发的《普通高中思想政治课程标准（实验）》（以下简称《标准》）提出高中政治课程要"尊重科学，追求真理，具有科学态度和创新精神""教科书素材的选择和运用，既要贴近学生生活，又要反映当代社会进步和科技发展的新成果"。可见，本次高中政治新课程改革重视渗透STSE教育。因此，在高中政治新课程教学中融入STSE教育有利于推进新课程改革。一般来说，思想政治课具有以下三方面的学科功能：政治教育，通过政治课教学，使学生的政治素质不断提高，树立正确的政治方向，坚定走社会主义道路的信念；品格教育，通过政治课教学，使学生的道德素质、心理素质不断提高，形成健全的人格，树立科学的人生观；文化教育，通过政治课教学，使学生能够初步掌握社会科学的基础知识，特别是建设中国特色社会主义理论的基本内容，培养学生运用马克思主义的基本原理观察问题、分析问题的能力。在政治教学中渗透STSE教育，培养了学生科技、环保意识，有利于提高学生的政治素质。心系世界，心系社会，才能更好地心系国家，心系未来；培养了学生的社会主人翁意识，有利于促进人与社会、人与自然和谐发展，提高品格教育的效果。从文化教育而言，科学思维训练则能更好地促进人文学科的学习，让学生站在一个理性的角度提升人文素养。

2. 有利于学生科学素养和人文精神的融合

科学素养的主要内容包括科学知识的传授、科学能力的培养、科学方法的训练和科学精神的陶冶等几个方面。而人文精神的核心内容是对人类生存意义和价值的关怀。STSE 教育重视学生对科学研究方法和程序的探究和体验，强调以自我发现问题、探究问题为主，使学生体验活动与思维过程相互作用，强调让学生在实践中学会认识世界，在探究中学会科学方法、锻炼科学思维，养成科学态度。因此，STSE 教育有利于学生科学素养的提升。科学技术是一把"双刃剑"，它既可以给人类带来巨大的物质财富，提高人类的生活质量，也可以给人类带来灾难。爱因斯坦曾告诫他的学生："你们只懂得应用科学本身是不够的，关心人的本身应当始终成为一切技术上奋斗的主要目标，用以保证我们科学思想的成果会造福于人类，而不致成祸害。"爱因斯坦的担心并非杞人忧天。诺贝尔发明的炸药被人类大量用于战争，不知剥夺了多少人的生命。科学技术只有在人文精神的指导下，才能向着最利于人类美好发展的方向前进。忽视人文精神而片面追求科学技术的进步，无疑会遭到历史的惩罚。未来不仅仅是一个高科技的时代，也是一个高扬人文精神的时代。青少年学生人文素质的高低，将决定未来社会的文明程度。因此，高中政治教师在给学生传授政治学科知识的同时，融入 STSE 教育不仅有利于培养学生科学素养，也有利于人文精神的培育，促进学生人文精神与科学精神的结合，将学生培养成为具备科学精神、创新意识和社会责任感的新型人才。

3. 引导学生关注人类社会的可持续发展

人类社会经过几千年的发展，在取得辉煌的物质文明的同时，也面临着全球性的人口膨胀、粮食短缺、能源及资源匮乏、核武器扩散和国际恐怖活动猖獗等诸多问题，这些问题正严重威胁着人类的生存和发展。要实现人类社会协调可持续发展，最核心的问题是人类必须具有可持续性发展的思想和能力。《中国 21

世纪议程》明确指出:"必须加强对受教育者的可持续发展思想的灌输……将可持续发展思想贯穿于从初等到高等的整个教育过程。"通过在政治教学过程中渗透 STSE 教育,让学生了解人类面临的问题和危机,理解人与自然和谐发展的意义,树立科学发展观,并且让学生从经济、政治、文化、社会、科技角度来寻求实现可持续发展的措施。

二、高中政治教学中渗透 STSE 教育的有效途径

1. 课堂教学是渗透 STSE 教育的主要渠道

《标准》提出高中政治新课程的一个基本理念是"坚持马克思主义基本观点教育与把握时代特征相统一",强调"课程要讲述马克思主义的基本观点,紧密联系我国社会主义现代化建设的实际,与时俱进地充实和调整教学内容,体现当今世界和我国发展的时代特征,显示马克思主义科学理论的强大力量。"这也是高中政治教学中渗透 STSE 教育必须遵循的理念。高中政治教师要立足教材,结合政治学科知识,联系自然科学、现代科技、社会进步和环境保护的素材,通过设计合理的教学过程,把 STSE 教育与教材教学要求有机地结合起来。

以《生活与哲学》为例,马克思说:"任何真正的哲学都是自己时代的精神上的精华。"在阐述哲学原理时可以贴近时代,结合自然科学知识和现代科技发展,渗透 STSE 教育。如讲述"事物的发展都经历着否定之否定的过程",物理学中对光的认识,从微粒说与波动说,再到光的电磁说,再到光的量子论,直到今天人们认识到的光的波粒二象性,就是一个否定之否定的发展过程,是螺旋式的、曲折前进的认识过程。如"量变引起质变",在化学元素周期表中,同周期元素从左到右随核电荷数递增,金属性逐渐减弱,非金属性逐渐增强。如第三周期元素从左到右完成了由典型的活泼金属元素(钠)、两性元素(铝),典型

的活泼非金属元素（氯）的转变，这充分说明了由量变引起质变的过程。如"物质的永恒运动"，生物学中生命物质的新陈代谢，蛋白质代谢中从蛋白质到氨基酸的水解过程与从氨基酸到蛋白质的生物合成过程等。生物因为新陈代谢而有生命的活性，新陈代谢的终结意味着生命活动的结束。我国航天科技的发展，从神舟飞船到探月工程，到火星探测，生动地说明了事物是不断发展的。通过联系自然科学知识，使学生在掌握自然科学基本知识同时，培养学生综合运用知识分析问题的能力，感受和领悟哲学的精神，从中得到人文精神的熏陶。

2. 社会实践活动是渗透 STSE 教育的重要载体

《标准》提出要"强化实践环节，丰富教学内容，要积极开展多种形式的社会调查等实践活动，全面提高学生社会参与的能力"。《标准》强调要充分利用学校和社区的学习资源，让学生走出课堂、走出校门，到社会、到大自然中去观察、体验。学生通过参与社会实践活动，经历科学探究的过程，增强创新意识，养成严谨认真的科学态度、交流与合作的良好习惯，发展实践能力。了解科技在社会生活方面特别是在环境方面的作用，增强社会责任感。社会实践活动的选题要面向学生的生活世界、科学世界以及人文世界。以《经济生活》和《政治生活》中"加强环境保护，坚持科学发展"为例，联系本地太湖治污、防治蓝藻工程，我们首先指导学生查阅了相关文献资料，考证了有关太湖水域的历史情况。然后组织学生实地调查，让学生自己测定水质，获取数据，还运用了拍照、录像等手段记录下重要的资料，从中获取有用的信息。走访科技人员和有关专家以及环境综合治理办公室工作人员，分析太湖流域环境质量变化的原因，了解具体的整治措施和整治阶段，在治理过程中遇到的困难及采取的对策，以及治理后所带来的社会效益。参观了太湖水污染控制与水体修复技术示范工程，了解运用高效集成技术探索出解决河流湖泊污染水体修复、城市水环境质量改善、饮用水安全等有效途径。了解到该工程建立了以水生植被恢复、健康生态系统重建技术为核心，以安全高效的消浪与围隔技术为基础，以鱼控藻、贝控藻和机械、絮凝除藻技术为主导，以微量有毒有机污染物的监测及生态风险评价技术为辅助，以水生生物资源化处理和生态恢复的长效管理技术为保障的综合集成技术体系。工程实施后，使饮用水源区的氮、总磷和氨氮量下降50%以上，水厂取水口水质基本达到饮用水源地水质三类标准，湖区生物多样性增加，水体净化能力逐步增强。与此同时，学生还调查了市民对太湖水域治理后的评价及保护意识等。学生根据搜集到的各方面资料，写出了有一定质量的调查报告，开展交流和讨论，形成共识，设计了一份保护和改善太湖水域的行动方案，提交给有关部门，积极为太湖流域治污出谋划策。通过这样的实践活动，使学生养成科学探究精神和创新意识，在科学知识、科学精神、科学方法、科学研究能力等方面的素质得到提高。学生认识到在经济发展的同时，必须注重人与社会、人与自然的和谐发展，保护环境、人人有责。懂得科学知识对于自然、社会和人类的意义和价值，关心社会进步和人类发展，努力提升自己的精神境界。也使学生深刻地理解了我国政府实施可持续发展战略的意义。

3. 应用网络多媒体是渗透 STSE 教育的重要手段

《标准》提出"发展采用多种方法特别是现代信息技术，收集、筛选社会信息的能力。利用信息技术和网络技术，收集网上资源"。网络集文字、图形、影像、声音、动画于一体，组成了一个交互系统。师生通过网络收集最新科技成果，如纳米技术、磁悬浮技术等，充分展示一些人类生存所面临的重大问题，如能源危机、核污染等，让学生了解科技与人类生存的关系，增强学生关心自然、关心社会、关心人类可持续发展的情感，理解我国政府发展科技事业，增强综合国力的方针政策。高中政治教师还可以开设网络教学课，适时让学生观看教学录像，如"人与自然""探索发现""科技博览"等栏目，使学生关注现代科学技术，增强学生对自然和社会的责任感，促进学生形成正确的世界观和价值观。

《经济生活》中讲述"家庭理财投资方案"，面对储蓄存款、股票、债券、商业保险、基金等不同的投资选择，学生利用网络查找了"单利""复利"、利率计算公式，绘制了图表、表格，制作了多媒体课件，比较了各种投资方式的收益率、风险程度，对个人、社会的利弊等，学生探索了多元化的投资方案。通过现代信息技术的应用，使学生感受到科学技术就在身边，体验了科技与生活、教学的联系，培养了学生的参与意识。

STSE教育将科学技术与社会和环境有机地融合在一起，形成新的生态文化系统，它关注科学技术在具体社会情境中的综合运用，增加了对科技的社会理解。同时，它强调从广阔的社会历史图景中去理解科学技术的存在、发展及其对人类社会以及整个生态环境的影响。换言之，它更关注科学教育活动中"人"的因素。它追求的是包括认知、情感、态度、能力在内的公民科学素养的普遍提高。STSE教育中还体现着人文价值教育，让学生在学习科学的同时形成一定的价值标准和信念体系，使公民能明辨是非、理解科学技术的社会意义，让科学技术造福于人类，而不是危害人类发展。我们政治教师要在教学中渗透STSE教育，不局限于政治教材，不局限于课堂的教学形式，使政治课教学逐步构成一个由课内向课外、由校内向校外的开放式教学空间，开拓学生的知识视野，为学生参与社会实践活动创造条件。把科学教育与当今的社会生活、生产和社会发展、环境发展紧密地结合起来，最终培养出懂得科学技术，了解社会，关心社会、服务社会，能推动社会进步的高素质人才。

Ⅳ 让生命教育在高中政治课堂中焕发活力

生命教育的思想是美国学者华特士于 1968 年提出的，近年来，这一教育理论影响日益扩大。综观国内外关于生命教育的论述，有狭义与广义两种：狭义的生命教育指的是对生命本身的关注，包括个人与他人的生命，进而扩展到一切自然生命；广义的生命教育是一种全人类的教育，它不仅包括对生命力的关注，而且包括对人的优势生存能力的培养和生命价值的提升。在高中政治课堂中关注生命价值属后一种，其界定如下：生命价值是以生命为出发点，依据生命的特征，遵循生命的发展要求，不断地为生命的成长创造条件，引导生命全面而和谐、自由而充分、创造而富有个性地发展的一种教育活动。

一、高中政治课关注生命价值的必要性

生命教育的提出是对当前高中政治课现状深刻剖析的结果，是对传统课堂教学的反思的结果，更是对高中政治课教学的鞭笞。以往的教学囿于唯知、唯分的泥潭，教育也因此成了工具，成了功利主义的必需品和衍生物。这必然导致教育的结果是千篇一律的机器模子，而不是个性张扬的生命。为此，我们要走出现代教育的异化，从知识课堂走向生命课堂，回归教育的本真，把生命还给教育、还给课堂，使教育基于生命，生命融入教育，始终让高中政治课堂充满"生命教育"的气息，让生命在高中政治课堂中焕发活力。

党的十六届四中全会提出了"和谐社会"这个新理念，胡锦涛总书记对其界定是"28 个字"——"民主法治、公平正义、诚信友爱、充满活力、安定有序、人与自然和谐相处"。前 20 个字

阐述的是人与社会的关系，后 8 个字讲的是人与自然的关系，也就是说和谐社会就是社会经济、政治、文化、教育等的协调发展。马克思主义认为：人是一切社会关系的总和。人是和谐社会的主体，个体生命的和谐发展是社会和谐基础。而以"育人"为培养目标的高中政治课，在启迪心智、传授知识、确立人生价值、实现人类进化上具有极为重要的作用。因此，高中政治课应担负起构建和谐社会的重任。素质教育是提高人的身心发展水平的教育，它首先是把人看作生命体来进行教育，把教育的目的、过程和结果都同生命发展联系起来的教育。而生命是个体存在的意义载体，因此，高中政治课理应关注人的生命，关注人的价值、关注人性完善，理应让每一个个体都能强烈地感受到生命的意义，热爱生命，热爱生活，学会生存并努力提升自己的生命价值。高中政治新课程要求，课堂教学不仅要关注学生的知识与技能、探索知识的过程与方法，更要关注他们的情感、态度与价值观，通过积极构建情感课堂，使知识融合于学生的实际生活与情感之中，融合于学生的生命之中。教育是生命发展的需要，成全生命是教育的根本使命。作为学校德育主渠道的高中政治课更应是生命教育的主场地，更应注重培育生命的完整性、灵动性和张扬的个性。

二、教育观念中树立生命本位的思想

法国哲学家蒙田认为，我们的生命受到自然的恩赐，它是优越无比的。自然经过多少亿年的时间才哺育出生命，生命又经过多少亿年的进化才出现人类，离开了人的生命，什么都无从企及。所以，我们应对生命有一种感恩的态度，树立生命本位的思想。教育学生热爱生命、尊重生命、敬畏生命、认识生命之可贵，是学校和我们每一个教育工作者义不容辞的责任。而生命教育的成效也存乎教师本身的信念。因此，政治教师在进行生命教育时，在认知、情意与技能方面，尽可能多充实自己，不断地充实自己与生命教育相关的理论知识，以及参加相关的研讨会。在具备正确的人生观、生死观与价值观的同时，更应热爱生命、尊重生命、关怀生命。应本着一腔爱心，愿意与学生分享自己对生命的情感与体会，通过种种经验的交流与人格的陶冶，使学生能充分地感受生命的活力与生命的喜悦，使师生沉浸于一种丰富、和谐、光明、温暖、纯洁、博大的氛围之中。

三、教学内容中感受生命的存在

生命是生活的基础，生活是生命的显现。知识是生活经验的积累，是人生智慧的源泉，是"生命之旅"的动力。教育的全部意义就在于揭示知识与人的生活、生存和发展的内在联系，使教育真正与人的生活、生存、发展获得统一。正因为这样，新课程改革的显著特征体现在"从知识形态走向生命形态"，突破了学科中心视野和"文本"视野，重视知识学习的情境性、生成性、联系性、发展性。引导学生把学习过程视为生活实践、生命发展的过程，体验生命世界本身就充满知识和需要知识的道理，深刻领悟知识所蕴涵的生活和生命意义。例如，在讲授政治生活中《人民代表大会制度》这一内容时，笔者结合刚刚举行的选举大会，要求学生展开讨论：你参加选举了吗？你选了谁？为什么要选他（她）为人大代表？学生展开了热烈的讨论，拥有了选举权的同学尤其兴奋，因为他第一次享受了这一权利，感受到自己作为我国主人翁一分子的存在价值。同时，也加深了他们要珍惜手中的权利，尊重自己生命价值的感性认识。

四、教学合作中体验生命的和谐

有人说，现在高中课堂应该更多地引入竞争机制和激励性机制，笔者认为，在我们构建和谐社会、和谐校园的大环境下，我们的政治课堂更应注重充满和谐气氛，从而构建和谐政治课，使师生的生命价值在政治课堂上得到充分的展示。因此，政治课堂上除了应有的竞争外，更应注重教学上的合作。让学生在合作中体验"自我知识探究"的认知过程，使学生在合作中获得连贯的整体思维，调动学生学习的自主性，使学生在合作学习过程中切实获得主体性地位。例如，笔者在进行《新时代劳动者》的教学内容时，没有和以往一样进行理论的传授，而是让学生分成几组，准备两个活动：1. 模拟招聘会；2. 快过年了，农民工追讨工资，假如你是农民工，你怎么维护自己的合法权益？最后我与同学们一同分享活动的感受。这种做法受到了学生的欢迎，调动了学生的积极性，而且让小组在组内合作的基础上展开组间的竞争，使小组通过竞争得到共同提高，共同分享成功的快乐，激发学生的自我效能感，培养学生的合作与竞争意识，促进他们共同发展，重视师生之间的互动和对话。

五、教学评价中提升生命的价值

心理学家曾说："人性最深切的需求就是渴望别人的赏识。"因此，要把学生引向探究知识形成的过程之中，就必须学会赏识。教师要在学生的探究过程中不断给予肯定、赞赏、鼓励，让孩子感受到学习探究是有趣的、是充满探险的、有挑战的智力活动。要关注对探究精神的欣赏，欣赏孩子们的交往、合作、自信、表现、勇气、应用、创新乃至创造。要激励"每位孩子都能勇敢地站起来"，要学会"让每位孩子体面地坐下去"，让学生在赏识中提升生命的价值。

世纪教育委员会在其报告中指出："面对未来的种种挑战，教育看来是使人类朝着和平、自由和社会正义迈进的一张必不可少的王牌。"要实现这样艰巨的任务，就必须把关注生命价值的理念贯穿到高中政治课堂教学的各个领域和所有的环节中去，使高中政治课真正成为培养热爱生命和具有鲜活生命个体的摇篮。

第二章 问题的有效设计

Ⅰ 高中思想政治课教学过程中"问题意识"的激发和问题设计

随着新课程在全国范围内的贯彻与实施，许多新的教学理念被提出来，以课堂教学为主阵地的一系列教学改革再一次普遍引起了人们的关注，对传统教学行为的反思与再认识成了这一场教学改革的显著特征之一。课堂教学观念与行为的转变是这场改革所引起的一系列转变的重要方面，这种转变对于促进教学效益的提高，推进素质教育的发展，培养适应时代发展需求的一代新人是有着重大而深远的意义的。

前不久，笔者有幸观摩了重庆市思想政治优质课大赛，在校内也听了各位同行的示范课，再结合自己平常的教学活动，发现教师们也采用了问题性教学，潜意识认识到保护学生和发展学生的问题意识，激发学生的创新意识和创新能力的重要性。但听过之后，除了为少数教师的"无问题教学，满堂灌"而感到遗憾外，更多的是为大多数教师在采用"问题性教学"时的"问题设计"的科学性而感到迷惑。本文采用"问题性教学"的必要性和"问题设计"和应用的科学性作一些粗浅的探讨，供同行们批评指正。

一、思想政治课教学必须强化"以问题为纽带"的教学理念

1. 强化"以问题为纽带"的教学是找回中国学生身上天生就有的创造性的需要

中国传统教育或多或少地抹杀了学生的"问题意识"，进而使他们的创新潜质未能尽可能地发挥。学生慢慢地开始习惯于

"老师的标准答案"，懒于去多想，没有问题提；老师也干脆就"满堂灌"，不提问题，教学很多时候就变成了老师的单边活动。久而久之，再加上教材"繁、难、偏"的特点，学生便逐步丧失学习兴趣，更谈不上创造力的发挥了。

为了说明这一点，笔者举两个事例。

一位老师在幼儿园的黑板上画了一个圆，问："小朋友们，你们想象一下，这个圆可能是什么？"结果在两分钟内，小朋友们说出了 22 个不同的答案。有的说，这是一个苹果；有的说，这是一个月亮；有的说，这是一个烧饼；有一个小朋友说，这是老师的大眼睛。这位老师拿同样的实验到大学一年级去做。要他们想象一下黑板上的圆可能是什么。结果两分钟过去了，没有一个同学发言。老师没有办法，只好点名请班长带头发言。班长慢吞吞地站起来迟疑地说："这——大概是个零吧？"这个实验非常简单，却非常能够说明问题。没有受过教育的小朋友在两分钟内说出了 22 种不同的答案，经过了小学、初中、高中教育，经过高考选拔，一路过关斩将进入了大学的优秀学生，面对这么一个简单的问题，两分钟过去了，却没有人回答。被迫回答的班长还"大概"是个零吧。大学生真的全都失去了想象力了吗？不是的，经过多年教育，他们建立了一个信念：老师的任何问题都是有一个标准答案的，面对这样一个突如其来的问题，他们揣摩不出老师的标准答案是什么，所以就不敢贸然回答，不愿当众出丑。他们关心的不是我怎么看问题，我怎样想问题，而是老师怎样看问题，老师期望的答案是什么。在心理上，他们已经习惯了接受老师的答案，而不是向老师的答案提出挑战。

进入学校以后，这种知识教学的倾向，这种"去问题"教育的倾向更是有增无减。所有的孩子第一天走进学校的时候，都是兴高采烈的，都是充满了奇思异想的。每个孩子走进学校的时候都怀有无穷的求知欲和表现欲。因此，第一天当教师向学生问问题的时候，50个学生举起了100只手，每个人都太想回答问题了，所以都举起了双手。面对如此高涨的热情，我们的教师通常的反应是：同学们，要学会举手的正确姿势，举手举一只手，另一只手请放下来。于是100只手一下子减少为50只手，但这并不能妨碍孩子们的积极性，一只手就一只手吧，剩下来的一只手依然举得老高。不仅高，而且左右摇动，无非是想要吸引老师的注意："我要说，我要说！"面对学生的这种热情，老师的反应却是："举手要有正确的姿势，手臂不要离开桌面……"孩子们虽然有些气馁，但他们还是很快适应了这种要求，按照规定的要求不屈地举着小手。到了初中，学生举手问问题，学生开始认真解答，如果学生打破砂锅问到底，老师的反应是"你问题咋这么多，上课是咋听的"，学生今后哪敢举手多问，最多就是几个成绩较好的学生敢主动举手，到了高中，能举手问问题的同学更是凤毛麟角。

2. 强化"以问题为纽带"的教学也是改变高中思想政治课传统教学弊端，提高教学效益的需要

问题是联结教学要素的纽带。课堂教学的构成要素究竟是什么，不同的学者从不同的角度提出了诸多的看法和主张。从课堂教学的最基本构成看，主要是三个要素，这就是教材、教师和学生。抓住这三个具有支柱性的要素及其关系来研究课堂教学，更有利于对课堂教学过程实质的研究。

教材是政治课一系列教学要求、教学目标与教学理念的集中体现。同时，因为政治课的性质及其教学内容的特性，教材必然是教学中最具稳定意义的东西。研究和领会教材对教学的要求实质上就是研究和把握新课程理念对教学的要求。

学生是教学目标落实的客体，也是课堂教学活动的主体。如

何对待学生的课堂学习，在教学工作的实施中怎样处理好教师与学生的教学双边活动的关系，在不同的教学理念的指导下会形成不同的教学风貌。但一个简单的事实是学生必须在课堂教学中与教师一道共同学习教材，接受并理解教材所要求的学习目标是课堂教学的重大目标。

教师是课堂教学过程的主导，教师以什么样的指导思想来处理教学过程中教师、学生与教材的关系，在很大程度上决定着课堂教学的基本结构与主要特征。新课程理念提倡教师应成为学习的促进者。"教师即学生学习的促进者是教师最明显、最直接、最富时代性的角色特征。"在这一新课程理念的指导下，教师的角色转换、素质养成与工作特点等都随之而产生了相应的变化。

在这三者的相互关系中，教材是一种具有定型意义的东西，它规定了学习的内容与目标要求。教师对教材的研究和把握重点或主要的工作就在于研究教材使用的策略。"'讲什么'与'学什么'是有基本范围的，不要轻易变动，但'怎样讲'与'怎样学'，则是我们在教学活动中要充分注意解决的问题。"新课程理念对教材的基本策略就是实现由"讲教材"向"用教材"的转变，"用教材"就是要研究教材使用的策略，就是要以新理念对待教材的使用，摆正教材在课堂教学构成中的地位。

什么是联结教材、学生与教师三者的桥梁与纽带？最重要的就是问题，主要是课堂教学中用以统率教学过程与培养学生能力的相关问题。"教学是教师的教与学生的学的统一，这种统一的实质是交往、互动。基于此，新课程把教学过程看成师生交往、积极互动、共同发展的过程。"课堂教学过程中教师与学生的交往是一种基于教学目标要求的交往，这种交往以完成学习目标为目的，以问题的设计与展示为过程特征与内容。

二、思想政治课教学中教师所提问题应精于设计，问题展示应抓准时机

在实际教学中，一些教师从教学形式上看，课堂上展示了不少问题，学生也在活动，但总觉得问题缺乏设计，随心所欲情况较多。一是问题本身在某教学环节不合适，达不到"启发"的效果，如在讲到"规律是什么"时，教师问："同学们，规律是不是事物在运动过程中本身固有的本质的必然的联系呀？"这不已经将规律是什么回答了吗？还问什么呢？二是问题刚好提出来，还没有让学生思考好，为了赶进度、抢时间，马上让学生回答，回答不了，干脆教师自己答。三是问的时机不合适，如教师在上"以法治国"时，学生还没来得及预习和看书，教师就问："同学们，以法治国的主体、领导者、依据、内容分别是什么？"学生只好面面相觑，不知所措，那结果可想而知。以上情况说明思想政治课教学过程中的问题的内容设计、提问的时机、提问的方式、甚至语气等等都有讲究。下面就这些问题谈谈自己的一些看法。

1. 问题设计的主要原则与基本类型

问题设计是教师备课过程工作中最具创造性意义的部分，把教学目标的贯彻转换成可供师生共同加工的问题，以引领整个课堂教学过程是课堂教学过程的基本内容。探究教学大多以解决问题的形式出现。教师首先必须把学生要学习的内容巧妙地转化为问题情境。

课堂教学问题的设计最主要的制约因素是教学目标的要求与学生的认知规律。就认知规律看，问题的设计要符合学生的认知心理与水平，就教学目标看，教师要在准确把握与理解识记、理解与应用等不同能级与层次的教学目标要求的前提下，根据教材的内容、学生的实际与课堂教学活动的需要设计出服务于学习要

求的可行性问题。"问题能力在于学生，能不能以问题贯穿教学在于教师。"

"探究"既是一种学习理念，也是一种教学理念。探究式教学要解决学生经验与新知识学习、知识结论与知识过程和方法等矛盾，要在教学过程中启迪学生萌发新见解与思想。这就要求保护与培养学生的问题意识，要求通过讨论、辩论、质疑等策略培养学生的创造性能力。这些要求在教学过程行为上的集中表现就是教学过程的问题设计与展示。"要保护和发展学生的创造性，首先要保护和发展学生的问题意识，进行问题教学。问题意识、问题能力可以说是创新意识、创新能力的基础。"

新课程理念在学习方式转变上的要求最集中的体现就是探究学习与自主学习，这一要求既包括了对学习行为的要求，也包括了对学习心理的要求。"学习方式的转变是本次改革的显著特征。改变原有的单一、被动的学习方式，建立和形成旨在充分调动、发挥学生主体性的多样化的学习方式，促进学生在教师指导下主动地、富有个性地学习，自然成为这场改革的核心任务。"

"从本质上讲，现代学习方式是以弘扬人的主体性为宗旨、以促进人的可持续发展为目的、由许多具体方式构成的多维度、具有不同层次结构的开放系统。"

"从教育心理学角度讲，学生的学习方式有接受和发现两种。在接受学习中，学习内容主要是以定论的形式直接呈现出来的，学生学习的心理机制或途径是同化，学生是知识的接受者。在发现学习中，学习内容是以问题形式间接呈现出来的，学生的学习心理机制或途径是顺应，学生是知识的发现者。两种学习方式都有其存在的价值，彼此也是相辅相成的关系。"

基于上述分析，政治课堂教学问题设计的原则主要有以下三条。

第一，服务于教学过程的要求。问题的设计与展示要有利于教学过程的进行，这种过程性的要求往往也是由教材内容所规定的。沿着教材设定的思路进行问题的转换是教学中的基础性工作之一，遵循这一原则进行问题设计有利于帮助学生有效地运用教材，对教材内容的学习进行自主的思维加工。比如在"事物是普遍联系的"一节的教学中，课堂教学的问题主要是：①什么是联系？②联系的基本特征是什么？③联系的普遍性与联系的客观性的含义是什么？等等。

第二，符合学生认知的基本规律。根据教材设定的不同教学内容的特点，考虑知识学习与学生能力与知识准备的水平，在遵循认知规律的原则指导下，设计层次分明的教学问题。这些问题可以是对教材知识点内容的直接再现，也可以是对有关内容的一定难度的思维整合。可以是陈述性的结论，也可以是关于结论的过程分析。可以是现成知识内容的内在整合，也可以是重大问题的探究与讨论。比如在"物质"概念的教学中可以分层次提出以下问题：①什么是哲学物质概念的内容？②物质概念与意识概念是什么关系？③哲学物质概念与具体科学中的物质概念是什么关系？④说物质与意识是相互依存的对吗？等等。

第三，体现新课程理念对学习方式变革的要求。新课程下的学习理念主要是探究式的学习与自主性学习，但就政治学习内容及其难度看，把所有的知识点学习与能力培养都置于规范化的探究式学习的要求之下是不现实的。而学生对于政治学习的自主性与自觉性的也远没有达到应有的状态与水平，有调查表明政治是学生普遍认同的"最不感兴趣的学科"，这是不容回避的事实。这里有学习内容与学生的知识准备、思维素质与行为品质的矛盾，也有因此而产生的学习既定目标的达成与教学时间有限性的矛盾。在这样的课堂教学条件下，接受性的学习与探究式的学习就必然并存于政治的课堂教学中，学生作为知识的接受者与探究者的身份就必然并存于课堂学习的过程中，教师的教学对于探究与自主学习理念的贯彻也就不可避免地带有很大的局限性。这就使得探究性与自主性学习问题的设计必须综合考虑教学目标、课堂教学时间、学生知识能力与学生学习行为和心态等因素。

基于上述分析，政治课堂教学中的问题主要包括以下三类问题。

第一，直观性问题。这类问题的特征是直接取之于教材现成内容，学生通过阅读教材就很容易发现和处理，思维的难度要求也不高。同时，这类问题也是构成课堂教学完整性的若干重要支点，是教学过程中不可或缺的。直观性问题是服务于教学过程要求原则的最直接的体现，上述在第一个原则中所述的例子基本上都属于这类问题。

第二，归纳与整合性问题。这类问题的答案一般不是直接取之于教材的现成文字，需要学生在阅读教材内容、教师教学分析的基础上，经过思维加工、运用课堂讨论与交流等方式才能较好地完成。这类问题的设计与展示是课堂问题设计的重点，是教师教学理念与教学素质的集中体现。例如：在"事物是普遍联系的"一课的教学中，探讨"唯物主义与唯心主义在联系问题上的对立集中体现在什么地方？"在"从实际出发"知识点的教学中，要求学生依据教材的凡例归纳出"如何做到坚持从实际出发，达到主观与客观的统一？"等等。这类问题的设计还要特别注意避免离开教学目标要求的"悬空作业"，必须反对不切实际的过于艰深的问题。

第三，应用分析性问题。这类问题与以上两类问题的最主要区别就在于它不是就一般理论意义上的探索，而是材料与理论的统一。要求学生从对材料的分析中发现所学理论结论，或在对基本理论有所理解与把握的前提下运用所学理论分析具体问题。从具体的课堂教学实践看，此类问题可以直接利用教材提供的现成材料进行设计，也可以根据教学内容的需要选取现实生活中的典型材料介入课堂教学。这类问题可以比较有效地引起学生的学习兴趣，同时也是对教材内容构成的充实与丰富。课堂教学的时代感或新鲜感主要体现在这类问题的设计与探究中。这类问题通常都具有比较规范的试题性样式或倾向，可以借此对学生进行规范化解答问题的思维训练。

当然，课堂教学中的问题形式多样，类型也很复杂，不同的研究者从不同的思维角度对这一问题的理解也是各不相同的。但应当承认，上述对课堂教学问题类型的划分更具有可操作性，也是现实的课堂教学过程中最具有普遍意义的一种划分。

2. 课堂问题展示的基本要求

"实际的教学过程，往往表现为教师提出问题，同学生一起来思考。""问题是科学研究的出发点，是开启任何一门科学的钥匙。没有问题就难以诱发和激起求知欲，没有问题，感觉不到问题的存在，学生也就不会去深入思考，那么学习也就只能是表层和形式的。"

把设计好的问题展现于课堂教学的具体过程，是一个极具教学技术、教学策略与教学艺术的工作，关键是要找到恰当处理教材内容与学生学习实际结合的具体方式。这不仅是一个教学环节的事，而应当贯穿于教学的全过程。根据新课程教学的思想，课堂教学作为一个动态的过程，一方面是教师所预设的教学过程的计划展示过程，具有可控性的特点，另一方面也是一个由于师生的双边活动与学生的学习行为而生成着的动态的过程，具有随机性的特点。因而，课堂教学问题的设计与展示就不只是一个预设于课堂教学之前的工作，更是一个贯彻于教学全过程的需要适时调整的工作。

　　教学问题在课堂教学中的展示，因为教师个人知识与能力素质的不同，也因为教学内容、教学理念、教学策略和教学的技术环境等的不同，必然会显现出个性分明的特征。教师的教学艺术与基本风貌主要是通过这一工作环节的开展而呈现出来的。问题展示的策略多种多样，这里仅就主要的几点谈些看法。

　　首先是问题情境的营造。

　　情境设置最重要的功能在于引起学生对问题探究的兴趣，从而营造自主学习的心理环境。根据新课程的教学策略要求，设置必要的情境是课堂教学中问题展示的必要前提，这也是发现学习思想在教学中的一个体现。"在发现学习中，学习内容是以问题形式间接呈现出来的，学生的学习心理机制或途径是顺应，学生是知识的发现者。"能够让学生主动地探究，在一种与发现法教育思想相符合的情境中完成对既定学习内容与任务的贯彻，当然要算作课堂教学的比较理想的状态了。

　　情境设置的具体手法很多，最主要的是有助于激发学生学习兴趣的材料展示，而展示的手法可以是教师的复述与讲析，可以是学生搜集的相关材料的交流，可以是一个借助多媒体技术的音像资料，可以是以学生活动为主的情节表演等。所运用的材料可以取之于教材本身或对教材所述材料的进一步加工，可以是取之于现实生活中的最新材料或典型案例。比如，在探讨"运动与物质的相互关系"时，教材选用了《坛经》中记述的"仁者心动"的故事，教师可以引导学生探讨慧能"仁者心动"的错误在于割裂物质与运动的关系，犯了唯心主义的错误，也可以深入一步，提出两个小和尚所说的"风动"和"幡动"在哲学上犯了什么错误，从而引起学生深入探究问题的兴趣。在教学"联系"一节的内容前，先放上一首歌曲"说句心里话"，然后再引导学生分析一个军人要安心于边防，需要哪些条件，军人安心于边防工作又会产生哪些积极的结果。从而引导学生体验"事物是普遍联系的"这一基本原理，为整节课教学的进行营造良好的开课气氛。

通过材料展示创设问题情境固然十分重要，但同时不可忽视的另一项工作是教师对即将开始的问题讨论与探究的理论分析，这里有知识点理解上的分析，尤其是重点与难点问题的讲析，也有对问题探究的方向性的把握与控制。这是教师作为课堂的主导者的重要领域，课堂不是讨论会，政治课的许多理论内容，没有教师的必要的讲解与分析，学生对问题的探究缺乏必要的理论准备，往往是难以科学与深入的。

其次是问题的提出。

如何提出问题和提出什么样的问题，这是在问题提出环节中最需要注意的策略。通常直观性的问题可以由学生提出，而比这一问题层次进一步的问题多半就要由教师提出了。对于课堂学习中个别学生可能产生的学习困惑，教师要鼓励学生大胆发问，而由学生发问所产生的预设范围之外的问题，教师应发动学生共同进行探究解决。有时候一个必须解决的问题，学生却难以从自主学习中提出来，又需要教师提出来。

教师要善于从材料的展示或知识点的教学中自然地提出问题，如果学生对问题的探究缺乏足够的准备或能力素质，教师还要善于变通预设的问题，设置解决问题的"台阶"，使问题的难度接近学生素质的实际，这样对问题的探究才能成为可能与现实。

最后是对问题探究过程的校正与反馈。

学生对问题的回答通常难以一次性达到完善的程度，通常不能适应教学目标的既定要求，解决这一问题的策略主要的就是教师在学生探究过程中的及时校正与反馈。

反馈的方式也是灵活多样的，学生的解答可能不全面，但其中不乏合理而有价值的成分，需要教师及时予以肯定。学生在准确解答的周边兜圈子，需要教师通过引导使其尽可能接近对问题的准确解答与表述。学生解答中出现了理解上的错误，需要教师随时进行纠正，或提出一个有助于校正学生思维失误的新的问题。对个别在思维能力上较强的学生，教师还可以在既定的任务之外通过追问提出深化一步的问题等。

三、注意激发学生的问题意识

创新是素质教育的核心。随着创新教育的进行和深入，学生的创新意识、创新思维和创新能力的培养日益受到重视。创新源于思维，而问题是思维的起点和发展动力。在政治教学中，忽视了对学生问题意识的培养，也就失去了创新的基础。

"创造性的教学并不在于直接传授现成的知识，而在于引导学生发现各种各样的问题，如果没有问题，一切知识都会成为令人生厌的无病呻吟，学生就不可能有求知的欲望和要求，教学也就不可能存在任何真正的实效。"问题不仅是激发学生求知欲望的前提，而且是学生理解和吸收知识的前提，知识只有围绕问题展现出来，才能为学生所理解和接受，进而才能成为其内在精神世界的有机组成部分。更重要的还在于它能激发创造动机和创造思维，并提供创造的可能目标和突破口，进而促进学生投身于创造性活动之中。问题意识不是天生的，问题意识的增强和提高需要培养和激发。事实上，绝大部分学生的问题意识都处在潜在而缺乏动态表现的状态。大多数学生是不敢或不愿提出问题，因此，对于教师来说，激发学生的问题意识就成了关键。这个激发的过程不单是指教师提出问题、分析问题、解答问题的过程，更重要的是在教师的启发和指导下，让学生主动地发现问题——揭示问题——产生新问题的思维活动过程。这才是教学的最高境界。

1. 摆正教师的角色位置

传统的观念把教师的主导作用定位为书本知识的传播，课堂教学的组织。这就必然形成了"灌输式"的教学模式。现代教育要求教学从重学生"学会"向教学生"会学"转变。教师对学生不只是传授知识，更重要的是激励思维。正如古人所言"授人鱼不如授人渔"。因此，在教学过程中，我很注意爱护和尊重学生的问题意识，和学生保持一种民主、平等、和谐的人际关系，从而消除学生在学习中、课堂上的紧张感、压抑感和焦虑感，让学生在轻松愉快的气氛中披露灵性，展现个性，努力培育适宜激发学生问题意识的环境。因此，教师应成为学生发现问题的引导者、探求问题的启发者、解决问题的合作者、创造思维的激活者，而不再是带着问题进课堂，留下答案出教室的灌输者。

2. 确立学生的主体地位

罗杰斯的人本主义心理学认为，学生是"开拓的、有适应性的、自觉的、思维活跃的自我尊重的个体"。只有当我们把学生当作能动、独立自主的人来看待，使他们成为活动的主体，鼓励他们发挥自主性、独立性与创造性的时候，我们才能发现和开发蕴藏在学生中的潜在的创造性品质。因此在教学中，我坚持通过实现四个转变（即教学要求由"带着问题学"向"学出问题转变"，教学目标由"教师定向"向"学生定向"转变，教学方法由"教师讲解"向"自我体悟"转变，组织教学由"封闭型"向"开放型"转变）确立学生在教学中的主体地位。

3. 把握教学中四个环节

首先是引导学生察觉问题。这是让学生自读书并促其发现问题的过程。发现问题比解决问题更有价值，发现是创造之源。新版的高中政治教材行文通俗，逻辑合理，并设有大量的活生生的材料，可读性很强。我从不放过让学生认真阅读教材课题下编者精心编写的独具匠心的"导言"，使其明确兴趣化、问题化的学习目标，激发其求解"导言"中"设问"的兴趣、欲望，产生一种内在的学习动力。通过阅读正文，使其了解其基本概念和一些浅层的问题；阅读小字内容和插图，促其捕捉、分析、处理材料所提供的信息，思考材料说的是什么？说明了什么？由此想到了什么？这不仅给学生提供了思维的空间，更促使学生善思考、肯动脑，起到了激发学习兴趣，引发探索动力的效果。

其次是培养学生提出问题。一般来说，所有的学生都有自己的思想，借助于课本中的材料和插图，经过思考都会产生不同层次的问题，只是大部分学生不愿提出或不敢提出问题。这种学习的心理障碍和能力障碍。不仅需要和谐、民主、平等的教学氛围，更要求教师进行正确的导问。"导问"，即教师指导、引导学生提出问题。提出问题是培养学生问题意识的关键。学生提出的问题是源于自己的学习内容的理解和掌握程度，也表明了学生对教学内容的理解和掌握程度，而教师的提问更多的是来自学生外部，因此，学生的提问在一定程度上要优越于教师。实践证明：教学中，尝试"教师导教师问——教师导学生答；教师导学生问——教师导学生答；教师指导学生互导互答"等模式，采取多元化的提问方式有利于师生间共同探讨、相互激发。在此过程中，学生的思维得以展开，问题得以显露，学生有了更多的提问机会，问题意识和提问能力也无形中得到提升。但必须面向全体，要像爱护幼苗那样去呵护学生的提问，哪怕学生的问题很幼稚，甚至是"奇谈怪论"，让学生在这些问题中萌发"创新"。

再次是组织学生辨析问题。这是"辩"——"析"——"明"的过程。"真理越辩越明"，由于政治课内容的可辩性较强，学生认识角度和理解的深度也具有一定的差异性。因此在教学方法上，我经常采用"讨论式""答辩式""互辩式"等方法进行教学，由教师提出问题让学生讨论，或学生提出问题教师答疑，甚至是学生提出问题学生讨论。过程中，注意及时引导、诱发、点拨，紧扣教学重点、难点而展开。这种教学生动活泼，既调动了学生学习的积极性，又激活了学生的思维，提高了学生自我辨析，自我体悟的能力。真正使学生信服马克思主义的科学性，用科学理论武装头脑，占领阵地。与此同时，教师的主导作用也深层次地体现在激发学生探求问题的能动性上，学生的问题意识得到了强化，其思维的批判性、独立性、广阔性和灵活性也得到了发展，提高了学生的创新素质。

最后是促进学生探求新问题。首先，在学生对现有知识理解的基础上，可通过观点的延伸、拓展，教材知识点的适当整合，以及理论和实际的结合，引导和启迪学生探求新问题。其次，评价多元化，答案不唯一。事物是复杂的，社会是多元的，学生们的思维方式和认识水平也不尽相同。因此，我经常设计一些开放性试题让学生自主探求。如：我结合"人类在改造自然的过程中由于大量地破坏环境、开发和使用资源而被自然界所惩罚"这一材料，要求学生对教材中"生产力是人类改造自然的能力"这一定义进一步完善，促进学生从更高的层面上审视、处理人类和自然的关系。只要言之有理，言之有据，我都给予肯定，以此来促进学生创新潜能的发挥，结果答案多样。这既能反映学生对这一问题不同深度的理解，又培养了学生自主探求和创新思维的能力。

Ⅱ　高中政治课堂教学问题有效设计的策略

一、高中政治课堂教学问题有效设计的内涵与必要性

有效，指的是足够达到预期的结果。问题设计的有效性就意味着问题设置得恰当而合理。教师在教学活动中使用的带有启发性或者引导作用的提问语句，可以激发学生学习兴趣，培养学生严谨的思维能力。课堂问题设计的有效性，是教师的教学目的或者对学生的培养目标设计的带有提问情境的课堂模式，在实施后达到原有预期目的的实际效果。

课堂中的问题设置是课堂教学中的重要环节，课堂提问具有活跃课堂气氛的效果，并且课堂提问可以针对问题的重难点进行相应的设置，能够在一定程度上起到突破作用。此外，在课堂教学的过程中，课堂提问的教学方式可以有效地总结和巩固课堂知识。在学生学习的不同阶段，课堂提问的有效进行可以针对不同阶段的特点进行针对性的巩固提高。最后，课堂问题的设置，可以准确具体地反映学生的学习情况，使教师充分了解学生对知识的掌握程度，对课堂教学的效果起到一定的检查作用，并可以促使教师根据学生的学习情况适时调整教学策略，使学生更加积极地参与到教学活动中。

二、高中政治课堂教学问题设计现状与困境

1. 问题过于简单、直接

课堂问题的设计在课堂教学的过程中有着至关重要的作用，它可以在很大程度上拓展学生的思维和提高学生学习的积极性和主动性。教师在课堂教学的过程中所提问的问题具有随意性，不能很好地贴合课程内容和具有启发性。在现在的政治课程教学的过程中，许多教师都是随口提问，没有进行精心的思考和设计，这样就导致提问的目的不明确，甚至有些问题都没有思考的价

值，使学生丧失了思考的动力和意识，并且容易使学生对课堂内容产生疲倦感，分散学生的注意力、并且，长时间的这种教学模式不利于启发学生的思维和培养学生的创新意识，会在一定程度上阻碍学生的发展。

2. 设计的问题数量多并杂而乱

在传统的教学模式中，教师一直都采用填鸭式的教学方式，而随着教学改革的深入，启发式、互动式的教学方式受到了广大教师和学生的青睐。而在教师的问题设计中，容易出现问题数量多并杂而乱的现象，教师提出的问题不具有针对性且缺乏精心的设计，并且缺乏知识的总结效果，表现出问题多的特点。这样的问题设置除了烦琐费时外，还会占用学生大量的阅读和思考的时间，使学生不能很好地掌握学习目标，降低学生对课堂的兴趣和参与热情。这样就会导致学生独立思考的能力不能得到很好的培养，致使学习效率低下。

3. 设计的问题空泛，指向不明

针对特定的情境设计的问题才会使学生有回答的参考依据，能够很好地激发学生思考和解决问题的能力的发挥，如果设置的问题没有特定的情境依托，也没有指明要解决的问题和达到的学习目标，那么这样的问题设置就会失去价值，不能够明确地培养学生的思维方向，也会给学生的思考带来一定的难度，弱化学生的思考动力。甚至在有些情况下，问题的设置失去了思考的意义，没有相应的背景依托，使得学生无从思考，导致问题的设置显得空泛，指向不明。

4. 提问密度过高过频繁

由于课程内容的不断更新和对教师授课要求的不断增加，教师对新课程概念容易出现不解或是误解的情况，这样就会使教师在授课中出现不自信的现象。由传统的满堂灌的授课方式发展为满堂问的授课模式，这就使得在课堂上出现热闹非凡、学生参与程度很高的情况，但往往这种情况不能充分发挥学生的主体地位，使学生丧失了思考的主动性，这种过密的提问方式会增加学生的困扰，使学生不能很好地把握课程内容的重点，这在一定程度上违背了教师提问的初衷和提问的价值。

5. 自问自答，不管不顾学生的反应

课堂提问是为了增加学生对课堂的参与度，提高学生的学习热情和培养学生思维模式，而在大多数课堂提问中，教师都没能充分调动学生的积极性，自问自答，不管不顾学生的反应，在某些情况下，教师还会对学生的回答不做出任何的评价和提点，未能对学生回答的圆满性进行适当的补充，往往丧失了提问的价值。这样的提问既浪费了学生的课堂学习时间，降低了课堂教学的效率，又未能带给学生应有的收获，容易降低学生对课堂的参与度。此外，不对学生的回答做出适当的评价而直接提问下一个问题的方式，或者是含糊其辞的简单评价，都容易降低学生学习的积极性，并会在一定的程度上限制学生思维的开阔。

三、高中政治课堂教学问题有效设计的策略

1. 问题设计要具备启发性、开放性、适度性和反馈性

问题设计时要给学生充分的思维时间和空间，不论是课堂中不提问还是提问过于频繁，都会破坏课堂的严密性和完整性。因此，在课堂教学中，要以符合学生的思维习惯的方式，促使学生全面地思考问题。问题设计中的启发性就是指能够在问题的提问过程中引导学生思考，培养学生正确的思维方式和思维习惯；开放性指的是具备促进学生思考和使学生产生联想的特点，并将课本知识合理地运用到课堂之外的生活中，学生可以在此基础上大胆地表达自己的观点；适度性原则就是指教师提出的问题要与学生的知识水平和认识现状相适应，由简到难地设置连贯性问题，

使学生既不会感觉无从下手，同时又会感受到一定的压力，从而可以充分调动学生思考的积极性；反馈性主要表现为教师对学生的课堂行为和课堂表现的反馈，要选择赞扬和适度引导纠正的方式对学生的回答做出适当的评价，这样有助于学生增加自身的自信，保持较高的学习热情，也可以在一定程度上逐步引导学生形成正确的思维，增强自我解决问题的信心和能力，极大地提高学生的学习效率。

2. 问题设计应当角度新颖，融入趣味性

政治课堂作为具有高度哲学性的课堂，在教学过程中，为了引起学生的兴趣，就要注意紧跟时代的步伐，将时事引入课堂教学的过程中，带给学生一定的新鲜感和趣味性，并能够在一定程度上引导学生平时多关注时事，鼓励和引导学生在了解这些时事的基础上，对其展开分析，使生活和政治教学实现完美的结合。此外，还要注意变更直接提问的方式为创设情景的情景问答，这样可以增加学生对问题进行探究的兴趣，特别是在相对沉闷的政治课堂中，这样的提问方式的转变有助于启发和调动学生学习的积极性，使角度具有新颖性，达到课堂的趣味性效果。

3. 问题设计要掌握跨度，注重综合内容

从问题的深度和广度两方面来分析，就要使设计的问题具有难度和一定的跨度，既要紧扣高中政治教学内容的中心环节，注意教学过程中前后章节之间的联系和内容之间的衔接；此外，还要注意引申知识中的内层含义，不能只是单纯地了解"表面现象"，而要注意挖掘深层内涵。如果问题设计的跨度不合理，跨度过大则会引起学生不能自如地联系前后知识作答，而限制了其思维活动，相反地，如果跨度过小则很容易使学生在短时间内得到答案，从而不能调动学生思维的积极主动性。所以，应结合课程实际和进度，设置跨度合适的问题，在新课的授课时设计跨度较小的问题，而在复习课等课程进行中设置跨度较大的问题，这样既给学生提供了广阔的思维空间，也能带给学生一定的压力，并可以加强对学生综合能力的培养。合理的跨度设置有助于学生对知识的理解，也能够显示出问题和所学内容的重要性，使学生可以更全面具体地掌握重点知识。合理问题设计跨度的掌握，对学生掌握知识、增强自身综合分析问题、解决问题能力的培养大有裨益。

4. 问题设计时要注意考虑回答时间与思路

教师提问后，往往会立刻叫学生回答或者干脆自己对问题进行解答，缺乏等待的耐性，如果学生不能很快作答，教师就会反复地强调这个问题或者提出别的问题，或者叫其他同学来回答，而忽略了学生需要充足的时间进行思考、组织答案，这样的提问无疑也是无效的。所以，教师在提出问题后，应该给学生一定的时间进行思考，这样可以使学生的回答更加具有逻辑，也减少了随意回答的情况。同时，教师还应该积极地引导学生回答问题，尽量消除学生的畏惧心理，在提问时适当地用鼓励性的语言消除学生的心理障碍，并可以根据问题的难易程度选择不同的学生进行回答，使学生得到一定的满足感，这样学生对课堂的参与程度和参与的积极性都有了很大的提高，也会在一定程度上增强学生的自信心。

5. 问题设计时要把握恰当的提问时机

课堂教学中问题提问的时机把握显得相当重要，过早的提问会导致学生在对教材知识准备不完善时造成启而不发的情况，而提问过晚又会丧失了提问的价值和意义。教师在课堂教学中选择最佳的时机进行提问，才能充分调动学生学习的积极性，启迪学生的正确思维，并能够成功地引出下文，使课堂衔接得巧妙得当。在导入新课时，适当地设置提问问题，既可以加强学生对已有知识的理解和巩固，又可以引导学生带着问题展开新课的学习。在课堂学习中，学生有疑惑时也可以适当地进行问题设置，明确了课堂学习的学习目标，而且有利于学生对课堂知识的理解和掌握。此外，在对课堂知识进行巩固复习时，适当的提问也可以起到很好的引导作用。我们的课堂提问要结合以上的课程特征进行设置和完善。当然，在课堂问题的设置中要注意使问题具有新鲜感，以达到启发学生思考的目的。

总之，课堂中问题的设置是培养学生思维方式的起点，也是学生学习的良好动力。课堂教学中，应结合教学内容，并参考课程的特点，选择灵活多样的课程提问方式，针对学生情况和相应的知识结构，制定符合课程特点的问题。同时，教师在培养学生课堂解决问题的能力的同时也要注意给学生足够的思考时间和空间，进行有意义的问题设置，才能真正实现问题的价值，从根本上激发学生的学习兴趣，促进知识对问题认识的广度和深度，激发学生的学习兴趣，加强学生对知识的理解和掌握，促进学生知识水平和学习能力的提高，进而增强政治课程的教育实效。

Ⅲ　"问"出精彩课堂
——例谈高中思想政治课堂教学有效问题设计的策略

新课程非常强调学生的问题意识，课堂教学要以问题为纽带，引导学生积极进行探究学习。可以说，善教者必善问。课堂设问固然需要即兴发挥，但同样需要有效的预设，如同影视导演编写脚本，事前功夫的优劣直接决定着课堂教学的成效。但是，我们也发现，当前高中思想政治课堂教学中，一些教师误解了问题教学的真实内涵，在问题设计上存在不少问题：问题设计数量偏多，课堂从过去的"满堂灌"走向"满堂问"，让学生应接不暇，来不及思考。问题设计难度把握不当：要么过难，远离学生的认知世界和生活世界，让学生百思不得其解；要么过浅，激发不了学生的兴趣和求知欲，学生有口无心，随声应和，流于形式。问题形式过于单一，如定向性地提问，即经常只面向一定范围的学生，让其他学生难以涉足。问题设计过死，不够灵活，没有充分展开和发散的余地，缺乏开放性。那么如何在高中思想政治课堂教学中设计有效问题呢？

一、创设有效情景，找准问题设计的"支撑点"

观点和材料（情景）是思想政治课的两大基本要素。设计问题的目的无非是想让学生在真实的情景中自然生成教材中相应的观点和原理，因此，必须用鲜活的生活素材创设情景并与问题自然衔接，让学生水到渠成地感悟出教材中的观点，这也就是我们现在大力提倡的探究性教学方式。

［案例1］"用联系的观点看问题"一节内容涉及知识点多，包括概念、概念之间的关系以及相应的方法论意义。为了让学生自然生成这些知识，加深理解，某教师精心选用了2005年春晚优秀舞蹈节目《千手观音》——这个素材恰好能把本节的所有知识点都串联起来，并设计了一系列问题：①演员个体、舞蹈的某个环节与舞蹈队及整个舞蹈有何区别？②整个舞蹈有哪些因素参与，能否舍弃一些？③如果只有少数人来跳这支舞蹈会如何？④每个演员在其中发挥的作用都一样吗？⑤为什么该舞蹈的成功会让其中的每个演员都感到自豪？通过上述问题的设计，让学生逐步领会整体和部分的区别以及它们之间的关系。最后，通过呈现演员们幕后排练的材料让学生体会正确处理整体和部分关系的重要性。

这堂课取得了很大成功，本来枯燥乏味的概念及关系变得轻松有趣；本来沉闷的课堂变得生动活泼。这启示我们，问题设计必须找准"支撑点",情境素材不应当只是用于导课,它可以在课堂中自始至终发挥"载体"的作用,让情境素材在课堂上发挥最大的效益。这样既能保证教学的连贯性和课堂的流畅性,又凸显出学习主题。

二、激发学生兴趣,寻求问题设计的"兴奋点"

这里所谓的"兴奋点"是指能激发学生的学习兴趣和求知欲望,能集中学生的学习注意力,从而促使学生积极理性地思考问题、主动地参与讨论、迫切需要知道原因和结果的一种心理状态。这就需要教师加深了解学生的生活实际,从学生的生活逻辑出发,善于科学而巧妙地创设问题情境,饱含激情地提出问题。

[案例2]在2009年湖南省高中思想政治课堂教学评比活动中,多位教师在对《征税与纳税》设计时,都利用了中国福利彩票双色球第2009118期开奖出现"狂喷"(全国共开出93注头奖,河南一男子独中88注,奖金总额达3.599亿元,创下中国彩票史上单张彩票中奖最高纪录)这条爆炸性新闻来调动学生的"兴奋点"。随即教师自然巧妙地将学生带入一系列的问题情境中:①这个彩民要不要缴税?②缴纳什么税?(个人所得税)③缴多少税?(税率20%)④缴个人所得税有什么意义?

正如苏联教育家赞科夫所说的:"教学法一旦触及学生的情绪和意志领域,触及学生的精神需要,便能发挥其高度有效的作用。"这样的问题设计能很好地激发和培养学生对知识产生兴趣,对学习本身产生兴趣,使学生在自觉主动理解掌握知识的基础上去体会学习过程的乐趣,逐步培养学习兴趣。根据笔者多年的观察和实践,发现容易引发学生"兴奋点"的问题情境主要有:一是发生在学生身边的最新事例;二是与学生学习生活及利益密切相关的事件;三是当前人们生活中关注的热点、焦点话题;四是故事、漫画、图片、打油诗、音乐等趣味材料。

三、了解学生实际，抓住问题设计的"生成点"

问题设计要为教学目标服务，要有利于提高课堂教学的有效性。由于我们面临的对象是活生生的个体，他们有自己的思想、认识，有自己特定的心理和情感的需求。因此，教学设计最难的是准备学生可能提出的问题。在实际的思想政治课堂教学中，教师准备的问题是一回事，学生提出的问题又是一回事。若没有充分的预见性，很可能让自己在课堂上陷入尴尬境地。因此，教师要根据对教材的理解和对学生的了解，进行一定的预测，做好充分的准备，以便课堂中沉着应对。

[案例3] 某教师为引导学生树立依法诚信纳税的意识而设置了这样一个问题情境："某同学父亲的公司因生产经营困难，无力给职工发放工资，就伙同公司会计做假账以少交税款。如果你是该同学且知道父亲的做法，你会举报父亲吗？"笔者以为，这个问题设计是无效的。因为问得过死，将学生陷入两难境地，即使学生回答出要举报，很可能也是言不由衷地迎合教师。毕竟现实情况是复杂的，现实的选择是可以多样的。假如学生直接拒绝并提出质疑，教师又当如何下台？毕竟要举报的对象不是别人而是自己的父亲。

[案例4] 某教师为让学生理解一切从实际出发的重要性而设计了这样的问题情境："面临填报志愿，你的想法如何？你父母的意见如何？你们之间存在什么差别？你该如何劝说父母尊重你的选择？"谁知一个又一个学生被叫起来回答时，他们全都认为自己和父母的看法是一致的，于是后面的问题也就无法进行。之所以会造成这样尴尬的局面，主要就是由于教师对自己所面对的学生的心里没有充分认识。

"动态生成"是新课程改革的核心理念，它强调课堂应该成为一种动态的生长性的"生态系统"，教学不可能完全依照教师的预设按部就班地进行。所以我们应当把要把目光锁定在教学过程本身,我们的问题设计必须考虑学生的生活实际,了解学生的心理、情感、知识的需要,具有一定的开放性。只有这样,才有学生发挥的空间,才能避免不应有的课堂尴尬。

四、关注学生发展,回归问题设计的"落脚点"

"教育是在为一个尚未存在的社会培养着新人。"高中政治新课程改革关注高中生作为人的发展的内在需要,关注高中生的全面发展,强调了知识能力和情感、态度、价值观的统一。因此,思想政治课教学不仅要教给学生知识,更重要的是教给学生如何做人的道理,让学生在获得知识的同时通过政治课学习,确立一种精神、立场、态度和价值追求。所以思想政治课教学的问题设计必须落实到对学生进行学科素养的培养上,落实到学生思想觉悟和实际能力的提高上,最终达到育人目的。

[案例5]2009年湖南省高中思想政治课堂教学评比活动上的是《征税与纳税》的内容。为了引导学生感悟公民诚信纳税对国家和社会的重要意义,温州22中的林老师设计了这样的问题情境:因偷税入狱的"表哥"牢骚满腹:①钱是我辛辛苦苦赚的,白白地交给国家,我一点好处也没有得到!②交上去的钱我又不知道去哪里了,交了白交!③我可交了那么多的个人所得税,这对我公平吗?林老师表示已将这些牢骚发布在网上,随后对学生提出一个问题:"如果你是网友,你会如何跟帖呢?"随即小组开展合作,大家纷纷写出很多充满理性的启发性的帖子,如:你得到了良好的社会治安环境;你得到了便捷的交通服务;你得到了各种文化设施的体验与休憩;你得到了日益完善的社会保障制度……在这里,没有教师刻意的灌输,没有居高临下的说教,一切都是那么自然流畅。

Ⅳ　高中政治探究教学问题设计的"四度"

　　探究教学是新课程改革极力倡导的一种教学模式，它有助于激发学生课堂参与的热情，发挥学生的主体作用，培养学生的创新精神和实践能力，也是提升学生科学素养的积极方式，确保学生人格健康和谐发展的有效平台。探究教学的载体和核心是问题，学生的一切探究活动是围绕分析和解决问题而展开的，没有问题也就无所谓探究，所以政治课探究教学的有效开展关键是设计好科学合理的探究问题。

一、问题设计要生活化，使探究有信度

　　"问渠哪得清如许，为有源头活水来"，生活是思想政治课的源头活水，只有扎根于生活并为生活服务的思想政治课教学才能体现出强大的生命力。陶行知先生曾说："深信生活是教育的中心，生活教育是给生活以教育，教育要通过生活才能发生作用，而成为真正的教育。"所以探究问题的设计必须根植于与学生息息相关的生活，立足于学生现实的生活经验，着眼于学生发展的要求。把问题寓于社会生活的"热点"之中，学生身边的"热点"之中。例如，在学习"消费心理面面观"时，针对中学生存在的一些消费现象，笔者设计了如下问题：①在你的周围有没有同学互送新年或生日礼物的现象？这是一种什么心理？你认为应该怎样对待这类事情？②随着家庭生活水平的提高，一些同学的手机、MP5、电子词典等"现代化装备"不断升级，由此带来的"学费外支出"迅速增长，这种相互攀比的风气在我们校园里存在吗？我们应该怎样看待这种消费？通过对这些问题的设计，搭建起生活逻辑和理论知识之间的桥梁，学生在感知社会生活的同时获得超越生活本身的理性思考，感受到知识的价值，以更高的热情投入到探究活动中。这也给政治教师提出了更高的要求，要

善于观察社会，善于捕捉学生身边的热点，时时保持高度的敏感性，时时准备把生活热点应用于课堂。

二、问题设计层次化，使探究有深度

问题设计层次化，即问题设计要有一定的深度，具有可探性。首先，探究问题的设计要有合理的梯度。探究教学是一个激发学生的情感体验、活跃学生的思维、提高学生分析和解决问题能力、感悟知识生成的过程，所以，教师设计的问题应符合学生的认知水平，过难，学生因难而退，挫伤其自信心和积极性，无法起到设疑激思的目的；过易，没有探究的必要，问题设计只有具有合理的梯度才能引起学生认知的冲突，调动学生的积极性。较难理解的知识，教师不妨将其合理"肢解"，设计出由浅入深、由易到难的一系列小问题，形成环环相扣的问题链，让学生在层层递进的探究中突破知识难点。例如：在引导学生探究"商品的价值量和劳动生产率"的关系时，笔者设计了几个环环相扣的小问题：①如果社会必要劳动时间缩短，商品的价值量如何变化？二者关系如何？②个别劳动时间缩短，商品的价值量会减少吗？③随着科技的进步，社会劳动生产率不断提高，社会必要劳动时间如何变化？商品的价值量有没有变化？商品的价值量和社会劳动生产率是什么关系？每一个小问题，学生都经过认真地思考、探讨，轻而易举地突破知识的难点，更让师生体验到探究带来的成功喜悦。

教育的本质是培养"真正的人"。探究教学不仅仅让学生获得知识，更要促进学生的道德成长和人格完善，思辨能力的提升和生命的升华，形成正确的情感态度和价值观，这才是政治课教学的"思想"。所以探究问题设计的深度还应体现出它的"教育性"。例如，在学习必修四第十二课第一节《价值与价值观》人生价值这一知识点时，笔者给学生播放最美女教师张丽莉的动人事迹，引导学生思考：张丽莉的事迹最让你感动的是什么？在我们班级或社会还有哪些乐于奉献的典型？说来与大家共享。他们的事迹对你的人生有何启示？通过这些问题的探究，不仅让学生了解人生价值的内容：一方面是个人对社会的责任和贡献，另一方面是社会对个人的承认与满足，而且让学生理解一个人真正的价值在于对社会的贡献。在现实生活中，只要我们每个人心怀责任之心、感恩之心、善良之心，都可成为一位对他人、对社会、对国家有益的人，我们这个社会也将更加温暖而和谐。对学生情感态度和价值观的教育水到渠成。

三、问题设计要有针对性，使探究有精度

探究式教学，并非要探究教学中的一切问题。教师应根据课标要求、教学内容和教学时间，在教学的重难点、知识的衔接点和情感的触动点等处设计问题，增强探究的针对性、效益性。教学重点是《课程标准》要求学生必须掌握的适应未来社会的基础知识、基本技能，是教材的主干知识。教学难点是教材中学生因缺乏知识经验或生活经验而难以理解的知识。知识的衔接点是新旧知识的交汇点，情感的触动点是教学内容中蕴含着能育人、感化人的那一部分知识。在这些"关节点"设计探究性问题，引导学生思考讨论，有利于引起认知需要，开启思维的闸门，帮助学生夯实基础知识，扫清思维障碍，推进求知进程，提高思想觉悟。这就要求教师必须认真钻研教材，"吃透"课程标准，把握住探究的"点"，在课前作好充分的准备，这样在课堂教学中，才能有的放矢，提高探究的效率。

四、问题设计要有开放性，使探究有广度

《普通高中思想政治课程标准》强调"本课程要引领学生在认识社会、适应社会、融入社会的实践活动中，感受经济、政治、文化各个领域应用知识的价值和意义"。新课程理念下的课

堂教学活动被赋予更宽泛的内容和意义，某些探究问题的设计和结论不应局限在某一标准内，应具有开放性。在学习《股票、债券和保险》时，教师可设计"假如你家有 15 万元的闲置资金，请你综合考虑各种因素，设计一套最中意的理财方案，并说明这样设计的原因"。在讲授《公司的经营》这一知识时，教师可设计"如果你是一位空调企业的老总，面对激烈的市场竞争，你将采取哪些策略经营你的公司？"这些探究问题没有固定的答案，立足于教材，又高于教材，使教学打破了教室、教材、学校的局限，使学生更加开放地看待世界，从不同的角度思考问题，拓展学生的思维空间，培养学生的创新能力，引导学生走出小课堂，关注社会大课堂，在实践中悟出活的知识。这就要求政治教师平时博览群书，拓宽知识视野，丰富人文素养。

总之，政治探究教学中问题的设置要符合学科特点和学生的认知规律，注重设问的技巧和"问题"在探究教学中的意义，引领学生在探究中实现知识、能力和情感、态度价值观的和谐发展。

V　高中政治课堂问题设计的哲学思辨

"我并没有什么特殊的才能，只不过是喜欢寻根问底追究问题罢了。"爱因斯坦的至理名言指出了问题在人类发展与进步历程中的重要性。在长期的教育研究中笔者发现，高中政治课堂提问的内容普遍比较单一，多数是围绕教材的设问；提问的形式过于呆板，一般是直接指向问题的终点，缺乏应有的过渡和铺垫；问题的设计过于功利，远离学生的生活世界，不能促使学生积极主动地思考。科学的课堂提问设计是基于哲学理论上的辩证统一。

一、根植于现实又超越现实，实现基础性与发展性的统一

生活教育理论研究表明，教育活动应该与学生的社会生活、实践活动等相联系，要让学生在亲身的感受中体验知识的产生和发展过程。如果将学生的学习活动与社会生活相隔离，教育就会失去应有的魅力和生机，成为无本之木。因此课堂提问不但要从学生熟悉的场景和问题入手，引领他们很快进入问题情境，而且要有思考性，尝试着不断超越现实。

如一位老师在教学"人民代表大会制度"的相关内容时，首先播放了人民代表大会选举的现场视频文件，然后围绕"我国人民怎样行使国家权力？""我国的国家机关是怎样构成的？"等问题组织教学。教师与学生一起进行角色模拟，讨论交流："你认为我国的人民代表大会制度有怎样的优缺点？"学生谈到了民族的平等与团结、国家权力的统一、民主集中形式等知识点。也有学生认为，这一制度中提名的候选人官员太多，竞选制度有问题。然后，师生围绕存在的问题设计合理的改进方案。高中政治课堂提问的设计，要走进学生的现实世界，让学生能思考、有想法，理论联系实际，更要让提问涉及学生的"可能世界"，让学生对不确定性、可能性问题有合理的预见，培养学生的观察力和分析力。教育的真谛不是适应生活，而是要打破封闭的生活，干预未来。有新意，而且能促进学生综合能力与素质的整体提高。

二、瞄准目标又分解目标，实现针对性与发散性的统一

课堂教学前，教师应对单元目标与课时教学进行精选和结构化，将主要目标转化成相应的问题，让学生在新课伊始就能明确学习任务，有目的地参与课堂活动。这样的教学活动有利于突破重点和难点，克服学生在学习过程中的障碍，避免学习的盲目性和随意性。在具体实施的过程中，要淡化目标的直接影响，防止问题过大，学生不能适应，尽量采用小问题引路，让问题贴近学

生的实际水平和兴趣爱好。教师应善于设计具有关联性的问题链，让学生在比较、归纳、演绎中向既定的教学目标逐步迈进。

比如在教学"市场经济的一般特征"这部分内容时，有教师列出了以下学习提纲：

（1）哪些经济资源可以借助于市场来配置？

（2）市场是怎样参与配置经济资源的？

（3）有人把市场喻为"看不见的手"，这里面蕴含着什么道理？

（4）市场配置资源方式与计划配置资源方式各有哪些优劣？

（5）现阶段，我国还需要计划手段吗？为什么？

为了让学生深刻理解市场经济的一般特征，教师与学生现场表演小品，并引发学生思考：竞争对手之间是什么样的关系？整个市场的风气怎样？在上述教学活动中，学生自然建立了对党和政府政策的认同感，深刻把握了课堂教学的主要内容，在形象可感的实例中理解了抽象的特征含义。整体来说，课堂教学中，问题的设计要紧紧扣住教学的主要目标进行，凸显一节课的主题，让学生不仅能看到具体的"树木"，更能够领略到"森林"的风采。

三、走进学科又跳出学科，实现专业性与综合性的统一

"教育应当关注当下的生活。"信息化时代的今天，我们的教学手段和方法也应该与时俱进。一些看似复杂的学科问题，学生完全可以通过小组合作或独立探索后，发现其中的奥秘。教师的任务就是引领学生发现问题，自主尝试解决问题，用问题去激发学生探究的兴趣，实现"不教而教"，为研究性学习的开展注入新的内涵。

比如，笔者在教学"世界观"的相关知识时，引用语文教材《祝福》中祥林嫂的故事，并鼓励学生展开讨论：祥林嫂为什么要捐"门槛"？这样做了以后她的愿望就能如期实现吗？学生通过上网查阅资料、互相交流，从而内化了"世界观"概念，懂得了树立科学世界观的重要性。实践表明，这样的跨学科式提问，不仅能让学生觉得颇有新意，而且能促进学生综合能力与素质的整体提高。"教学是师生交往、互动的过程"，有效提问是丰富这一过程的重要手段和方法，它能激发学生学习的兴趣和热情，促进学生思考不断向纵深发展。问题设计是有其内在规律的，既要有低起点，让学生能有所思考，又要有启发性，让学生的回答走向深刻；既要有大问题提纲挈领，又要有分解的小问题作为铺垫，让学生拾级而上；既要注重政治学科专业化特点，又要有生活化政治的时代视野，理论联系实际，不断丰富政治学科的内涵，做到学以致用。

第三章　问题导学的教学策略

Ⅰ　思想政治课教学有效设问的原则与技巧

　　问题导学，即通过创设特定的问题情景，引导学生在解决问题的过程中，主动获取并运用知识、技能，从而激发其学习主动性、提高自主学习能力和创造性解决问题能力的课堂教学方式。它根据教育教学目标要求和学生的知识经验，把教学内容问题化，以问题的提出和解决为中心且贯穿教学全过程，以发展学生解决问题的综合能力和提高创新意识为重点，以教师引导学生自主合作探索学习为关键。

　　研究目前思想政治课问题导学教学过程，笔者发现，问题的设置普遍存在些不足之处，即无效或需改正、改进的"伪问题"，主要表现在：

　　（1）直问直达式。设问价值不大，徒有提问形式，没有丰富的内涵和思维深度。如单纯设问"某某的概念含义是什么"，或者问题简单直白不用思考就能脱口而出。

　　（2）缺乏正确价值观引导，导致学生思考和评价产生混乱和错误。

　　（3）问题缺乏开放性，答案过于笼统、死板。

　　（4）解答难度过大，超出学生认知范围。

　　（5）问题指向不明，导致学生无法回答。

　　如果上述种种"伪问题"得不到解决，整个问题导学过程就选错了目标，必然导致低效、无效甚至负效的教学效果。笔者结合自身教学实践对有效设问的原则与技巧做了些研究和探索，提出解决的对策，以期提高"问题导学"实效，真正实现学生对知识的掌握过程和获取知识的体验过程相结合。

一、整体设问要有层次性

教师所提的问题要从实际出发，由浅入深，由表及里，循序渐进，环环相扣，层层深入，一个大问题下可以列出系列子问题，打造具有层次的"问题链"。促使学生的认识逐步深入，思维逐步开启，遵循从已知到未知的认知规律，这样才能透过现象逐渐接近问题的本质。

针对"加强国家的宏观调控"的教学，可设问：

（1）市场经济有哪些特征？

（2）这些特征集中体现了市场经济的什么作用？

（3）这是否说明市场的调节作用是万能的？

（4）单纯市场的调节作用有哪些缺陷和弱点？你在现实生活中有哪些体验和感受？

（5）应如何解决市场的这些缺陷和弱点？

（6）什么是国家的宏观调控？宏观调控的目标是什么？

（7）通过哪些手段可实现这些目标？

（8）国家的宏观调控是否会削弱市场的调节作用？二者的关系如何？

通过系列内含逻辑性的提问，使学生既掌握了基础知识又培养了综合分析能力和严密的逻辑思维能力。

二、设问要有针对性

一般而言，设置的问题要以全体学生现有的认知水平为基础，不能滞后也不能过于拔高。有的教师在教学过程中设置的问题太容易，学生不需要思考就信手拈来、张口就答，没有给学生创设思考的机会和条件，学生的思维能力得不到应有的锻炼。设问成为累赘，这在教学中理应避免。有的教师在教学过程中设问太难，学生看到问题冥思苦想也不得其解，回答时无从下手，这样只会使学生感到无所适从，产生挫败感，失去了问题导学的目的和意义。

更重要的是设问的难度、广度和深度要根据学生的个体差异来区别对待。从问题提出的环节就可以还权于学生，教师应成为问题情境的创设者、问题动力的发动者、问题内容的整合者、问题深化的引导者，而不是问题的提出者。当然，教师在适当时机也可以弥补学生提问的不足，直接提出自己的问题，但最终学生才是提出问题的主体。在教学实践中，笔者在设置问题前，让学生先以问题条的形式提出自己的个性化问题，再对这些问题进行整合，归纳出共性问题，并有选择地收录些个性化问题。另外，笔者有时也会提出个基本的问题然后由学生根据自己的实际，在此基础上衍生出子问题，并据此进行探究、学习。

三、设问要有启发性

启发性教育原则是任何教育活动最根本的原则。提问也应富有启发性，引发学生积极思考，启迪学生联想所学知识，触类旁通，举反三。因此，教师要根据教学目标提出问题，按照教材或者思维过程的逻辑顺序，引导学生不断揭示矛盾、分析矛盾、解决矛盾。在这个过程中，还要掌握节奏，使学生的思维步步被调动起来。同时，设置的问题要便于课堂上展开"启发式""讨论式""研究式"教学，能启发学生思考，师生之间、生生之间能进行多次质疑、讨论、交流和评价。

四、设问要有价值性

美国儿童发展心理学家劳伦斯科尔伯格给他的学生上课时，引述了心理学上经典的"海因兹偷药"道德困境。海因茨先生的妻子身患重病，濒临死亡，只有一种药能解其绝症，但发明此药的医生却坚持卖高价。海因兹凑不到足够的钱，只能去偷药救妻。描述完案例后，教师向学生提问"海因兹该不该偷药？

为什么？""如果你是法官，你该如何审理这个案子？"这是美国学校经常开展的一种"道德推理"课。在美国人看来，价值观念是个人的、相对的，是没有定型的，关心的不是"该不该"，而是"为什么"，即作出道德判断的推理过程。他们重视学生讨论价值的过程，让学生在讨论的过程中经过价值澄清、道德推理等形成自己的价值观，促进道德认知水平的提高，从而指导自己的行为。这就是该问题所隐含的"思维价值"，我们的设问也应该具有这样的思维价值。学生分析和解决问题也应该展示其思维过程，这有助于我们完成教学中的情感、态度和价值观目标，也有助于我们把握学生的思维发展和价值观发展。

另外，设置的问题也要反映出最新的人文社科科研成果和具备参考价值及研究价值的经典参考资料，让学生从问题本身收获知识、增长见识，并进一步激发学生课外阅读学习、拓展知识面的兴趣和动力。

五、设问要有灵活性

设问必须做到心中有数。问什么，在什么地方问，用什么方法问，这些都要事先精心设计，这在以往的课堂教学活动中强调得比较多。但设问既要有计划性，又要有灵活性，不能完全拘泥于预想模式。在教与学的过程中，要根据课堂反馈信息，作出必要的调整。

在课堂教学中，教师应自始至终让学生围绕问题积极思考，多给学生自由展示的机会，使他们处于积极的创造性状态：主动动脑、动口、动手，独立辩证地观察、分析、类比、联想、辨析、猜想、归纳等。其中教师的任务就是为学生提供自由广阔的天地，听任不同思维、不同方法，必要时给予评判、点拨和引导，保证将学生引上再创造的道路，不可做过多限制，更不能一味地按图索骥。

教师还应鼓励学生从不同角度、方向、层面用多种方法分析问题、解决问题，允许多种合理而灵活的结论。特别是对有一定"弹性"的问题，即问题本身具有开放性和探究性，在是与不是之间存在较大的思维空间，只要学生持之有故、言之有理，我们就应尊重学生的不同看法。只有这样，才能使学生的主体意识得到张扬，发散性思维能力得到提高。如旅游作为种消费，在此过程中你将如何购买物美价廉的商品，实现使用价值和价值的统一？如何维护自己享有的合法权益？如果购买了假冒伪劣商品，你该如何处理？

六、设问要生活化、情境化

教师可通过设置激发学生认知冲突、有生活感悟的材料情境或问题情境来提出问题，激发学生深入探究的欲望和动力。如教学"政府依法行政"时，笔者展示了一个情境：一个卖西瓜的老人坐在城市主干道边哭泣，他的身旁是辆被城管剪断了车链的三轮车和散了一地的西瓜。面对这个情景，首先设置了三个问题：

（1）你认为这位老人在这儿卖西瓜合理、合法吗？（引出学生对个体经济的再认识，同时指出这个现象中合理与合法之间的矛盾）

（2）城管如此管理卖西瓜的老人合法、合理吗？（引出对政府职责的认识，同时进一步展示矛盾）

（3）如果你是城管，你该怎么管？（引出对依法行政的认识）

当今社会，确实存在个别城管因个人素质不高，导致人们对城管认识上的偏差，对城管执法也存在很大的不理解。当展示这则材料时，学生的认识是一边倒，都在指责城管。但是通过前两个问题的探究，学生看到了出现这种现象的深层次原因，出现这种现象不能仅仅归责于城管。第三问，当要求学生为城管执法出主意时，出现了各种不同的办法：几个学生抱着童真的心态，主张城管把老人的西瓜都买回家。大部分学生从书本中找到的答案是：劝其回家，别卖西瓜了。对一般的教学来说，基本实现了教学目标。但在现实生活中，这个办法还不能解决问题。所以笔者接着提问：①你认为，这位老人会听从城管的建议，以后不卖西瓜了吗？（得到的回答是，肯定还要卖，生活还得继续呀）②请再想想办法，老人在什么情况下就可以不要出来卖西瓜了？（生活有着落了。这就需要政府完善社会保障机制；或者加强市场管理，为老人找个合适的经营之地）

七、设问要有质疑性

教师应充分鼓励学生发现问题、提出问题、讨论问题、解决问题，通过质疑、解疑，让学生具备创新思维、创新个性、创新能力。教师运用有深度的语言，创设情境，激励学生打破自己的思维定式，从独特的角度提出疑问。鼓励学生进行质疑，因为质疑是创新思维的集中体现，科学发明与创造正是从质疑开始的。让学生敢于对教材上的内容质疑，敢于对教师的讲解质疑，特别是同学的观点，由于商榷余地较大，更要敢于质疑。能够打破常规，进行质疑，并且勇于实践、验证，寻求解决的途径，是具有创新意识的学生的必备素质。

Ⅱ　"知识问题化"：有效实施"问题导学"的起点

"问题导学"是以优质的"问题"为纽带，通过师生间对系列"问题"的互动建构、生成、甄别与合作探究，以提升学生的"问题"意识、增进学习效益、愉悦学习过程的一种教学方法。为此，将教学内容"问题化"，提出既能激发学生学习兴趣和探究欲望，又具实际探究意义和价值的"问题"，是有效实施"问题导学"的起点和保障。

现代课程的基本单位是"问题",倡导通过问题设计来组织课程内容,通过问题解决来实施教学。课堂教学模式应由知识传授转到问题解决上来。一节课设计的成败,在很大程度上取决于"问题"设计和实施的水平。在教学实践过程中,大家普遍感到困惑和难以操作的是学生不能提出有质量的"问题",甚至不会提"问题",整个过程都是教师唱"独角戏",这严重地制约了"问题导学"的实施效果。本文将着重探讨如何引导学生提出"问题",将学习内容(知识)转化为有效的"问题"。具体的方法和策略有以下几点。

第一,依据学习内容的主旨,提出本课的"核心问题"

抓住每课内容的主线或灵魂,提出一个能够贯穿主体内容,体现核心要旨的"问题"。这样的问题,是对本课内容的凝练,能够揭示所学内容的本质,统领学习的方向,升华思维的品质。一般而言,这样的"问题"都是出自所学内容的课题名称或"主线"中。如,在学习中国现代的外交关系时,我们惯用的设计方式是先学习中华人民共和国的外交政策、外交方针,然后再依据时间顺序,厘清中华人民共和国成立初期、20世纪70年代、改革开放新时期我国外交的实践活动。这样的设计,平庸而乏味,过于重视对史实的掌握,而没有能够从本质上揭示出新中国外交关系的性质及其对外交实践活动的影响。我们知道,外交关系的性质无非体现在两个方面:平等或是不平等。如果我们围绕这个"关键点"进行设计的话,不仅可以抓住外交关系的"要害",也能激发学生探究的兴趣。我们完全可以从课题的名称——《现代中国的外交关系》中提出这样的"问题":"现代中国的外交关系是平等还是不平等的?你判断的依据是什么?相比近代外交关系的性质,结合近、现代中国的外交活动,分析外交关系对外交实践活动所产生的影响。"这个问题抓住了课题内容的关键词——"外交关系",并以此来引领对现代中国外交成就的归因分析,不仅与近代的屈辱外交进行了比较,也彰显出中华人民共和国外交政策提出的特定意义,更提升了学生对本课内容的认识水平,要远比传统的设计有意义得多。再如,在学习《伟大的抗日战争》时,我们可以引导学生从课题名称出发,提出"为何称抗日战争是'伟大'的"这样的"问题",这个"问题"是本课内容的灵魂所在,能够牵引起全部的学习内容:从激起全民族的抗战热情、实现国共合作建立抗日民族统一战线来说是"伟大"的(抗战力量);从近百年来民族战争中第一次取得完全胜利来说是"伟大"的(抗战结果);从对世界反法西斯力量的贡献来说是"伟大"的(世界贡献);等等。这个"问题"就是引领本课内容的"核心问题",不仅更能激发学生探究的兴致,也有利于对本课内容的深入理解。每课的内容都会有一个贯穿其中的"主线",课题名称或各节题名称上也会浓缩本课内容的"要旨",我们要引导学生抓住这条"主线",围绕这些"要旨",通过整合与分析,提升出一个"核心问题",这既是分析本课内容的"立意",也是学生学习的"抓手"和思维的"指向"。

　　第二,通过比较,管窥细微处,同中求异,提出"细节性的问题";通过综合,立足整体,异中求同,提出"规律性的问题"

　　在面对几个类似的知识点时,要引导学生透过表层,深入细节处进行对比和"追问",提出"细节性的问题",这样的"问题"更具体、明确和深刻,也更能激发学生的探究兴致。如,在学习《现代中国民主政治制度》一课时,必然会涉及现代中国民主政治制度与美国代议制的比较,理解二者的不同点。二者都是民主制度,通常情况下,大家的思维只会笼统地停留在中国的民主制度具有"人民性"和"社会主义"的原则,而美国的民主是

"资产阶级"和"资本主义"的民主。这样笼统、空洞和表层化的问题是没有什么思维含量的，也自然不会激起学生学习和探究的兴致，也容易引起误解，认为中国的政治制度是民主的，而美国的政治制度不具民主性。遇到这类情况，我们就要引导学生在此基础上继续深化和"追问"，直至"问题"的本质。既然是一种政治制度，其核心就是政治权力的问题，具体表现在政治权力的产生、组织、行使等方面，可以就此进行"追问"："在政治权力的产生、组织、行使等方面，人民代表大会制度与美国的代议制之间有何差别？"从权力的产生来看，中国是选举基础上的民主协商制，美国是民主基础上的竞选制；从权力的组织原则上，中国是民主集中制，美国是民主分权制；从权力的行使来看，中国是权力委托制（委托给"一府两院"具体行使），美国是三权分立制（权力制衡）。这样比较下来，可以更清晰地看到，中国的人民代表大会制度更利于集中各界的智慧，避免权力的纷争和内耗。这样的"问题"立足"同中求异"，直击细节，就是"细节性的问题"和"深化的问题"，要较那些平铺直叙、表层化的"问题"有意义得多。另外，在面对几个类似的知识点时，不仅要透过表层，提出"细节性的问题"，也要将这些知识点进行整合，分析演变的趋势和共同特征，提出"规律性的问题"。如果说"细节性的问题"是由大到小，由一般到特殊，那么，"规律性的问题"就是由小到大，由特殊到一般；"细节性的问题"有利于培养学生的发散思维能力，"规律性的问题"则有利于培养学生的聚合思维能力。如，在学习《古代雅典民主制度》时，面对雅典三位政治家（梭伦、克里斯提尼、伯里克利）的政治改革时，我们不能仅将目光停留在"分析三人改革措施的不同点"上，也要对其进行综合与提升，"分析三人的改革所要解决的共同的核心问题是什么？又是围绕着哪两个角度进行解决的"？这就是建构在三人具体改革措施基础上的上位"问题"，这是无论其中的哪次改革，都要面对和解决的问题，都要据此（"角度"）而采取相应的措施，这就是"异中求同"的"问题"。

第三，立足现成的"结论"，提出质疑性或"若何性"的"问题"

在学习的过程中，学生们普遍习惯于接受教材中现成的观点或结论，继而机械性地理解和记忆，一方面导致对内容的理解机械化和表层化，另一方面也抑制和降低了学生学习的积极性。这在文科课程的学习中是普遍存在的现象。为此，我们要引导学生对教材中的结论进行适度的质疑，"为什么会这样？""这个结论的来源是什么？"或对结论进行否定性的设想和猜测，提出"若何"（"If……what"，"如果不是……，将会怎样？"）的"问题"，这样的"问题"极具挑战性，会吸引学生的兴趣。如，在学习《走向整体的世界》一课时，涉及了第一次工业革命和第二次工业革命两个知识点，教材中呈现了两个结论："第一次工业革命促进了资本主义世界市场的初步形成"，"第二次工业革命促进了资本主义世界市场的最终形成"。在学习这个内容时，学生只把着眼点放置在死记硬背这两个"结论"上，将"初步形成""最终形成"与两次工业革命进行——对应，这样的学习是"伪学习"，这样的"问题"是"伪问题"。这种情况下，我们要引导学生从这两个"结论"入手，对其进行阐释和质疑，比如提出这样的"问题"："资本主义世界市场初步形成和最终形成的区别标准是什么？为什么说促进资本主义世界市场最终形成的是第二次工业革命而不是第一次工业革命？"这个"问题"会引领学生深入思考：在国际分工、世界贸易、市场经济体制、资本形态和技术输出、世界市场范围的拓展、劳动力的国际化等方面，两次工业革命造成的不同影响。对结论来源的探究和质疑，要较简单复述和记忆结论本身有意义得多，这样的"问题"才是有价值的。再如，某次调研听课时，一位初中历史教师在讲解《抗日战争》中"国共两党合作、建立抗日民族统一战线，最终取得抗日战争的胜利"时，引导学生自由提"问题"，其中某个同学提出"如果没有国共两党的这次合作，没有建立起抗日民族统一战线，中国的抗战会怎样呢？"一石激起千层浪，立刻引起同学们的热烈争论，众说纷纭，课堂学习氛围和学生的思维非常活跃。这就是"若何性的问题"。"若何性的问题"不是对现有结论的简单推翻和别出心裁的否定，而是发散思维的一种体现。无论是质疑性的"问题"，还是"若何性"的"问题"，都要立足于现有的结论或观点进行提出，都要综合所学的相关知识进行分析、论证。

第四，在知识和认知思维的困惑处提出"疑惑性问题"

"问题"就是悬念和情境，是一种矛盾、冲突、差距和挑战，是认知结构失衡所带来的探究欲望。教师要有意识地提供给学生一些有利于培植认知冲突的情境，并引导学生积极利用这种冲突，进行深刻思考和提问。如，在学习《古代雅典民主制度》时，教材中呈现的是雅典建立起比较发达的奴隶制下的民主制度，此时，我们不妨直接抛出古代中国的专制制度：中国是垂直管理的政治结构，雅典是分散管理的政治结构，面对这种冲突，学生自然会发问："难道中国从古代开始，就落后于西方了吗？""这两种制度到底哪个好呢？"据此，可以激发学生从两种政治制度"建立的必然性""各有优缺点""尊重政治文明的多样性和适切性"等几个方面进行探究，这样的"问题"才是有意义的。再如，学习近代西方的殖民侵略时，传统的"问题"总是"如何两方面评价西方殖民者的侵略行为？"答案也是固定的，没有探究性。因为学生学习的情境没有发生改变，认知结构、学习心理、思维状态没有"失衡"和产生"困惑"，"问题"也自然不会被"激活"。所以，教师要主动地提供出一些这样的"冲突"材料，激起思维疑惑，才能提出高质量的"问题"。如，我们可以提供下列材料。

资本主义世界市场形成与发展的历史，也是不同文明之间相互冲突的历史。在这一方面，马克思和斯塔夫里阿诺斯有着不同的观点，请阅读以下材料：

材料一：野蛮的征服者总是被那些他们所征服的民族的较高文明所征服。这是一条永恒的历史规律。不列颠人是第一批发展程度高于印度的征服者，因此，印度的文明就影响不了他们。他们破坏了本地的公社，摧毁了本地的工业，夷平了本地社会中伟大和突出的一切，从而消灭了印度的文明。

——马克思《不列颠在印度统治的未来结果》

材料二：英国的思想文化影响促进了印度的思想、文化方面的高涨和创造力，这种高涨和创造力通常称为印度复兴；西方的促进因素在印度教徒中间引起了三种反应：第一种反应是全心全意、不加批判地亲西方的、反传统的，西方的一切被认为事实上是优越的、更可取的。第二种反应是完全地拒绝的反应。……应该尽量避免与外国人接触，应该以传统的方式过自己的生活。第三种也是最通常的反应是居于盲目崇拜和彻底拒绝之间的妥协。它接受西方的现世主义和学问的精华，但也试图从内部改革印度教，试图在摆脱印度教的腐朽和粗俗的外壳的同时保持它的基本真理，能面对西方而不失去自己的特点和自尊。这样，印度教对西方的挑战所作出的响应是兜了一个圈子：从拒绝、模仿到批判地再评价和满怀信心地肯定。

——斯塔夫里阿诺斯《全球通史》

上述材料中，斯塔夫里阿诺斯的观点与马克思的观点存在着明显的不同：马克思主张"文明征服论"，而斯塔夫里阿诺斯主张"文明融合论",直面这两种相互冲突的观点,何去何从呢?这必然会引起学生的提问和探究,学生的思维能力和品质就是在这样的情境中被激发和升华的。一般来说,这种认知冲突的情境,是需要教师为学生创设和引导的。

在实施"问题导学"的过程中,"问题"的提出是基础,是"激疑"的过程,有效的"问题"能够深化对所学内容的理解,培养学生的思维能力。为此,要结合不同学科自身的特点,采取适当的方式方法,培养学生提出"问题"和提出高质量"问题"的意识和能力,显得极为重要。

Ⅲ 问题导学重在"四导"

人类认识世界、改造世界的过程,就是一个发现问题、解决问题的过程。问题导向是马克思主义世界观和方法论的重要体现。高中思想政治课是认识世界和改造世界的过程,同样是发现问题、提出问题、剖析问题,进而解决问题的过程。基于此,高中政治课应该开展"问题导向学习"(以下简称"问题导学"),即让学习始于问题、基于问题,以问题为学习的核心、导向、动力和标准。

一、导学

问题导学的第一个环节或起点环节,应该是自主学习。学生以教科书内容为对象的学习,要取得良好的效果,需要以问题为主线,即让问题成为学生阅读教科书的"导游"。为了让问题发挥"导学"作用,教师在备课时,要依据课标并围绕教学目标设计若干个能够使学习的方向、目标和任务一目了然的核心问题。核心问题要突出重难点,讲求效率;同时要防止片面性,避免只重知识乃至考点的倾向,体现政治课三维目标和核心素养的要求。同时，核心问题的要求应清晰、简洁，使学生明确学习的对象、行为和结果。这样，才能使核心问题在教和学的过程中发挥指针作用。

如，"市场配置资源"一节，可结合课程标准和教学目标，设置以下核心问题作为教和学的主线：①市场在资源配置中发挥决定性作用的机制是什么？市场配置资源有哪些积极作用？②市场调节有哪些局限性？怎样理解其自发性、盲目性和滞后性？③市场秩序为什么重要？市场规则的形式和内容各有哪些？怎样规范市场秩序？④你在生活中是怎样对待规则的？（此问题指向学生生活，有利于培养他们的"法治意识"和"理性精神"等核心素养）

二、导思

教师呈现的问题不仅要让学生明确学习内容和目标，还要有利于驱动、启发学生进行思考和探究。

1. 用情境性问题导思

为了使问题更好地激发和驱动学生学习和思考，教师应该运用情境性问题，以较快地集中学生注意力，激发学生兴趣，使其产生持久的动力。这类问题可以拉近知识与生活、知识与学生的距离，化理论为实际、化抽象为具象，便于学生进入问题、思考问题。

如，矛盾双方的关系，是教和学的重点、难点。在教学中，可从学生身处其中的师生关系入手，设置如下问题：①没有了学生这个角色，还有老师这个角色吗？师生之间构成教学和利益共同体吗？名师出高徒说明了什么？教师和学生的角色是固定不变的吗？——引出矛盾的同一性。②师生之间有性质差异、行为差异和利益差异吗？师生之间有冲突吗？具体的师生关系会始终存在吗？——引出矛盾的斗争性。③学生会找一个在学科上跟自己水平相同的人做自己的老师吗?——引出"同一以差别和对立为前提"。④一般情况下,我们班的老师会去批评他不任课的学生吗?——引出"斗争性寓于同一性之中"。实践证明,这一系列情境性问题起到了化繁为简、化难为易的作用,促进了学生思维的开启和深入。

2. 用整合性问题导思

问题要能引导学生挖掘、建立知识之间的内在联系,从而使学生通过对问题的思考从整体上把握知识,进而构建知识体系。如,在组织学生复习《经济生活》第二课"多变的价格"时,教师可以"价格"为核心概念,引导学生通过"价格受什么因素制约同时又影响哪些方面"这一整合性问题,帮助学生建立一个以价格为核心,整合了价值、供求、消费、生产等内容的知识节架。

3. 用开放性问题导思

在教学过程中,教师既要设计和运用确定性问题,以帮助学生掌握一些相对固定和明晰的知识,又要设计和运用开放性问题,以提高学习的挑战性和学生的思维品质。如,在组织"发展生产,满足消费"一节的教学后,教师可以向学生提出"影响消费的因素有哪些"这一问题,引导他们从生产、价格、收入、消费心理和消费观念等方面入手,对分散在教科书中的相关知识进行概述,从而帮助他们全面把握影响消费的因素。进而,教师可以向学生提出"怎样提高消费水平"这一教科书上没有论述的问题,以提高学生活知识乃至创新能力。

4. 用支架性问题导思

复杂问题的解决,有时需要通过呈现有序的下位问题,使学生获得思维的支架或阶梯,使他们跳一跳可以够得着。这样,学生的学习才会层层推进、步步深入。如,为了体现知行统一的要求，也为了拓展学生的思维，在"文化在交流中传播"一节教学中，教师可补充提出"怎样有效进行文化传播"这一问题。为了降低难度，让学生的思考更有针对性，教师可向他们提供五个思考支架：①应不应该主动传播？——传播意识要树立；②应该传播什么——传播内容要精当；③应该由谁传播？——传播主体要选准；④应该通过哪些手段传播？——传播媒介要高效；⑤应该怎样传播？——传播方式要科学。

5. 用对比性问题导思

有比较才能有鉴别，因此，教师在教学中有必要设置对比性问题，引导学生比较和鉴别。如，在"按照民主集中制建立的新型政体"一节的教学中，以美国总统奥巴马于 2014 年将时任美国国会批评为"效率最低"为背景，可向学生提出如下对比性问题，以利于学生思辨和鉴别：美国政治制度中的哪些因素导致了国会效率不高？在此基础上，请你谈谈对我国人大与国家机关关系的理解。

三、导答

"问题导学"课堂不仅要导学、导思，还要导答，即组织学生将自己的所思所想用正确规范的语言表述出来（包括口头和书面表达）。这不仅是学生素质和能力的表现，也是学生学以致用的需要。

为了便于学生准确、充分地回答问题，教师需要注意以下几个方面：一要精简问题数量，给学生较为充裕的探究和整理思路的时间。二要精准表达问题，使学生一看问题便知道自己学习和探究的任务是什么。教师尤其要注意控制新课问题的难度和综合度，做到准确、简练、清晰。试想，如果学生连问题本身都看不明白，怎么可能进行有效的学习、思考和回答呢？三要精心引导和理答。教师在引导时，教师要通过寻找学生在知识、方法或思路方面的原因引导学生；通过将问题划大为小、化整为零引导学生；通过转换问题引导学生。教师在理答时，尽量不要催促学生、代替学生，不要随意地用语言或手势打断学生，更不能用嘲讽的语气或神态对待学生的错误和疑问。如，当一个学生说人大代表有监督权时，教师不能简单地否定他的想法，而应引导学生进行讨论，从而比较圆满地解决这个问题。教师理答时要注重激励、引导、提升、追问、归纳。尤其要重视引导学生说出"你是怎样思考的""为什么要这样思考"。四要帮助学生精确表述，即让学生将重要问题的答案完整而规范地说出来乃至写出来。

学习不仅要学进去，更要想出来、说出来、写出来。如果仅仅停留于让学生思考或简单叙说，缺少对思考的系统整理和规范表达，会使学生的思维变得肤浅、片面、零碎。所以他们缺少对思考的系统整理和规范表达。这一点对于政治课来说尤为明显。政治课的问题不同于理科的问题，不需经过一步步计算才能验证。政治课的情况常常是，学生在自己思考或在老师启发下得到一个思路，便觉得答案明晰了、问题解决了。殊不知，这种浅尝辄止的做法，会使学生失去锻炼和提高思维品质与表达能力的机会。

四、导评

以问题为主线，学生学习、思考、解答后，效果究竟如何，需要检验。俗话说，解铃还须系铃人。因而，检验效果，仍然需要关注问题、回到问题。

第一，教师要注重过程性评价，根据学生在问题探究和解决过程中的表现，及时进行评价、指导，以提高学生的信心和能力；必要时，教师还应据此调整教学内容或策略。

第二，教师要在教学活动结束时，向学生重新呈现本课的核心问题，以引导学生进行自主评价。问题导学中的"问题"，尤其是核心问题，不仅是学生学习与思考的指向标和驱动器，而应该成为学生评价自己学习状况和效果的依据。

在利用核心问题检查学生的学习效果时。可将其改成以学生为主语的问句，以便于学生自我检查和评价。仍以"市场配置资源"一节为例。教师在教学结束时可将其核心问题呈现如下：①你能理解市场是怎样在资源配置中发挥决定性作用的吗？你能说出市场配置资源的积极作用吗？②你能记住并理解市场调节的局限性吗？③你能理解市场秩序的重要性吗？你能列举出市场规则的形式和内容吗？你能记住应该从哪些方面规范市场秩序吗？

第三，教师可运用达标测验检验学生的学习效果。达标测验题要围绕课程标准和教学目标，突出核心问题和重点难点，数量要少而精，具有一定的层次性和拓展性。

Ⅳ　对高中思想政治课问题导学策略的几点思考

一、强化问题意识

英国哲学家波普尔认为："科学和知识的增长永远始于问题，终于问题——越来越深化的问题，越来越能启发新问题的问题。"美国著名心理学家、教育学家布鲁纳指出："教育过程是一种提出问题和解决问题的持续不断的活动。"创新始于问题，提出新问题，或从新的角度去思考问题，往往引发新的问题发现与突破。所以强化教师及学生的问题意识是成功问题教学法的前提条件。教师要保护、引导并激发学生对新情况、新变化的强烈的好奇心，同时也要容忍学生对既有的、权威的观点持批判和怀疑的态度，由质疑进而求异，由继承然后创新。

首先，教师必须科学地设计问题，使学生发挥智力因素，发展创新性思维。这里涉及两个概念：问题性水平低，即指问题所包含的学生智力操作的任务比较轻，甚至极少包含学生智力的任务，具有较低的甚至根本不具备训练学生思维的价值；问题性水平高，即指问题所包含的学生智力操作的任务比较重，具有较高的训练学生思维的价值。当然，问题性水平高必须有一个限度，否则，学生的思维难以启动、跳跃，到头来徒劳无益。因此高中思想政治教师要坚决避免"果子"挂得太高或太低，即学生怎么"跳"也摘不到或不用思考就可以脱口而出，减少"无用功"，从而提高课堂效率。

其次，适时采用以学生发现问题为主的模式，让学生自主探究，自觉提出问题，主动解决问题。李政道博士曾说："最重要的是会提出问题，否则将来就做不了第一流的工作，学生智力发展水平就是他提出问题的水平，问题的深度即智力的高度。"因此作为学习主体的学生，对知识的掌握是从发现问题到分析问题到解决问题的必然过程。教师要在课堂上创设情境，鼓励提问，促使学生产生疑惑，提出问题。这不仅可以刺激学生的求知欲和认知内驱力，调动学生分析和解决问题的积极性，充分发挥学生在教学中的主体作用，而且有助于学生摆脱接受知识时思维的定势，在探究问题的思维活动中激活想象力和创造力。因此，高中思想政治教师不仅要善于引导学生有效提问，鼓励学生"问得深""问得妙"，不断地否定和超越自己，让学生对所学知识进行分析、综合、加工、组合，达到创造性解决问题的目的，而且要让学生真正懂得学习的真谛不在于获得已有的结论而在于发现尚未解决的问题。学生从"敢问"到"会问"，是一个需要经过反复训练的过程，不可能一蹴而就。为提高学生的提问质量，教师应该事先对学生提出一些要求，如不要为了"提问"而提问，不要一疑就问、每疑必问，问题的表述要尽量清楚明白。

最后，认真对待学生所提出的问题，寻求最佳解决途径。学生提出的问题一般可分为三类：第一类，与教学内容关系不大的问题，教师要用婉转的语言告知学生，因为与上课内容联系不紧密，建议在课外帮助他解决；第二类，与教学内容有关但没有切中要害的问题，教师可以自己解答，也可以请同学帮助解答；第三类，与教学内容关系密切、能打开学生思路的问题，教师要着重对提问的学生加以鼓励，甚至可以把问题公布出来，让全班同学共享，作为学习的重点。

二、创设宽松、民主、和谐的课堂气氛

现代教学论研究表明：学习心理存在两个相互作用的过程：一是感觉—思维—知识、智慧（包括知识技能的运用）过程；二是感受、情绪—意志、性格（包括行为）过程。前者是一种认知过程，是智力活动；后者是一种感情过程，是非智力活动。两者密不可分，缺哪一项都不可称为真正合理的学习过程。教学实践证明：教师与学生都是有感情、有思维的教学统一体，师生关系是影响教学效果的重要因素。对学生而言，平等和谐的师生关系意味着心态的开放、主体的凸显、个性的张扬和创造性的解放。对教师而言，上课不仅是传授知识给学生，而且是和他们一起分享、理解生命的价值及体现自我实现的过程。因此，教师要尊重和关爱每个学生的发言权，遇事设身处地地为学生着想，将自己融入学生中去，为培养他们的问题意识创造氛围，使他们敢于质疑、勇于争论，从而激发起学生主动参与的热情和表达欲望。正如教育家裴斯泰洛齐所说："教学的主要任务不是积累知识，而是发展思维。"同时，课堂上也要留给学生自由思考、自由想象、自主学习、自主探究的时间和空间，让学生在思考和探究中提出有独到之处的问题，从而提高学生的创造思维能力。

新时代的发展日新月异，我们新时代的高中学生正是成长在千变万化的信息世界中。他们对知识的选择、理解、接受、迁移等的要求随之发生着变化。这就决定了我们现代的教学必须是开放的，必须充分发挥他们的主观能动性。通过开放，才能发挥其学习的积极性，他们才不会感到所学的知识太浅显，太古板，甚至太落后。正是基于这一点，我认为我们在日常教学过程中必须"放得开，收得拢"。并努力通过改革传统教学过程中束缚学生发展的因素，激励学生积极主动探索数学知识规律，培养学生自主发展能力。实施"开放型"数学教学，要求教师大胆开放，随机应变，不断改革束缚学生情感、认知与能力发展的条条节节。改变教师始终"讲"，学生被动"听"的局面，把学习的主动权交给学生，尽量让学生自己去发现，去讲解，去探索，去创新，发展学生的自主能力，全面提高学生素质。

三、转变观念，提高自身素质，充分发挥教师的主导作用

课堂教学中运用"提问艺术"要取得良好的教学效果，需要教师不断提高素质。一要转变观念，明确教师新形势下的"角色"。要摒弃传统高中思想政治课堂教学中"一言堂"的做法；改变教师永远是主角、是支配者，学生是配角、是服从者的陈腐教学模式；改变听话的学生才是好学生、管得住学生的老师才是好教师的陈腐观念。教师的角色应从信息源和知识的传播者变成学生学习的促进者和辅导者，成为学生探索的领导者，学生理智、社会和情感方面的指导者。二要树立终身学习的观念，不断反思，不断加强自身学科知识基础，加强自身教学基本功的锻炼，如语言表达能力、问题分析能力、组织协调教学能力、校本教研能力的提高等。否则，再好的教学艺术也发挥不出应有的功效。三要积极发挥教师的主导作用。这要求在运用"提问艺术"时，以尊重学生的主体地位为前提，以激发学生的内在动机为关键，以开发挖掘学生发展的核心潜能为重点，精心准备材料、巧妙设计问题、适时启发诱导，及时归纳总结，使学生这个主体的

认识能力、智力潜能、个性特点得到充分的发挥。

实践证明，新课改背景下在高中思想政治课教学中运用好"提问艺术"是非常必要的，它不仅能更有效地完成教学任务，而且能培养学生的质疑兴趣和能力，养成好思好问的良好习惯和自主学习、自主探究的创新精神。但应注意，在"提问艺术"的运用过程中，必须消除形式化和绝对化的倾向。

V　"问题导学"模式中如何完善合作探究学习

"问题导学"教学模式是班级授课制出现以来最深刻的一次教学变革。自主、合作、探究、展示，成为"问题导学"教学模式的核心词汇。由于这种新的教学模式建立不久，因此在具体实施中尚存在一些问题。本文拟分析其在合作探究学习方面存在的问题，并提出相应的改进建议，以期使新模式逐步完善。

一、"问题导学"模式中合作探究学习的问题

1. 合作有"形"少"实"——学习任务本身缺乏合作的必要

在采用"问题导学"教学模式的课堂中，学生学习和展示的任务多以小组为单位合作完成。但是在许多课堂中，合作学习有"形"少"实"：有合作学习之"形"——学生划分为若干学习小组，围桌而坐；少合作学习之必要——学习任务之答案脱口可出，或能找到现成答案，缺乏合作的必要。适宜的合作学习任务应具备以下特征：

（1）能激发探究的欲望。即问题能引起学生的认知冲突。

（2）有探究价值。即这一任务学生不能马上解决，具有一定的挑战性。

（3）有解决的可能。即学生个体能有一些粗浅的想法，可以起步；通过群体的努力基本能够获得问题的解决。

（4）有合作的必要。即必须经过交流、争议、思维碰撞和相互接纳，才能使解决问题的思路和策略明确化与合理化。

（5）有交流的必要。即具有多样的解决方式，能引起学生对于问题多样的表述和交流。

（6）有用语言交流的可能。有利于用语言进行表述、交流，不能"只可意会，不可言传"。

2.展示有"示"少"展"——展示内容复制性强、思维性弱

在"问题导学"模式中，学生以小组为单位、面向全体的学习成果展示成为基本的学习形式，其在课堂中所占用的时间比例多在40%以上。在目前的课堂中，由于学习任务本身缺乏合作的必要，因而"示"的内容表现为"三多三少"：重复教材内容多，字词句解释多，习题解法多；对文本的探究少，对学科本质的领悟少，对知识意义的建构少。这样的"示"，封闭性强，开放性弱；认同多，质疑、争辩、欣赏、评价少，领悟、启发、提升、变化少。课堂虽然热闹，但思维性、发展性不强，易导致学生出现展示疲劳。因此，我们有必要问：在课堂展示中，到底应该让学生"示"什么？由于学生所"示"的是其学习内容，而学习内容又由学案问题所引导，所以，这就构成我们追问的逻辑链："示"什么？——学什么？——（生）思什么？——（师）问什么？

3.探究味不浓——教学过程缺少探究张力，有"示"少"展"的课堂，展示反映了我们目前的教学过程缺少探究张力

学习任务不具有问题性和开放性，难以引起学生的认知冲突。具体表现在：

（1）探究味不浓。一是有探究价值的问题少。学习任务习（试）题化，基本能找到现成答案。问题多而零碎，类别、层次、梯度不明显。二是教学中教师急于寻求答案，还不习惯指导、鼓

励学生在答题前先行猜测或建立假说。三是学生所做的实验多为验证性实验、少探究性实验，实验材料、步骤既定，直奔结论，学生善答题而不善解决问题，难以形成解决问题的智慧。四是实验后教师指导学生验证假说或概括结论、总结规律的意识不强，学生未能有效参与知识的建构。

（2）教学常止步于"答案是什么""为什么"，较少追问"怎么想的""为什么这么想"。

（3）学案习题化，且就题论题，缺少就一题拓展延伸、举一反三、概括升华的训练。

二、完善合作探究学习的建议

1. 学习任务要由"习题化"向"问题化"转变

这里的"问题"是指当前状态下没有现成答案，或没有完全确定的解决方法，有探究价值，有解决的可能。若用英文单词表达，是指 problem，而非 question。前者需要解决，后者只需要回答。

例如，"新疆的地形特征和气候特点是什么？"属于 quest-ion，在教材上即能找到现成答案。而"从'早穿皮袄午穿纱，围着火炉吃西瓜'这句话中你能读出哪些地理信息？依据是什么？为什么会形成这样的特点？哪些资料能支持你的分析？"属于 problem，并可能因学生对信息的分析、综合、评价水平不同而展示出不同的认知层次。

将学生的学习任务问题化，既有助于完善学生的合作，也有助于解决资优学生"陪读"的问题，兼顾不同层次学生的发展。

2. 学习任务问题化时兼顾不同层次学生

（1）学案设计中问题应分类分层，学案应包括基础性问题（学困生通过自主阅读教材可回答）、思考性问题（通过小组互助可认识、理解）、探究性问题（通过群学和师生互动可基本解决）

等不同的层次。对每个层次要解决的问题、欲达成的目标，教师要心中有数。适于学生个体学习的问题应能成"链"，既问"是何"，还问"如何"；适合组间展示的问题应能成"集"，相互交错、补充，既问"为何"，还问"若何"；最终全班共享的问题和成果应能成"网"，在"是何""如何""为何""若何"的基础上，追问"由何"，体现问题导学的本质性、迁移性和创造性特点。

（2）重视学生生成的问题，并加以精简、提炼和改造，使之适合学生探究来自学生的问题，除学生直接提出的外，教师还应善于从以下渠道发现、收集、概括问题，例如：由自主学习中的困难、成果提炼出的问题；由批阅学生学案或问题生成单发现的问题；学生小组展示中暴露或生成的问题；等等。

（3）指导学生提出猜想或假说，假说是对问题的结果、两个或多个变量之间的关系或某些现象的性质所做的推测。假说必须用陈述句表述，可检验，简洁明了。例如：引导学生观察风铃或吊灯的摆动，猜想可能影响其摆动周期的因素（如风铃的长度、质量、摆幅等），并把这些猜想用陈述句表述出来（如风铃的摆动周期与风铃的质量无关）。假说既可能被证实，也可能被证伪。但无论被证实或证伪，都是探究学习的重要一环，都能促进学生认识的发展。

（4）要求学生制定验证假说的方案，建立假说的过程，是学生后续探究环节——制订方案、实施探究、检验假说、得出结论的逻辑起点和归结点，是对学生探究能力和科学素养的训练过程，教师要重视对这一环节的指导。在学生学会建立假说后，教师还应适时、逐步地要求学生制定验证假说的方案，方案要说明检验假说的条件、程序、方法（比如：实验式、调查式还是资料式）、完成的期限等。

（5）注重展示的层次，充分、有效的课堂展示应包括以下层次：展示问题解决过程，即怎么解决的：展示学生思考过程，即为什么会这么想：展示问题解决过程中的教训、感悟、启发（意义建构）：接受不同观点的质疑、批判、否定，进行答辩：鼓励提出不同解决方法的学生上台展示：展示从不同解决方法中得出的启示。

（6）高度关注不同层次学生的课堂状态和收获学生的差异是不可回避的客观存在，好的教育应该是在尊重差异的基础上，为具有不同潜能的学生提供适合他们发展的教育，以使学生达到最大限度的发展，实现有差异的发展。为此，教师要做到：①高度关注不同层次学生的课堂状态和收获，掌握学生的层次和理解程度，明白哪些学生学到哪个程度即基本完成任务，哪些学生不提升就是教学的遗憾和失败。②改变问题的条件和呈现方式，逐渐加深问题的难度，在保证学生掌握基本内容的基础上，使资优学生获得适合其水平的发展。

3. 学习任务问题化要求

教师要做到：有"标"、有"人"、有"底"。学习任务的问题化对教师的要求是：脑中有"标"，目中有'人'，心中有"底"。"标"指课程标准。脑中有"标"的教师，教学方能深浅有度，下要保底，上不设限。"人"指学生，包括学情、学生的发展。目中有"人"的教师，教学方能进退有据，教学的设计和处置立足于学生的基础，着眼于学生的持续发展、终生发展。"底"指教师的学科素养。具有扎实学科功底的教师，教学方能收放自如，既敢于向课堂的不确定性开放，又能实现学生的基础性发展。学习的本质即研究，核心是学生思维能力的提升。当我们能以从容的心态、长远的眼光和胸怀看待教育，看待课堂，看待学生的问题时，"问题导学"的教学模式就会日臻完善。

第四章　问题导学模式的
探索与实践

I　"问题导学"课型的基本内涵、
理论依据与模式建构

　　"问题导学"课堂教学模式是以问题学习为中心，以问题发现、问题生成、问题解决为主线，以师生围绕问题共同开展自主、合作、探究学习为主要学习方式的一种高效课堂教学模式。

　　它通过教学内容和教学目标的问题化，建构"问题或问题群落"及其学习情境；通过以问题为中心的"导引"与"学习"的活动设计和实施，让师生围绕问题开展自主合作探究学习；通过问题的解决达成知识的自我建构、能力的自我培养、价值观的自我确立。"问题导学"是新课程理念指导下的一种有效培养学生问题意识和创造思维的课堂教学模式，也是"当代课堂教学深度改革不可回避的新路径、新思维、新方向"。

一、"问题导学"的基本内涵

　　这里的"问题"不是指教师无视学生学习基础、能力和需求，将课程要求、教材内容、教学需要仅按教师的主观意愿简单地将教学内容"问题化"。我们所理解的"问题"更多的是指师生在对文本知识进行结构化学习、对课程内容做出结构化分析的过程中所产生的"需要研究讨论并加以解决的矛盾、疑难"，这些"矛盾、疑难"与课程要求、教学需要以及教师课前的教学目标预设相融合就形成了课堂"师导""生学"的"问题"。在"问题导学"课堂上，师生共同发现和生成"问题"，教师引领学生从基础问题或中心问题出发，或是成线性延伸成一条问题链，或是成圈层扩展成一个问题圈，或是成树状发散成一棵问题树，形成的一个由浅入深、由近及远、由简到繁，次第展开的有机关联的问题群落。

"问题"发现和生成的源泉是学生的学习需求，有惑而疑，有疑则问，发问成题，但问有规则，题有方向。一是必须围绕课程标准和学习目标这一根本要求，二是生发于学生对文本结构化学习后的个性化理解和智能发展需求，三是师生在共同探究过程中思维碰撞闪现的火花。

这里的"导学"，就是以问题为中心的"导"与"学"的课堂活动过程。"导"不仅仅是"引导"，更包括"督导"之意。前者主要是指教师对整个教学过程中的问题情境创设、导学流程设计、讨论交流与合作互助的模型建构、结果呈现与成果展示以及启发点拨与评估矫正等系列"导引活动"。后者包括教师在课堂中对小组合作探究学习组织的有序性、有效性的关注，对小组成员参与小组学习主动性、积极性的督促，对各小组的"问题生成"是否符合课程目标和教学要求以及"问题解决"的路径、方法是否正确的有效指导，也就是说教师的"导"要触及到每一个小组甚至是每一个学生的学习状态。

"学"，是指学生在整个学习过程中的问题发现与生成、讨论与分析、探究与解决、过程合作与互助、结果反馈与交流、知识迁移与巩固等系列"学习活动"。这些学习活动的形式既有个体的独立思考，又有小组内部的合作探究；既有个体与个体之间的质疑问难，也有小组与小组之间比学赶帮；既有生生之间你响我应，又有师生之间你启我发。所以"问题导学"视阈下的"学"不是学生单一个体的孤独的"学"，而是师生、生生之间的共同学习，就是共同发现问题、共同生成问题、共同解决问题。

"问题导学"内涵的根本点在于运用问题引导、推动、促进学生自主、合作、探究学习，以解决学习的疑难困惑，是问题教学思想与教师导学思想的深度融合。

二、"问题导学"的理论依据

"问题导学"是基于"教师导学"体现的素质教育思想和行为主义教学理论，它有着丰富的理论依据，并在教学实践中衍生出极强的教学现实意义。

（一）建构主义教育观

建构主义认为，知识不是通过教师传授得到，而是学习者在一定的情境下，借助他人和学习材料的帮助，通过自我建构的方式而获得。教师在学生知识的自我建构中只是一个帮助者、促进者，而不是知识的传授者与灌输者。"问题导学"即是以建构主义教育观为理论基础，强调以"问题或问题群落"的发现、生成、设计、整合为教学基础，以学生自主合作探究学习为主要形式，以问题解决、知识习得、能力培育为主要目标，让教师在充分了解学生知识基础和能力层次的前提下，从学生的学习经验出发，围绕"问题"创设学习情境，引导、鼓励、督促学生借助"生本联导""生生互导"和"师生相导"等多种形式来解决自我知识建构中遇到的种种疑难困惑。

（二）马赫穆托夫问题教学论

问题教学的重要研究者、苏联教学论专家马赫穆托夫曾指出，问题教学的本质通常包含以下三个方面：

其一，它是教师引导学生发现问题和解决问题的过程；

其二，它侧重学生的相对独立性，强调学生在教师引导下学习的自主性；

其三，问题教学强调学习的创造性。马赫穆托夫同时认为："在这种问题性的课上，教师有意地创设问题情境，组织学生的探索活动，让学生提出问题和解决这些问题（这种做法的问题性水平较高），或由教师自己提出问题并解决它们，与此同时向学生说明在该探索情境下的思维逻辑（这种做法的问题性水平较低）。"由此可见，当前课堂教学中常见的"教师自己提出问题并解决问题，并同时向学生说明在该探索情境下的思维逻辑"属于"问题性水平较低"的课堂教学，已偏离了问题教学的本质。"问题导学"是以马赫穆托夫问题教学论为教学法基础，让学生在整个学习过程中具有相对的独立性和自主性，通过预习产生疑惑、生成问题，并在教师整合或创设的"问题"情境中，根据教师的"导引"，以自主与合作的学习形式进行讨论，开展探究活动，然后达到解决问题的目的，同时在质疑和探索中激发出自己的创新潜能。

（三）韩立福有效教学法

韩立福教授的"有效教学法"指出："有效教学"是指在教师指导下创建学习共同体，使学生学会自主合作探究学习，关注单位时间内提高学习绩效，全面实现课程目标，有效促进学生全面发展和教师专业成长的学习过程。其核心理念是"以学为中心，先学后导，全面发展"。在韩立福的"有效教学法"的视野下，"问题导学"的"问题"不只是来自"教师结构化备课"，更是来自"学生结构化学习"。"学"不只是师生对文本知识的结构化学习，还包括教师对学习工具的深度开发、学生对知识学习的意义建构。而"导"则是指对学生自主合作中尚未解决的"问题"进行"师生互导""生生相导"和"生本联导"等形式的学习指导。

三、"问题导学"的模式建构

"问题导学"课型的教学流程分为课前、课中、课后三个环节。

（一）课前环节：问题预设与发现

1. 教师方面

教师课前根据课程标准和实际教学要求，对文本知识进行结构化学习，对课程内容做出结构化分析，然后按照学生知识经验实际，预测学生课堂兴趣点、分歧点，从"教"的角度，围绕知识与能力、过程与方法、情感态度价值观三个维度，将课堂教学内容和教学目标转化成"问题或问题群落"，即"预设问题"。

通过集体（备课）研讨，创设若干个有效的问题情境，以便激发学生问题探究的兴趣，设计相应的学习活动方式，以便高效组织学生问题学习的进程，编制一定量的有层次的课中与课后的检测反馈题和能力提升题，以便检测、反馈、巩固学生的课堂学习效果和拓展迁移学生的基础知识和基本技能的运用。

2. 学生方面

学生在教师的指导下了解学习要求，进行课前预习，借助相关助学资料对文本知识进行结构化学习，基本熟知课程内容，对课程内容做出简要的理解和分析，从个人"学"的角度，形成包括识记、理解、分析综合、鉴赏评价、表达应用、探究推导、迁移运用等各能力层级的"问题生成"。这就是学生自主学习的"发现问题"。

（二）课中环节：问题学习与解决

此环节可以根据学科特性和教学内容的适应性分解成若干步骤。

1. 问题导入

教师展示预设的问题探究情境，温故问新，引发学生思考，导入新课，明示新课的学习目标和基本要求。

2. 自主学习

学生在课前学习的基础上结合教师指引的学习目标和基本要

求，再次对新课的文本知识进行快速的自主学习和独立思考，将预习过程中产生的疑难困惑生成符合表述要求的个性化的学习问题。

3. 合作探究学习（组内）

学生在教师明确的教学指引下，以小组为单位，根据学习目标和具体要求，在小组内进行合作互助的探究学习，将在自主学习过程中各自产生的"问题"提出来，依靠小组协作和集体智慧，进行分析研讨，使问题尽可能得以解决在此过程中，教师采取巡视、提点的方式，对各小组的学习过程组织、问题探究思路和解决方法加以针对性而非普适性的提醒、点拨。尤其要重点关注各小组合作探究学习的组织是否有序、有效，小组成员参与小组学习是否主动、积极，各小组的"问题生成"是否符合课程目标和教学要求，"问题解决"的思路、方法是否正确有效等。对小组各成员的学习状态必须及时提醒、严格要求，对小组问题学习的"导引"要点到为止。

4. 合作探究学习（组间）

在组内合作探究学习过程中，各小组仍然会存在知识建构各节点的问题解决障碍，这就需要扩大助力范围，从小组内向组外借力。借力方式可以口头表述（要清晰完整）、书面转述（小纸条）、黑板板书和实物投影等形式向其他小组提出，请求帮助解决。接受请求的小组通过小组成员的研讨，形成较为完整、准确的解决问题的思路、过程和结果，可通过相应的形式或是一对一地予以帮助，或是面向全班同学展示该问题学习和解决的成果。

教师在此过程中采取引导、启发的方式，对各小组求助的疑难问题可以对其探究思路和解决方法略加提示、引导，但忌越俎代庖。对其他小组帮助探究出来的问题解决思路、过程和结果要做补充、完善或者纠正。对各小组忽略的但又是本课程学习的重难点知识问题，再次补充一定的问题情境，引导组与组之间合作探究学习。同时，教师要重点关注各小组求助的疑难问题的难度、重要性及其与预设重难点的匹配度，关注这些疑难问题的解决结果是否正确完整，关注本课程的重难点问题的学习和解决情况。重要的是，教师须结合"生生互导"过程中呈现的问题，把握恰当时机，适时展示教师预设的问题供全体学生深入文本、探究疑难、掌握重点、突破难点，以达成教学三维目标。

5. 成果展示

当各小组自我生成的问题和教师预设的问题通过生生之间、师生之间的合作探究学习基本得以解决时，各小组可以派代表通过投影、板书、书面、口头等形式简要展示本组主要的学习成果，包括教师预设问题、小组生成问题和其他小组的疑难问题的学习结果，尤其是对问题的研讨思路和解决方法。教师须再次把握机会，适时延伸学习问题、补充问题情境，引导学生进一步拓展思维的深度广度，强化重点难点的学习，使学生的学习成果得以提高升华、巩固强化。

6. 检测反馈

教师利用课前编制好的一定量的有层次的课中检测反馈题，结合小组和组间合作探究学习情况，当堂对所有学生进行限时的检测反馈。检测后当即由小组组员互改、互批、互评，合作纠错。小组长以书面形式（小纸条）向教师反馈本小组检测的成绩，并口头汇报本小组在检测训练中无法解决的问题。

在此过程中，教师要合理设置学生的训练量、检测难度和梯度，控制好训练时间。拟定简便易行的检测反馈训练题评分（评价）标准，指导评分（评价）标准的运用和小组合作探讨共同纠错以及互改、互批、互评。引导解决各小组无法解决的问题（可以让能解决的小组派代表展示），对各小组的检测情况进行评价、表彰、激励并针对性地提出学习建议。要注意的是课堂检测反馈训练题要强调基础性和能力性的统一，要注重培养学生学习的积极性和成就感。

7. 学习小结

这是一个必不可少的教学环节，是学生自我建构知识节架、总结学习习得、归纳问题学习方法、培养良好学习习惯的过程，也是学生从教师那里获得中肯评价、不足指导、学习信心和赞许激励的主要途径，因此学生需要小结的是课堂学习内容、方法、成效及不足，教师需要小结的是课堂教学过程、小组学习状态、教师导引得失以及小组和个人学习评价，当然，也包括课后思考练习的布置。

作为"问题导学"教学模式的课中环节的范式样本，我们认为，一个完整的"问题导学"课型的课中环节的完成，一般很难在一个教学课时内完成。在实际的课堂教学过程中，可以根据不同学科、不同教学内容、不同课型，灵活变通课堂结构，最为根本的是以"问题"为引导的课堂，学生自主、合作、探究的学习方式和教师适时、适度、适量的点拨与导引。

（三）课后环节：问题拓展与迁移

1. 学生对新知识的巩固

学生运用"问题导学"课堂上获得的知识、方法与技能，根据教师布置的能力提升训练题和个人学习需求，通过独立思考、借助同伴、小组合作等方式，巩固课堂习得，发现不足，内引外联补充知识网络的建构。同时条理清晰地归纳总结自己在学习过程中的知识建构、方法掌握、情感培养以及自己的课堂参与、思考得失、习得程度等情况。

2. 教师对教学的反思

教师须对教学准备、教学过程、教学效果进行反思，记录好自己的收获、体验、感悟和建议，尤其是对课堂的"突发事件"，如学生彼此之间的思维冲突、独辟蹊径的文本理解、不着边际的问题呈现等，要有进一步的"回炉"预案。同时，对学生可能还存在的课程知识问题、学习方法问题、学习过程问题等进行进一步的研发、整合、纠正或重置，尽可能拓展和迁移到下一章节的新课程教学中。

"问题导学"是基于"以生为本、以学论教"的教学理念，以"问题导学"教学模式为载体，以学生自主、合作、探究学习为重点的学习形式的课堂高效教学。在整个教学过程中，教师要树立学生始终是认知主体和发展主体的思想，着力于"师教""生学"方式的转变，努力激发学生学习的内在动因，促进学生学习主体的回归和学习能力的提高，促进学生的主动发展和互助发展。

Ⅱ　目标整合，问题探究
——谈新课程背景下高中政治试卷讲评

一、试卷讲评课也需要设计

高考或会考前的全面复习阶段，教师和学生所面临的较多状态是练习、考试与讲评。政治试卷讲评是提高政治复习质量很重要的环节。

积极高效的讲评有利于学生学习薄弱环节的解决，也有利于学生错误知识点的纠正，更有利于学生综合能力的提高。讲评课应该是高水平的综合复习课，能够综合地反映教师的业务素质与教学能力。不同的试卷讲评课所起到的教学效果却是不同的，比如：

老师1：按试题顺序逐题讲解分析，每题讲解时间基本相等，试题有所拓展，少量试题学生回答。

老师 2：试卷中的每道试题都先让学生回答，接着每题讲解，错误答案详细分析，试题偶尔拓展。

老师 3：先简要分析试卷中共同存在的错误原因，接着让学生自查，然后同学间相互讨论疑难，最后未搞懂的试题汇总，由老师解疑。

老师 4：用多媒体展示各试题的得分率，并就其中得分率低的 3 道题，作详细的分析和拓展。中度失分的试题只作一般性分析，得分率高的试题不作分析。

以上试卷讲评课各有特点，有的教师讲解多，有的学生活动多，有的拓展深入，有的教学容量大，当然试卷讲评的课堂效率也就存在差异。很少会有老师认为自己不会试卷讲评，但这种客观存在的差异又是从哪里来的呢？来自是否对试卷讲评课进行了设计，对试卷讲评课的功能与目标的认识是否正确。

二、试卷讲评课的功能与目标

（一）一般功能与目标

1. 反馈功能

介绍考试情况，介绍试卷特点，公布全卷和单项得分情况，表扬先进，同时指出答题中存在的突出问题。

在试卷讲评的过程中，把考试的结果反馈给学生，实现试卷讲评课的反馈功能，这是试卷讲评课的基本目标。这一目标的实现，有利于学生在考试后的自我认知中，反思自身的成功与失败，从而实现对实践的总结，指导下一阶段的学习，提高自己。因而这是学生听得最认真的环节。

然而，这一环节却是教师在试卷讲评中最易忽视的环节。理由多是时间紧，任务重，但问题的实质却是教师在试卷讲评中忽视了学生的心理需求，直接的后果就是学生关注的并没有得到，老师一厢情愿讲评试卷，效果可想而知！

2. 纠错功能

纠错功能是试卷讲评课最简单、最一般的功能。纠错的目标就是能使学生明确发生错误的环节、产生错误的原因，避免再次犯错的方法。简单地讲就是：错在哪里，为何错误，如何不错，这次错了下次不错，不在同一个地方犯同样的错误。很显然，纠错并不是简单的订正。

3. 巩固功能

从纠错的功能看，试卷的讲评就应该是有错必讲，有错就讲，不错不讲。可是，现在不错，不等于以后不错；具体题目做对了，也不等于知识真懂了；这个点懂了不等于相关的知识点都懂了；错误率高的知识点也不一定就是重要知识点。所以教师从突出重点和节约时间出发，根据试卷错误率分析的"实际"，有错才讲，不错不讲的做法，实质上是忽视了试卷讲评课巩固的功能和目标，部分偏离了教学的重点，反而浪费了教学的时间，起不到应有的效果。

4. 拓展功能

从试卷讲评课教学目标的角度看，拓展的功能和目标可分为知识拓展和能力拓展。

从试卷讲评课教学内容的角度看，拓展又可以分为对试卷题目的拓展和对书本知识的拓展。

（二）新课程，新目标，新功能

1. 探究功能

高中政治新课程的实施，使学生在学习方式上发生了根本性的变化。学习的要求不再是知道多少知识，不是简单地再现知识，而是在"情境·问题·探究"中获得学习的成果，提高学习的能力。高中政治课的命题要求也随之发生变化，"情境·问题·探究"成为命题的主要模式。这就要求教师在试卷讲评的过程中，以探究的方式培养学生的探究能力。试卷讲评的重点应在剖析试卷问题本身的探究性以及学生在解决问题过程中的探究方法，以提高学生解题中的探究能力。

2. 价值观功能

"情感·态度·价值观"目标是高中政治新课程实施中突出的重点目标，是高中政治课德育功能、社会功能的体现。试卷讲评的过程中，也应重视对试卷本身精神要素的挖掘，重视学生在解题过程中的情感体验，引导学生确立正确的人生态度，树立正确的人生观、价值观。从考试本身来说，应对问题克服困难的精神也应在试卷讲评的过程中得到张扬。

（三）目标整合，功能提升

目标需要整合，单一目标，只能实现单一功能，无法实现教学的有效性。但整合不是总和，老师应深入研究各个目标的内在联系，根据教学中不同的阶段、不同的学情、不同的内容，确定试卷讲评课的综合目标，才能从根本上提升试卷讲评课的功能。

三、试卷讲评课的设计过程

（一）目标预设

试卷讲评的设计应从什么时候开始？预则立，不预则废。

试卷讲评应作为整个教学计划的一部分，而不是作为一种机动课时来安排。

1. 新授课过程中的预设

新授课的过程中，教学要点的处理是课堂设计的重点。重点、难点、考点的处理方法和效果通常会成为评价一节课有效与否的指标之一。然而，重点的突出、难点的突破、考点的训练并不是一节课所能完成的，从新授课到复习课、命题，直至试卷讲评课应该是一个完整的过程，也就是说，在新授课的设计中就应该预设了试卷讲评的内容和方法。

2. 复习课过程中的预设

什么需要在命题中出现，复习的过程中是否需要呈现，是有意留到考试中考察学生对新情境的应变能力，还是特意留下思维的陷阱，让学生在失败中获得更深刻的认识。

3. 命题过程中的预设

这一过程中，目标会更明确，大部分试卷讲评的内容应该都在这一轮的预设中完成。命题的过程也就是确立讲评课目标的过程，这一题到时需要讲吗？学生在这一类题目上会有哪些经典错误出现？这都是命题过程中必须明确回答的问题。

（二）数据处理

阅卷中的素材、数据是试卷讲评课设计的主要依据，对数据的加工处理既是阅卷工作的一部分，也是试卷讲评课设计的一个重要环节。

1. 统计（统计到题，统计到错误，统计到人）

统计可以使教师获得第一手客观材料。统计的必要性就是帮助教师避免试卷讲评中的经验主义和盲目性。没有统计的讲评只能以教学的经验和阅卷的感觉为依据，事实上这往往是不可靠的。

统计要具体，具体到题，具体到某一个错误，具体到某一个人。这样才能突出重点，明确难点，也有利于对个别同学的指导，提优补差。

2. 比较（班与班，人与人，题与题，今与昔）

对数据的加工从比较开始，比较既是一种分析方法，也是对试卷进一步分析的需要。不同的比较会产生不同的信息，而这些信息都是试卷讲评过程中所必需的。班与班的比较可以看出不同班级试卷讲评的重点和方法都应该是不一样的；人与人的比较可以分析试卷的得分与失分与学生个体差异的关系：题与题的比较，则是评价命题质量，分析教学效果的途径之一：今与昔的比较则是明晰学生发展阶段的必要手段。

3. 调查（个别交流，小组座谈）

调查是深入分析的需要，试卷背后的信息、深层次的原因并不是仅从数据上就能获得的。试卷讲评前教师与学生的交流，不仅能使教师了解学生对试卷讲评的需要，进一步分析得分与失分的原因，进而提高试卷讲评的针对性有效性，而且在师生的交流中，师生共同分析，共同面对问题，共同解决问题，既能在认识上达成共识，又能在情感上得到交流，试卷讲评的效果自然不会差。

4. 分析（现状分析，成因分析）

分析是实现试卷讲评功能的需要，是教师提高下一阶段教学有效性的需要，也是学生学习水平自我认知的需要。现状分析，应该做到客观、全面地看问题。从主观的想象和愿望出发，分析学生发展的现状，只看到学生的失败忽视学生的成功之处，是教师在分析过程中容易出现的两种错误倾向。成因分析，归因很重要。从学生的角度看，学习态度、学习能力，甚至突发事件都是考试成败的重要因素；从教师的角度看，教学方法、教学策略、教学重点、师生情感等都能成为学生考试得失成败的重要原因。

数据处理的整个过程是一个"去粗取精，去伪存真，由此及彼，由表及里"的分析过程，它们彼此功能不同、方法不同、重点不同却又相互联系、密不可分。

（三）问题探究

问题探究是试卷讲评课的主体过程，是实现试卷讲评课整体目标的关键过程。新课程背景下，命题的本质就是创设情景，提出问题，明确探究任务：学生完成考试的过程就是完成探究任务、解决问题的过程。试卷讲评就应该从问题着手，在探究中提高探究能力。主要过程应该包括以下三个方面。

1. 回到考试中（考试心理，应试技巧）

考试心理很重要，平时做题与考试的区别很大，这主要是心理问题。如果我们留意试卷的分析的话，我们就会发现，大型考试的前 5 道题错误率是比较高的，而且平时不可能犯的错误都有可能出现，这就是因为刚开始考试的时候，考生的心理调整没有及时到位。

应试技巧的培养和训练也应该回到考试中。比如，如何审题，就是要在特定的心理氛围中，如何阅读题目的问题。回到考试中，就是要求教师在试卷讲评的过程中，把对问题的讲解放到特定的考试心理环境中，着重培养和训练学生在考试中的应试技巧，从而提高学生的应试水平。

2. 跳出考试圈（问题本身，知识结构）

要实现试卷讲评的巩固目标，还要以试卷中的题目为背景，把问题本身和书本的相关知识分析透彻，把讲评作为授课的一个内容。问题本身的逻辑、书本知识结构的逻辑在试卷讲评结束时，学生都能有更高水平上的认识，从而达到巩固的目标。

3. 从问题到问题（变式训练，一般规律）

这一环节是与试卷讲评的拓展功能和拓展目标相联系的。就题目讲题目，不一定能达到试卷讲评的目标，对问题做一定的变式训练，比如，变换情境、变换问题的问法，甚至变换考点等，都能使学生在解决问题中掌握解题技巧，发现一般规律，提高探究能力。

（四）反馈，反思

这一过程是学生对教师的反馈，试卷讲评的效果如果要在这一环节中得到及时的检验，试卷讲评的方法也会在一定程度上得到改进，目标也会有所调整。这一过程可以包括订正、交流、反思、调整等环节，在更高的水平上回到了原点。

Ⅲ　高考一轮复习中的"问题导学式"课堂流程探索

一、"问题导学式"的核心内容

问题导学法的核心内容就是：教师在课堂教学的过程中，不能直接向学生转述知识，而是组织引导学生自学求知，使学生真正内化知识，从而培养学生调动和运用知识的能力。在这里，教师在课堂教学中的职能由传统教学中的"授"转变为"导"；学生在课堂学习中的学习活动由传统的"接受"转变为"自学"。

二、高三政治课一轮复习的特点与目标

1. 重视对基本概念的记忆和理解

如果对某个知识点一无所知或知之不全，一旦考到就很难得到高分，对于考点的理解，必须抓住概念"是什么""为什么"和"怎么样"。

2. 学会对重点知识的整合和重组

例如，要正确回答"如何看待农产品价格变动带动市场物价的变动"，必须对导致商品价格变动的各种因素都有所了解，包括商品的价值、供求关系、货币本身的价值、纸币的发行量、国家的政策、营销策略、消费心理等。

3. 注重政治概念的理解

近几年的高考政治往往聚焦社会热点，以现实问题为载体，设置一些新情景、新材料、多角度、多层面、全方位立意问题，所以，必须对热点问题予以高度关注。

三、高三政治一轮复习中的"问题导学式"课堂流程分解

1. 复习提问

复习提问就是通过"设问——解答"的方式让学生梳理教材的知识联系，培养学生对教材知识的应用能力，提高学生分析问题，解决问题的能力。这种学习方法的关键在于设问针对性和解答的准确合理。基于以上认识，首先，依托政治近三年高考真题，力求设问体现高考的命题方向与应试要求。其次，结合教材相关知识，力求解答贴近高三学生的知识背景和思维方式。最后，解析尽可能系统化，力求通过一轮复习建立一套属于你自己的完整的知识体系。

案例：必修2《权力的行使：需要监督》一课中，涉及政府权力的监督问题，这与前一课《为人民服务的政府》有着内在联系，如果前一课的问题没有解决好，必定影响这一课的学习。并且，近几年高考对政府这一主体的考查，大多需要联系前后知识，整体把握知识内在联系才能调动和运用知识解答高考题的主观题。因此在复习提问中，我把政府的宗旨、原则等问题一一呈现，并由学生解答使之较好地过渡到新课学习中，形成完整的知识体系。

2. 考点问题化——学生解答问题

考点问题化，是把本节课的课堂教学内容转化为问题的形式呈现，学生在解答分解出来的相应问题的过程中理解知识，并形成知识体系。在课堂教学中，教师不再罗列大小标题，而是提出问题，以问题为中心组织教学。这些问题不是由教师灌输给学生，而是在课堂上学生与学生之间互相研讨、交流、辩论、启发，从而探求真理达成共识，最终解决问题。这一模式彻底改变了教师主宰课堂的"一言堂"，学生由被动地接受知识变为主动地、积极地、生动活泼地思维和学习。所谓"问题——讨论"模

式就是围绕学生疑惑的问题，组织讨论小组展开讨论，由学生代表总结讨论结果，教师进行点评的教学模式。其操作步骤是：选取问题——课堂讨论——学生总结——教师点评。问题的选择是第一步，也是能否有效讨论的前提条件。问题既可以由学生在预习的基础上提出，也可以由教师针对作业中的问题、教材中的重点与难点，结合难点问题精心设计。讨论一般采用小组的形式进行，由组长对本组问题进行记录，向全班作总结发言，最后由教师一一点评。讨论时，教师不是让学生放任自流，学生的一切学习活动都是在教师的精心策划下开展的，也就是教师的"导"。因此，教师要适当地参与，给予一定的鼓励、引导，不断调动学生的积极性；要善于肯定学生的发言，激发学生的成就感，从而保持讨论的兴奋状态，增强学生对问题的探索动机。

案例：在《我国社会主义市场经济必须面向世界》的设计中，笔者展现给学生问题：①我们应当如何正确评价经济全球化问题？②如何准确把握世界性贸易与金融组织的在国际经济活动中的行为与表现？③为什么每个国家都很重视对外汇储备的积累？如何理解我国发展对外贸易的原因和意义？④"19世纪末，中国的对外开放导致了长期以来的积贫积弱，在20世纪80年代中国为什么主动地实行对外开放政策？"然后将全班分级八个小组，每组确定一个组长，以便对讨论问题进行记录，向全班作总结发言。这个问题的设计有一些出乎学生的意料，历史课上学生了解了19世纪末中国开放的历史，政治课上学生也早就了解了对外开放是我国的一项基本国策，可是学生很难自觉地把二者联系起来，通过这一个问题的设置，使每个学生都参与到问题的讨论中，充分调动了学生的学习兴趣，学生自然会愿意学，从而主动地去思考，增强了学生对问题的探索动机。而这个问题又贯穿整节课，或者说我们整个这节课就在研究一个为什么我们要对外开放的问题。

3. 教师导思解疑——巩固练习

学生对问题的解答是对课本知识的记忆、理解，但一些疑难点和解题方法还需老师的"导"起到画龙点睛的作用。教师的"导"不是代替学生的学，更不是满堂灌，而是画龙点睛，对知识的高度概括和对解题方法的归纳总结，以便学生举一反三。

案例：教师示范——如何解答关系类的题目。黄山是著名风景区，要搞好它，既要开发，又要保护。请问，如何处理开发与保护的关系？

答：①开发与保护是对立统一的关系。②保护是开发的前提。要开发利用黄山的旅游资源，首先要保护好黄山的优美环境。③开发是保护的基础。开发更多的旅游资源，发展旅游业，增加收入，为保护环境提供经济上的支持。

方法：对是什么关系总体做出判断，一般来说，有矛盾的关系、联系的关系两大类，如果是对立统一的关系，就要从分析矛盾的双方是如何对立统一的；如果是联系的有关系，就要分析事物之间是如何相互影响、相互制约的。如果是材料题就一定要结合材料进行分析。

第二步：学生试做或讨论。

（1）经济效益与社会效益的关系。

（2）资源、人口、环境的关系。

（3）科学执政、民主执政、依法执政的关系。

第三步：教师总结，结合三个问题，再次强调解题方法。

第四步：做一些关系类的题目。

教师示范是教师导思解疑的环节，学生试做与讨论是练习阶段，教师点评既是对课堂练习的总结，也是实现能力迁移的指导。案例教学法比较适用于方法学习的课。比如，如何预习、如何记笔记、如何提取信息、如何解答不同类型的题目等。这种教学模式，培养了学生的主动性，调动了学生的积极性，发挥了学生的能动性，提高了学生的综合素质。因此，它是实施政治学科素质教育的一种有效教学模式。

四、高三政治一轮复习中的"问题导学式"课堂流程存在的问题

1. 学生的调控能力不足

班主任老师将班级分成了若干个学习小组，任命组长和副组长，而组长与副组长是根据学习成绩指派的。但是有的成绩好的学生欠缺领导能力，能把握自己，但缺乏调控能力。在课堂"合作探究"环节，小组长仅仅与自己学习相当的同学合作探究，而对于其他同学是一种置之不理的态度，导致组内成员无法全部参与到探究当中，使得这些同学对合作探究没有兴趣。

2. 学生质疑太少

课堂教学当中，教师依据三种学习方式，学生循规蹈矩地依次进行，针对学案中的问题，仅仅结合课文作答，便少了质疑，少了质疑也就少了对抗，少了对抗，也就少了知识的生成，少了情感的愉悦。

3. 教师引导时间拿捏不准

在实际的教学中，教师常常介入早，往往学生还没有充分地自主探索多长时间老师就介入指导，以致阻碍了学生本可以自主发现的机会。有时候介入晚，学生过久地处于无助盲目状态，有时教师指导常常根本不需要，不应该，以致剥夺了学生尝试错误和从教训中学习的机会。

4. 学生能高效完成解答问题和巩固练习的流程

政治课理论化较强，高考难度大，一节课的内容相对较多。通常学生只能回答问题，而且因为是一轮复习，学生对知识的遗忘率高，问题的回答欠缺完整，还需要教师补充答疑。因此如何设计问题使学生能快速回忆是一个待解决的问题。

五、今后的对策

1. 针对第一个问题，小组长的能力欠缺

可以在课间时间培养小组长，让他们意识到自己的责任，并要求他们经常督促组员认真对待学习。对于不听组长调遣的组员，组长可以对该组员动之以情、晓之以理地劝说。指导组长在交流过程中进行灵活协调，如对于表现好的同学进行表扬，并给予鼓励，当出现答案不一致时，组长应站出来问个为什么，请组员说出理由，当出现冷场时，组长应该带头发言，起表率作用。从而培养组长的组织、安排、协调能力，促进合作交流的有效进行。

2. 针对第二个问题，学生质疑太少

老师应该使用强制性手段让学生质疑，或者规定一堂课质疑2～3个问题。也许刚开始的时候，学生质疑的问题有些偏离轨道，但是随着时间的推移，学生的质疑水平有了很大提高，提出的问题也值得研究探讨。那么以前的"强制性手段"，就不再强制。

3. 针对第三个问题，教师介入学生的时间拿捏不准

教师在课堂上需要密切地关注学生的动态，及时的与各小组进行交流。发现问题，成竹在胸。同时教师在不断的教学实践中，进行反思与总结，那么对于时间的掌握也就会做得很好。

4. 问题导学的设计要以社会热点为背景

政治学科具有强烈的时代性，而高考也是以社会背景为材料进行考察，这也可以说是政治学科的一大优势，政治教师的一大幸福。我们可以借助社会背景，利用热点材料，让学生在日常的学习中了解热点，熟悉热点，这样既能激发学生的兴趣，也可以

使学生不会在高考时因为突然遇到陌生题目而手忙脚乱。

5. 问题要具有开放性

在上课时有时会明显感到，有些问题学生回答得非常准确，但是没有成就感，因为这道题就是书上的某一块知识，答案比较死，不需要太多的思维运动，没有去探求的欲望，因此教师必须在问题的设置上下功夫，问题导学设计得越开放，学生的思维越活跃，课堂气氛也就越活跃，学习效率也就越高。笔者认为设问设计要层层深入。这种递进式的问题设计，会引导学生一步步走进你的环境，在你的引导下去思维，去探究，让思维时刻在运动，同时，教师还要注重在每堂课一定要至少设计一道开放性的题目，例如：笔者在讲解《宏观调控》这一专题的时候，笔者设计了一道题目是：面对当前房价上涨过快的势头，国家采取了很多措施，那么，作为一位有责任感的时代青年，你能为抑制房价提出几条可行性的建议吗？房价问题属于社会热点，本来学生就非常关注，现在教师又通过问题告诉学生抑制房价是他们的一种社会责任，怎能不唤起这些热血青年的积极性？他们都争先恐后地想表达自己观点，这样的课堂怎能不高效呢？

Ⅳ　"双层次问题式导学法"在政治复习课中的运用

一、理解核心思想，实现两大转变

"双层次问题式导学法"教学模式是以学生学会学习为宗旨、以学案为依托、以教师为主导、以学生为主体，实现学生自学能力、合作能力、探究创新能力和整体素质共同提高的一种教学模式。"双层次"：从学习目标到问题的设计分解为基础层次和探究层次，兼顾学业水平和高考要求，兼顾基础知识与终身发展。

"问题式"：将学习材料和带有启发性的问题呈现给学生，从而引导学生学会理解教材、学会质疑探究、学会概括总结，形成治学品质，提高自学能力。"导学"：叶圣陶说："教师为之教，不在全盘授予，而在相机诱导。"这里的导，既有课前学案中问题的启发式诱导，也有课堂教学中的相机点拨和引导，还有遇到问题的学习指导，更有遇到学习挫折时对学生心理进行积极正确的疏导。可见，"双层次问题式导学法"的核心思想是"实现学生为本，使学生学会学习、终身发展"。

二、学案的编制与运用

学案编制是否科学、合理、严密，在课改中至关重要，学案既是课改的载体，更是学生自主学习的载体。因此，教师不再是课堂的主体，而是课前的主体。

1. 编前准备

（1）确定专题、整合知识、分解课时，做到有目的有计划。例：在复习政治生活时：公民、政府、民主政治建设（人大；民族与宗教；中共）国际关系知识等几个专题。每个专题精心设计一个学案，分别按预习学案（1课时）——学案交流、讲解（课时根据专题容量定）——专题训练（1课时）分解进行。

（2）充分发挥教研组的力量，组内分组，新老搭配、分解任务，将每个专题分配到各个小组主编。

（3）资源共享，合作交流，每周教研时，仔细研读教材重难点、易混点，研究课程标准，高考题明确考点，把握方向，教研中对学案初稿进行交流，进一步完善，保证质量，而后定稿、印发。

2. 编制内容

根据教案模板、学案编制注意以下三个环节：

（1）考点细化、明确目标、将考点、重点、难点一并呈现给学生。

（2）问题及情境的设计。这一环节是学案的核心，也是学生学习的载体，更是课改能否成功的关键。包括三类问题设计：基础层次问题：注重细节、简单，可达到引导学生通读教材目的，可以简答、填空、表格，形式不限。

探究层次问题：通过设置情境，注重启发思考，注重知识的迁移、运用，体现知识的归纳、概括、综合及深化与拓展。

检测性问题：达到检验反馈的目的，采用高考题具有代表性、典型性，可举一反三，触类旁通。

在问题设置中要注意：

"度"把握难易度、设问的角度、体现一定的梯度，跨度不能太大，不可过于宏观，可满足不同层次的学生的需要。

"量"问题要严谨、科学、数量不能太多。注重提高质量，重在引导学生突破重难点易混点。

"趣"问题要有一定的激趣性，坚持理论联系实际，渗透生活中的实例以及时政热点。

（3）知识体系的构建，学案中一定要学会留白，引导学生自己构建知识网络，提高对知识的宏观驾驭能力，引导学生自己生成知识。教师可在课堂中点拨加以完善。

3. 操作流程

（1）课前学案的预习与批阅：学生完成学案后，教师提前批阅从中发现问题，着重区分共性与个性问题。

（2）课堂展示：展示形式很多，可以是分组展示，小组互查，可以口头展示，板演展示，也可采用投影仪，一方面为学生创设表达展现自我的机会，另一方面坚持预习情况，教师及时加以点评。

（3）交流讨论：结合学案中发现的问题及展示中发现的问

题，进行小组讨论，结合探究加以解决，教师参与进来。

（4）点拨、讲解：学生不能解决的重难点问题，教师适当讲解，分析透彻。

（5）课堂小结：教师将完整的知识体系呈现给学生，挖掘知识联系，形成知识系统。

三、课改中的得失

任何改革都会伴随阵痛，任何新事物都有成长的过程。

（1）课前预习并完成学案，每节课任务、目标明确，便于学生和教师发现问题，听课、讲课有的放矢，提高学习效率。

（2）最大化地调动了学生的参与意识和展现自我的积极性，学生通过尝试、体验，最终可以沉淀为一种能力，成长才能成才，成长才可进步，过程比结果更为重要。

（3）以结对帮扶机制、小组考核机制建立学习互助小组，增强小组合作意识，培养团队精神竞争意识。让学生在合作中竞争、竞争中合作，合作竞争最终实现共赢，这正是现代社会所必需的。

课改中需处理好以下几对关系：

（1）学案与教材的关系：教材为主，学案为辅，主次不能颠倒。

（2）讲解与讨论的关系：宜讲则讲，宜议则议，不能以议代讲。

（3）自主与合作的关系：自主是前提，合作是手段。

（4）阅读与书写的关系：教材要精读，学案要精写，避免文字搬家。

（5）过程与结果的关系：注意过程体验，而不可直接将结果端给学生，达到"教是为了最终不需要教"的效果。在课改中，笔者将尽全力探索，实现并改进。注重学生全面发展，终身发展，可持续发展，以这样的理念指导，教学之树必会枝繁叶茂。

V 问题导学视域下的课案编写

一、指导思想

转变教学观念，优化课堂结构，充分调动学生学习的积极性、主动性和创造性，真正实现由教师"教"到学生"学"的转变，培养学生的自主学习能力，最大限度地提高教学效益，促进教学质量的提高。

二、目标要求

（1）解决传统教学中存在的"课上教师紧张高效学生轻松睡觉；课下学生紧张作业教师忙于批阅"的现象；解决学生不会做作业或无时间做作业或懒于动脑而抄作业的现象；解决集体备课时教师无话题可说而使集体备课流于形式的现象。

（2）实现三个转变：变"先教后学"为"先学后教"；变"以教为主"为"以学为主"；变"教师带着课本走向学生"为"教师带着学生探究问题"。

（3）培养学生自主学习的能力，达到好学、会学、乐学的学习境界，养成站在系统的高度把握知识和寻求事物之间内在联系的学习习惯，为学生的终身发展奠定基础。

三、教学过程

"课案导学"教学，以备课改革与课堂教学改革为重点，对备教批辅及考评等各个教学环节进行全方位的改革。其教学的程序如下。

（一）课案的编写及要求

1.课案编写的原则

（1）自主性原则：厘清教与学的关系，实现教为主导、学为主体，给学生提供更多的自学、思考、练习的方法和机会，使学生真正成为学习的主人。

（2）引导性原则：通过科学性、启发性、趣味性等问题的设计，创造浓厚的情境氛围，引导学生进入角色，激发兴趣，积极参与，达到学生主动学习、自我提高的目的。

（3）探索性原则：课案设计时要将知识点转变为探索性的问题点、能力点，通过对知识点的设疑、质疑、释疑、激思，培养学生的能力品质和创新素质。

（4）合作性原则：师生围绕课案，合作参与，积极探究，共同解决问题。

（5）方法化原则：强化学法指导。通过课案实现"授人以鱼"为"授人以渔"，同时注意学法指导的基础性和发展性。在引导学生形成基础性学习方法的同时，重视学生的发展性学习，让学生能够用已学方法，去解决新情况、新问题。

2. 课案编写的过程

课案的编写应由学科组长负责组织。学期初，学科组长按照教学进度编写主备教师备课表，将备课任务分配给组内成员。学科组成员在接到组长分配的任务后，要在充分研究大纲与教材的基础上，吸纳外地教辅资料精华，结合本学科、本章节内容的特点，针对学生的实际情况，科学设计，精心编写，在上课一周前写出初稿，交给组长以备学科组集体讨论。集体备课时间，学科组长组织本组成员对主备教师编写的下一周的每节课案进行研究、讨论、试作、修改，在大家都无异议后，由学科组长把关定稿。主备教师及定稿人要在课案上签上自己的名字，并打出电子稿和纸稿，交给年部主任存档及交由印刷室印刷。总之，"课案"的编写要体现"提前备课、轮流主备、集体研讨、优化学案、师生共用"的精神。

课案要在上课前一两天发给学生，让学生按照课案要求做好预习。任课教师在上课前应重新复案，进行再备课，使课案体现个人风格，具有个性特色。课后教师应根据课堂发现的新问题、新思路，在课案上填写教学反思，以便积累经验，改进教学，不断完善课案设计。

3. 课案编写的内容

课案设计应分课时处理教学内容，一般一课时设计一个课案。内容包括以下几点。

（1）教学目标：指明新课标对此部分内容的要求，明确教与学的目标。目标的制订要言简意赅，简明扼要，让学生明确"学什么"，有目的地进行学习。既不能降低标准，也不能过高要求。切忌将"三维目标"的所有要求都罗列进去，教师做到心中有数即可。

（2）重点难点：教师在备课过程中要准确把握本节课的重点、难点，课案设计要点明并充分体现重点、难点问题，以便让学生抓住关键，顺利完成学习任务。

（3）学习要求：课案要对学生在预习、上课及课后应完成的任务及完成时间进行明确交代，并指导学生自学的方法，使学生知道"怎么学"，并按时完成学习任务。

（4）知识结构：按照课标及大纲对知识和能力的要求，为学生设计自主学习知识线索，使学生对本课知识形成宏观的、整体的认识。

（5）导学问题：课案导学的基本教学方式是问题式导学，即将知识问题化、能力过程化，通过导学问题的设计，引导学生自学。学生通过对导学问题的学习，既掌握了知识，又培养了能力，最终实现本节课的学习目标。在这样一个过程中，"问题"是关键、是核心，所以问题的设计必须具有科学性、针对性和实效性；要在充分研究教材、分析学生实际的基础上精心设计，既要有引导作用，又应有启发功能，需要编写者用心思考，细心把握。

导学问题的设计大致分为两类：知识理解性问题和知识运用性问题。其中知识理解性问题是依据教学目标的要求，抓住教材重点难点等关键知识，充分考虑学生在学习中可能遇到的思维问题，精心设计能够促进学生思考、充分理解教材知识的思考题，使学生通过对思考题的学习，全面、准确地理解和把握本课时的知识。知识运用性问题是依据教学目标的要求，围绕教学重点难点等关键知识，精心设计、选编能够提高学生思维能力及应用能力的思考题，引导学生运用所学知识来分析和解决问题，从而把知识转化为能力。

同时，编写课案时要在导学问题处留出空白，让学生归纳知识，书写答案。

（6）知识小结：让学生整体把握本节课所学知识，用简单明了的语言归纳知识体系，总结知识规律。

（7）达标测试：测试分为两部分，一是课上的达标测试，二是课后的巩固练习。教师应根据教学目标的要求，精心选择具有典型性、针对性、层次性及适量的检测题，指导学生当堂练习及课后训练。学生做完课案及课后测试题后上交，教师力争全批全改，以督促学生完成课案及课后测试题，并了解学生答题情况，使教师的教学更有针对性。对个别不达标的学生，教师要利用课后时间进行跟踪指导。设计课后训练试题之后，教师不能再发放题单，否则将影响课案实施的效果。

（8）课后反思：留出空白，由师生课后填写。教师课后总结本节课的教学经验及教训，记录教学过程中的"亮点"及"败笔"，从而积累经验，逐步完善，不断提高。学生则填写学习反思，记录自己学习过程中理解困难的问题及关键知识，作为复习时着重注意的问题。

4. 课案编写的要求

（1）课案应贯穿课前、课中及课后三个阶段，要选取学生通过预习能够学会的内容，通过设置学生感兴趣的问题，引导学生进行预习。在学生有效预习的基础上，通过巧妙的"问题"设置，引导学生探究完成本节课的核心内容。引导学生课后及时对所学知识进行反思领悟，并留适宜的课后练习进行应用巩固。（作业量不宜过大，要给学生留出预习的时间）

（2）课案设计的核心和关键是"导学问题"的合理设置。"导学问题"的质量和水平决定着本节课教学的成功与否，因此务必认真钻研，细心揣摩，精心设计，以强化课案导学的功能。

（3）要发挥好集体备课在课案设计过程中的关键作用，通过集体智慧提高课案功能。避免课案编写前重后轻，预习内容过多；避免将课案编写成习题集的形式；要处理好"课案"与"教材、教辅"的关系，教材已有内容，不要在课案上重复罗列，教辅习题的使用必须"经典"。

（二）课案导学问题探究的实施

1. 发放课案，依案自学（15 ~ 20 分钟）

教师在授课前一两天将课案发给学生，让学生在课前明确学习目标，并在课案的指导下对课堂学习内容进行自主预习。对在预习中发现的疑难问题要做好记录，以便在课堂上与同学及老师交流、探讨。如果本课时内容少、知识浅，也可将"课前预习"环节移到课堂上。教师要加强对预习环节的监督、检查，督促学生做好预习，以确保"课案导学"课堂教学顺利进行。

2. 讨论交流，合作探究（10 分钟）

新课开始后，教师应积极引导学生围绕课案学习教材，针对课案中的问题展开交流、讨论，采取个别提问或小组竞争的方式对学生在预习阶段的学习成果进行展示、质疑、探究。在讨论交流中，教师要迅速准确地捕捉到学生普遍存在的疑点和难点问题，并将这些问题进行汇总、梳理、归类、整理，为点拨精讲、解难释疑做好充分的准备。

3. 点拨精讲，解难释疑（15 分钟）

首先，教师要引导学生对在展示、质疑过程中出现的错误、暴露的问题进行分析、评价，指明错误所在并分析错误的原因。其次，教师要针对这些错误问题以及学生自学交流过程中遇到的难点问题，进行启发、引导，同时根据课案确定的重点、难点问题，进行重点讲解，适当加深、加宽。

4. 归纳知识，课堂小结（2 分钟）

引导学生自主归纳总结，理清知识结构，总结解题步骤，掌握规律和方法。突出教材中基本概念、基本规律、基本方法的掌握，突出学科精神、学习态度的培养和总结反思习惯的养成。教师应及时对小组探究情况及学生的预习、学习情况进行总结、评价。

5. 当堂训练，达标测试（13 分钟）

在学生解决疑难问题、厘清知识结构后，教师要在课堂上留出足够的时间，让学生当堂完成达标测试题。下课后学生将试卷上交老师，教师批完试卷后要尽快发还给学生，以便教师及时讲评、辅导、矫正、补救，力争做到教师"节节批"，学生"堂堂清"。

6. 反思领悟，巩固落实

教师引导学生课后及时进行扣标反思，归纳整理，总结规律，并在课后反思空白处做记录。同时要及时完成教师布置的巩固习题及预习任务，为下节课打好基础。教师对学生的课后习题应加强督促、检查，使学生养成及时、自主完成作业的好习惯。

四、"课案导学问题探究"的评价与考核

教学评价与考核是教学改革的保障，只有评价和考核到位，才能保证改革到位。

（一）课案导学的评价

课案导学教学的评价要从"单一目标"向"多元目标"转变。从单一评价知识转向评价知识、能力、情感态度与价值观。通过多元目标评价，促进教师按照新课程标准的要求，在实施课案导学教学中，促进学生知识、能力、情感的全面发展与升华。

课案导学教学的评价从注重教师的"教"转向注重学生的"学"，重点关注学生在学习过程中动脑、动口、动手的时间、能力与效果，促使教师将教学的重点放在引导学生有效学习上来，最大限度地提高学生的知识水平、创新能力及综合素养。

（二）课案导学的考核

各年部要高度重视这一教学改革，实施课案导学教学时允许有差别、有出入，但不允许不重视、不实施、不推进。各年部、各学科组要依据此方案制定出切合本部门实际的具体实施细则，把课案导学实施工作纳入年部及学科组常规管理的重要日程。

教师在课案导学教学实施后，要认真编写课案，以课案代替教案。教务处及年部要对教师的课案进行定期检查或不定期抽查，并将此纳入教师量化考核当中。

学科组长要将本组成员编写的课案成稿保存为电子稿，并按时间先后顺序整理好纸稿，每周将纸稿上交一次年部，年部每月上交一次教务处；每周将电子稿发送到教学公共邮箱中，一方面作为存档备用，另一方面作为学科组考核的重要依据。

教务处要建立学科课案资料库，每一学期将各学科的课案（电子稿和印刷稿）汇总建档，成熟时编印成书。

年部及教务处要在日常听课、公开课及各种课堂教学比赛活动中，将课案导学实施的水平作为评价的主要标准，切实推进课案导学教学模式的顺利实施。

Ⅵ "问题导学"课堂教学模式的构建

一、什么是"问题导学"模式？

"问题导学"模式是以导学案为载体，以学生的"成长为本"为灵魂，以问题为主线，以"问题解决"为基石，使学生在解决问题的过程中掌握知识，形成自主学习能力的一种充满了生机与活力、使学生高效学习的课堂教学模式，其基本特征可以概括为"一导二主四联动"。（一导：导学案；二主：突出学生的主体地位，发挥教师的主导作用；四联动：自主学习、合作探究、展示提升、达标检测四个基本环节联动导学）

1. "问题导学"模式以"成长为本"为灵魂

学生是不断成长的个体，教育应服务于学生。"问题导学"模式以"成长为本"为灵魂，充分体现了以生为本的改革理念，教育的重心从满足成人对学生的要求逐步转向满足学生自身成长的要求。

学校的一个重要功能是为学生设计、开发程序，并指导学生依据程序开展学习活动。在"问题导学"模式中，教师承认、尊重、相信学生生命成长的本能，学生在享有成长权、选择权、表达权、展示权等权利的过程下享有真正的生活。教师在实施问题导学模式时应树立以下基本理念：

（1）教师的教永远代替不了学生的学。

（2）"注入式满堂灌"是教师"偷懒"的表现。

（3）有效课堂教学的过程是在教师指导下，学生"自主、合作、探究"的过程。

（4）学生是课堂"自主、合作、探究"的主人，应把课堂的空间与时间尽可能还给学生。

（5）教学的效益是如何使课堂有效，师生应尽最大努力把问题解决在课堂上。

（6）发现不了学生问题的教师不是好教师。

（7）靠"抢时间，压作业"来提高成绩的教师是不合格教师。

（8）课前充分准备使问题价值最大化，课中使问题通过学生"自主、合作、探究"的多元方式展示得以解决，课后对有价值问题强化巩固，使师生更好地生成新的问题。

2. "问题导学"模式以"问题解决"为基石

一切问题的提出都是为了最终的解决，没有问题的解决，提出问题便没了价值。因此，我们把问题解决作为"问题导学"模式的基石。

"问题导学"模式突出了导学案的引导性、学习的自主性、小组的合作探究性和学生的充分展示性。学生学习什么知识，什么时候学，怎么学，学多深，学多宽等，都是在问题、项目、任务的驱动下进行的。把握问题解决，就是把握学生成长的全过程，注重问题解决，就是注重学生成长的价值。

根据学科及内容，"问题导学"模式下的一节课可以是以其中一个环节为主，也可以同时融合几个环节，可分为自主课、展示课、反馈课、训练课、综合课等课型，从而实现了把握问题，让问题得到解决。

"传统模式"与"问题导学"模式的最大区别就在于，传统课堂在预习、课中、课后，都缺乏可预测性，而"问题导学"，对学生的每步学习都有组织、时间、空间的保障。确定了问题得到解决，就能够保障课改目标的顺利抵达。

二、"问题导学"模式的核心内容有哪些？

"问题导学"是一种从教育思想、教育追求演化而来的教育模式。"问题导学"教学模式要想顺利地实施，导学案的编制，学生为主体、教师为主导理念的落实，自主学习的安排，小组合作探究，课堂展示，达标检测的组织等是不可或缺的，这正是"问题导学"模式的核心。

1. 导学案：推进"问题导学"的载体

"问题导学"提出问题是关键，传统课堂的最大弊端就是没有问题的生成。那么我们该怎么在"问题导学"的模式下生成问题呢？其中"导学案"就起了关键的作用，是推进"问题导学"的载体。"导学案"是指教师依据学生已有知识及认知水平，为指导学生进行主动的知识建构而设计的学习方案。各校有"学案""学道""学习单"等不同的称谓，实质都是教师用以帮助学生掌握教材内容，沟通学与教的桥梁，具有"导读、导思、导练"的功能。

导学案的核心内容即问题设计。将教材中重、难点知识转化为不同的探究问题，要求在难度、内容和形式分层，以适应不同的学生来研读，激发学生主动思考。在"问题导学"模式中，往往通过问题串导引学生进行学习。关于问题的设计，我们提出了7大原则：

原则1：目标引领性原则。在目标的引领下设计问题，每一个问题都围绕目标设计。

原则2：学科本源性原则。问题设计要围绕核心知识和知识的核心，不要在细枝末节上纠缠。

原则3：最近发展区原则。问题应该设计在学生的最近发展区之内，把握好"度"，达到"跳一跳摘果子"的效果。

原则 4：启发性原则。问题设计应该能达到启发学生思维的作用，可以有知识联系性和思想方法类比的引导，但是不能限制学生的思维，以使学生通过解决"问题串"达到对所学内容的理解。

原则 5：任务驱动性原则。问题设计要体现任务驱动性，能促进学生主动的、"自动化"的思考，要"大器"，不要太琐碎，以免形成学生对教师"亦步亦趋"的依赖。

原则 6：关联性原则。"问题串"之间有内在的逻辑线索将之串联，这个线索就是学科概念和思想方法的发生发展过程与学生学科思维过程两个方面的融合。

原则 7：引申性原则。完成问题之后要有提炼、概括、引申、发展，特别是对核心概念和学科思想的点拨，实现学科的教育功能。

围绕上述原则，导学案中问题的设置要有一定的思维含量，不能是那种不动脑子就能答出的问题，要能激发学生的好奇心和求知欲；问题要紧扣教学内容和中心环节，注意知识的内在联系及前后衔接；问题要有梯度，由易到难，由简到繁，由小到大，层层推进，步步深入；问题既要有一定难度，还要考虑大多数学生的认知水平、接受能力；问题要有针对性，针对教材重点、难点、疑点及关键点；问题要思路清晰，切忌含糊不清、要求不明，造成学生思维混乱；问题要少而精，力求合作的高质量，做到问者问题少而精，学者质疑多且深。

2. 充分发挥导学案的导读、导思、导练三种功能

导读，是学生通过阅读教材，对基本知识梳理和识记的过程。通过自主学习，完成导学案相关部分。一般做法是，导学案要求在课前发放，导学案中要指定学习内容、指明学习方法、分解学习任务，学生根据"导读"提示，自己研读教材内容，对疑

问或不理解的地方做好标记，准备提交小组讨论解决。每节课安排 10 分钟左右为小组讨论时间，小组内部可以就自学的问题相互交流、相互研讨。小组内解决不了的问题，提交全班解决。导思，是从问题引导入手，让学生深入思考理解知识，变学为思，变教为诱。导思贯穿导学案的整个过程，是导学案的核心内容。导练，是课堂上完成典型题例的过程，是在导学案引导下学生展示交流学习成果，学生质疑答疑、教师点评释疑的过程。在这个过程中，小组展示学习成果，小组间相互质疑答疑，教师关注活动过程，适时进行点拨，达到充分暴露问题、解决问题的目的。

通过导学案为老师和学生提供一个学习载体，给课堂一个脉络，让学习在计划内超额完成。

3. 学生为主体、教师为主导，推进"问题导学"的核心理念

什么是以学生为主体？即在学习过程中，把学习的主动权交给学生。学生由过去的听众变为演员，真正成为课堂的主人，积极主动地进行自主学习，思考问题，初步解决问题。充分利用集体的智慧，合作探究，进一步解决问题。通过展示交流，展现自我，充分暴露思维过程，大胆质疑，优化答案，提升能力。通过达标检测，反思自我，巩固知识，查漏补缺。总之，以学生为主体就是在教学过程中做到方法让学生自己总结，过程让学生亲身经历，困难让学生设法攻克，规律让学生自己发现，结论让学生自己得出。通过研究，比较、建构，逐步形成学生自己的知识结构，并发展相应的能力。

什么是以教师为主导？即教师由过去的演员转变为导演，在课堂上以组织者、引导者、合作者、帮助者的身份参与到学生动态信息交流中。我们强调学生的主体地位，并不意味着教师责任和作用的减少，相反，这样的课堂对教师提出了更高的要求，如果忽视了教师的主导作用，学生的学习将成为没有目标的盲目探

索，讨论交流将成为不着边际的漫谈，重视过程将会事倍功半。一是课前要认真编写导学案，主导教学方向，调控教学的广度。二是课中引导，通过观察，了解、点拨和指导学生自主学习并与学习小组开展有效的合作、探究、展示交流，使学生通过体验成功的乐趣激发学习的积极性。三是参与到存在困惑的小组帮助其解决困难。四是主导课堂氛围，通过积极的评价、鼓励，让学生在民主、积极、愉悦的氛围中学习。

4. 自主学习：推进"问题导学"的能力支撑

传统课堂有一种学习方式叫自学，"问题导学"教学模式下的自主学习却不同于自学。不是传统意义下的自习或预习。自主学习的水平决定了后续活动的质量，并且自主学习是一种能力，要通过慢慢地培养来获得。

自主学习与传统意义下的预习或者自习相比，传统意义下的预习或者自习是宏观的，没有具体任务安排，没有教师指导，完成任务的质量不可测等；而"问题导学"模式下的自主学习是以导学案为载体，有规划、有明确的目标、任务以及发现的问题，安排了确定的时空，并由教师随时接受学生的咨询及提供帮助，对所完成的任务给予严格的评价。这样的自主学习，确保了每一位学生都能独立思考，为后继的小组讨论、班级展示交流奠定基础。

首先，让学生有自主学习的时间。各学科课时要严格执行国家课程方案的课时数，语数外理化给予同课时数的配套自习，生政史地给予减半课时数的配套自习，其余自习和课时全部还给学生为自主学习时间。

其次，要有明确的自主学习目标和任务，并要求在规定的时间内完成自主学习任务。个人阅读文本，做到流利朗读，边读书边思考，思考每句话，理解每段话，找出不理解的地方，会问或会质疑，对有关内容有自己的理解和答案，会评价别人和自己的发言，并完成相关识记任务。为后续学习活动做好各种准备。

本课的作业只能在本节课配套的自习时间完成，不得布置超出课时和配套自习时间以外的作业，不得随意挤占学生的自主学习时间，配套自习期间，禁止教师满堂灌，应该把时间留给学生。

新课堂模式下，自主学习是关键，若该环节处理不好，则接下来的课就无法操作。为使自主学习有效、高效，对教师的能力提出了更高的要求如下。

（1）精心编写导学案，规划好自主学习目标和学习任务，让学生知道自己该从哪入手，该学些什么，该完成什么。并进行必要的方法提示和归纳，让学生明确怎样学，使学生能通过每一节的学习，习得方法，能举一反三，逐步具备学习这一类知识的自学能力。

（2）培养学生学习兴趣和激发学习热情。学生自主学习过程中，教师应来回巡视，注意观察，随时给予学生肯定性评价和积极鼓励，想方设法调动学生的学习兴趣和激发学习热情。

（3）教师应适时指导和给予帮助，充分发挥教师的主导作用。学生的自主学习不是自发学习，而是在教师的指导和引领下，以学生为主体，由学生自主探索和学习，这种学习方式同样离不开教师的引导和点拨，但是教师的引导要讲究时机（学生的思维遇到障碍时，学生的思维停滞不前时，学生的思维受到禁锢时，学生的思维出现偏差时等），讲究艺术，只有教师主导得体，学生的自主才能到位。

5. 合作探究：推进"问题导学"的形式保障

"问题导学"教学模式之所以能够得到运用和推广，就是因为它采用了"合作探究"的形式。俗话说：三个臭皮匠赛过诸葛亮。"合作探究"让学生的价值和潜能更大化地被开发。学生的学习是主动建构知识的过程，不同的学生是用不同的方式来建构知识的，不同的学生总是看到事物的不同方面，对学习有不同的理解。学生之间的这种差异是客观存在的。因此，一方面我们要理解和尊重这种差异；另一方面学生之间的差异为学生的交流和合作提供了可能和心理基础。从这个角度讲：合作与交流是人的一种需要，"学生之间的差异"是合作与交流学习方式的一笔财富，是一个非常重要的课程资源。因此"问题导学"模式把合作探究作为重要环节。充分利用学生、利用小组、利用评价，进行自主学习。

小组是业务性很强的学习共同体，"问题导学"模式中，利用小组的合作探究实现了大班教学小班化。在传统模式下，小组更多的是承担行政职责，而在新的教学模式下，小组就是一个紧密的学习共同体，每天都在一起探索交流，在小组内基本可以完成学习任务的80%。所以在这种模式下，培训学生与培训教师有着同等重要的作用，而且这些学校的学生在这种模式下也确实得到了充分的锻炼，长足的发展。

合作学习中，组员必须要有明确的分工和责任，否则在行动中就会造成积极主动的多做，消极被动的不会，合作的效率就会很低，不能顺利实现合作学习的目标。要由组长部署工作、领导小组开展活动、组织讨论；资料员提供活动中需要的药品、仪器、器材、文字资料等；记录员记录活动内容、数据、结论等，监督员检查小组成员是否都积极参与活动；通讯员把小组成果、发现、结论等向全班通报。分工时，根据小组成员的能力特点进行分工，可以一人承担一个角色，也可以一个人承担几个角色，也可以进行轮换。使学生得到不同的训练，以培养学生的各种能力。

合作探究不是一个学生与生俱来的。因此，要实行技能培训，并建立多元的评价体系，充分调动学生热情，鼓励教师参与小组探究中，给学生和教师一个最好的平等舞台。另外还应通过小组文化建设，例如创设组名，形成组训，制作组徽，制订小组公约，制作组花，确定目标，制作小组展示园地等，提高小组凝聚力。

没有合作探究就没有"问题导学"，在"问题导学"中，小组建设是实施合作探究的关键。合作探究通过小组建设得以实现，小组建设通过合作探究发挥价值。

6.展示提升：推进"问题导学"的重要环节

展示是解决学习内驱力的最好手段，是学习成果的最直观暴露，是教师进行学情调查的直接途径，是教师课堂决策的依据，是教师教学智慧的发源地，是课堂抵达"知识的超市、生命的狂欢"的保障；展示是促进学生成长的重要的形式，重视展示就是重视人性；展示可以发展学生的个性与才智，保障学生有自信和有尊严地成长；展示拓宽了学生合作学习和同伴学习的渠道；展示是学生学习动力的重要源泉，成功的展示意味着成就感的满足；展示是提升课堂文化的重要手段，高效课堂也可以说是一种"展示文化"。

学习本可以是一件快乐的事，课堂进行展示，不是形式的改变，而是学生内在的需求。"问题导学"模式非常重视学生的展示。

展示交流要面向全体学生，以小组为单位进行集中展示，展示交流凝聚了众人的智慧，释放个体、展示个体、又充实和完善个体。

聚焦黑板，生进师退：集中展示交流的内容要坚持专题化原则，依同学们自主学习和小组交流后的疑难所定，教师整理后分配到各小组，在小组长组织下分工合作，谁展示、谁质疑、谁补充、谁归纳、如何站位、如何进退。教师宣布展示交流开始，全体同学向前聚焦黑板，生进师退，高个子在两端，形成中间低、两边高的站势，教师站在最后，关注全局，关注展示的内容与进程，做倾听者、指导者、帮助者、评价者。

专题展示，聚焦问题：集中展示交流哪些内容，如何展示，作为教师要心中有数，而且功夫要下在幕后：认真批阅导学案，针对学生难以解决的问题，对本节的重点、难点设置专题，提前整理公布，并分配到各小组。必要时，要培训小组长，所以在这点上，教师又是教练员，教师由台前走到了幕后，帮助学生，和学生一起分享成功，体验成功。

质疑对抗，大胆表达：发现问题比解决问题更重要，勇于质疑可以激活学生思维，让学生在质疑中学会学习是实现有效课堂和高效课堂的重要途径，做到这点离不开教师的引导，特别要关注知识的生长点，设疑激趣，让学生在质疑中提高，在对抗中升华。

精心点拨，突重破难：以学生为中心的课堂对教师的要求更高，要时刻聚焦黑板，关注展示和质疑的小组。引导好，点拨到位，真正对于疑难的问题也要讲述，但必须是精讲。帮助学生去捋顺知识，特别是实现如何把新学的东西串起来，形成网，织成块，教学生归纳整理的方法。最终实现教学相长，实现教学效益的最大化。

课堂上的展示不能是自主学习的重复，应是学生自主学习的延续、发展、落实和提升，展示课上必须突出学习重点，解决学生学习中的问题。

7. 达标检测：推进"问题导学"的质量保障

问题导学模式改变了学生学习方式，在培养提升学生各种能力的同时，还应让学生习得相关的知识。而知识的掌握，关键在落实，达标检测就是知识掌握的落实环节，通过这一环节，可巩固知识，同时给学生的反思提供依据，让他们自己去发现自己学习中的漏洞。查漏补缺，真正掌握相关知识。同时教师才能发现备课中的不足，才能及时地调整方法，改变策略，从而达到理想的目标。要落实好达标检测这一环节，需要注意以下两点。

（1）有效地设计检测题。习题或问题的设计非常重要，当堂检测的习题、问题要少而精，目标明确，必须紧扣当堂课的学习目标，针对当堂课的重难点，同时要具有层次性、拓展性，能够检测不同层次学生的目标达成情况。

（2）灵活运用检测的方式方法。达标检测是教师了解学习目标落实情况的重要手段，所以在形式上要多样，可以让学生作题，可以老师提问，组长提问，组员互问，可以让学生进行活动，但是不论什么样的方式，都要注意学以致用这个原则。

设计上要结合学生的实际情况，做到精练、有趣、实用，固定练习和随机练习相结合。

第五章　基于问题导学的经济生活教学设计

Ⅰ　优化问题导学追寻简约实效课堂
——《经济生活》一、二单元教学实践与感悟

随着新课程改革的深入，许多新的思想、新的理念和新的教学方法被了解和接受。其中，以导学案贯穿整个课堂实施过程，已经成为众多学校和教师提高课堂有效性的重要依托。"实效课堂"要求在有限的时间里，教师有针对性地教，学生有质量地学，通过师生、生生互动，完成教学内容，实现教学目标，而这个过程的关键就在"问题导学"环节，教学效果如何与问题导学的设计和实施直接相关。能否真正以生为本，立足于学生的"学"，科学、合理、适度地设置问题，以问题为载体和主线进行科学有效的"导"，将决定课堂的质量。

一、"问题导学"在设计与实施中存在的问题
（一）问题设计的角度层次机械单一、难易失度

在问题的设计中，有些教师未能潜心钻研教材和课标，亦未具体分析重难点和内容结构，只是将教学要点或教学目标简单转换为问题，如在"影响价格的因素"这节中有教师如此设问：

影响价格的因素有哪些？

价值与价格的关系？

商品价值量的决定因素？

价值规律的内容与表现形式？

这种只将主干内容平铺直叙的问题，欠启发性、层次性，学

生只是照本宣科，不能深入内里，久而久之，就会觉得政治课空洞乏味。

另外，有些问题看似综合，如"上述材料体现了什么经济信息""从经济生活角度分析……的客观必然性"，但学生无从入手，难易失度。

（二）课堂整体的情境与设问繁杂、零散

为了课堂丰富，不少教师设计了很多探究活动，情境与设问层出不穷，过多地强调知识的覆盖面，想滴水不漏，没有精简整合教学内容，材料繁杂冗长，问题多而细。一节课下来，让人感觉杂乱零散，重难点不突出。学生思路不清，抓不到主线，导致课堂效率低下。

（三）"问题导学"实施的过程与进度的矛盾

新课程改革理念倡导把课堂还给学生，先学后教。但当教师真的把课堂还给学生时，发现学生的讨论偏离主题，或就事论事、流于表面，或抓细枝末节、原地打转。若教师缺乏调控的意识和能力，课堂就会变得混乱无序，教学进程缓慢，教学任务无法完成，课堂效率低下。

（四）重形式轻内容，课堂"热闹而不深刻"

新课程改革理念下的课堂要求有充分的学生主体参与，包括小组讨论、演示、互评等环节，有些课堂"面面俱到"，教师将导学案上的问题分配到小组，学生急于在有效的时间内完成讨论，为了小组加分争抢回答和演示，小组间还会为了分数争执不下。这种看似"热闹"的课堂其实已偏离本质，学生真正参与体验和思考的并不多，教师未能对问题进行深层次的分析和引导，使课堂变得肤浅而不深刻。所以，我们需要的是回归本真、简约实效的课堂。

二、优化问题设计——实现简约实效课堂的载体和纽带

（一）有效整合、抓主线设计问题，实现课堂的简约流畅

布鲁纳的认知理论认为：任何学科的内容都可以用更为经济、富有活力的简约方法表达出来，从而使学习者易于掌握。把握好"简约方法"要求教师读透教材，深入课标，分析教学目标和内容结构，结合学生知识能力基础，确立基本的教学方向。把教学目标和内容视作整体，理出主线，主次分明，详略得当。

例如经济生活第二单元"企业的经营"这一节的专业概念多、容量大，目标能力要求高，不少教师表示该内容课堂难以完成。笔者尝试抓住主线，设计如下问题：

（1）你们熟知身边有哪些企业和公司？企业等于公司吗？（从真实生活切入，引出主要概念）

（2）成立公司需要什么条件？如果资金不足可以直接发行股票集资吗？（针对有限责任公司与股份有限公司最大的区别设问）

（3）假如你们经营一家股份有限公司，公司应如何管理运作？采用公司经营的优势在哪里？（了解公司的组织形式，归纳公司经营的优点）

（4）公司经营的直接目的和唯一目的是利润吗？（了解公司经营的目的和肩负的社会责任）

（5）在激烈的市场竞争中，你们公司如何乘风破浪、成功经营发展？（理解分析公司成功经营的因素）

（6）假如你们公司在激烈的市场竞争中遭遇重大挫折，濒临倒闭，一家大公司愿意出资收购，你的选择是什么？你怎么看待这种企业重组行为？（培养正确看待公司兼并、破产的辩证思维能力）

这个过程就像用一根线将一颗颗珠子串起来，而"公司成功经营的因素"无疑是本节最大最亮的那颗。围绕问题主线展开，

环环相扣，能让整个课堂明晰、流畅。教师思路清晰，学生思后有痕，课堂得以顺利地向前推进。当然，能否以问题主线贯穿课堂要视教学内容的特点及学生的实际接受程度而定。

（二）围绕核心目标有针对性和层次性地设计问题

有的放矢，深入浅出。教师根据课标、教材和高考考纲，明确知识间的内在联系，准确把握教学难点；并深入了解学情，准确把握教学难点。重难点知识往往就是问题导学的核心目标，围绕核心目标，根据学生现有的知识水平，有针对性和启发性地设计问题，由浅入深，让学生能以现有的知识水平和生活经验顺利切入。然后，循序渐进，层层推进，让学生在最近发展区之内"跳一跳摘果子"。

在"影响价格的因素"这节教学中，为了突破"价值决定价格"这个重难点，笔者在课堂上选用了一则网上的素材和设问。

材料：20世纪90年代出现的"大哥大"售价上万，入网费用好几千，通话费高达每分钟1元。

设问：

（1）当时手机的价格为何如此之高？

（2）今天手机的价格出现了怎样的变化？导致这种变化的因素有哪些？

（3）手机的价格会比一瓶普通的水便宜吗？为什么？手机的价格最终由什么决定？

（4）手机的价格会呈现怎样的趋势？如果你是手机企业的负责人，面对激烈的市场竞争，怎样才能在竞争中处于有利地位？

通过生活化的选材和设问，层层剖析，让学生真正明白"价格由价值决定，价值量由社会必要劳动时间决定，随着社会劳动生产率提高，手机价格大幅度下降。作为个别生产者，一定要提高个别生产率，控制成本，才能在竞争中处于有利地位"。

在以往的教学实践中，笔者发现学生对"供求影响价格"容易理解和接受，但对"社会必要劳动时间决定商品价值量、个别劳动时间对个别生产者的意义"难以理解。虽然新教材在这个内容上有意识简化，不要求深度展开。但作为主干知识，影响到学生对价值规律和企业经营等知识的掌握，所以学生有必要理解其中的经济道理。

围绕核心目标创设情境和问题要符合学生认知规律，有的放矢，激发学生兴趣，激活学生思维，化繁为简，深入浅出地让学生理解和掌握重难点内容。

（三）情境要贴近生活，选材简明，精炼问题，便于学生切入问题生成知识

夸美纽斯说：求知与求学的欲望应该采用一切可能的方式在孩子们身上激发起来。高中的政治课堂理论性强、内容较为抽象，创设贴近学生生活的情境和设问是普遍采取的教学方式。只是有些课堂的材料和问题过于繁多冗余，反而占用了较多的时间，影响了学生的思考。所以，要实现简约高效课堂，必须尽量简明材料和精炼问题。

在"树立正确的消费观"这一节的设计中，笔者选择了这则新闻——"苹果6手机全球上市，内地消费者反应理性、不跟风，苹果6手机价格大跌，内地'炒客'亏损严重"，连续设计了以下问题推进课堂：

（1）你有过跟风买东西的经历吗？这是什么消费心理？

（2）如果中学生不顾家庭经济情况，用手机向名牌看齐，又是什么消费心理？

（3）内地消费者的反应坚持了什么消费原则？

（4）有人说这种理性的消费观有违当前扩大内需的需要，你怎么看？

（5）在物质生活得以改善的今天，勤俭节约过时了吗？

在课堂上，"苹果6手机全球上市"的素材极大地吸引了学生的眼球，学生结合问题畅所欲言，在分析和讨论中，很快总结出四种消费心理的特点和正确的消费观的内涵。教师利用课堂学生高涨的热情和投入度，顺势点拨，培养学生辩证分析能力，引导学生树立正确的消费观，真正成为理性的消费者，水到渠成地实现知识能力和情感态度价值观的三维教学目标。

三、优化问题导学实施——实现简约实效课堂的关键环节
（一）立足于学生的"学"

重视学生的独立思考学生的"学"是所有教育理论和具体教学设计的落脚点，"问题导学"的教学模式的着力点应在于学生自主独立的学习。在实际教学中，"自主"学习更多被放在课前的预习和讨论，而"合作和探究"在课中如火如荼地进行。笔者认为以学生为本、发挥学生主体作用的理念是毋庸置疑的，但自主学习的落实程度和合作探究的实效性有待商榷。因为很多新课改的课堂一上来就是小组讨论，忽略了学生的独立思考，造成部分学生的心理依赖。这些学生认为反正小组里是有讨论结果的，就常让自己的思维"偷懒"，时间一长，便沦为课堂的"旁观者"。学生的独立思考是"合作探究"的大前提，内因才是事物变化发展的根据，学生独立的真思真想，是真正实现内化知识、提升能力和形成正确价值观的关键环节。所以，教师在问题导学实施中可以根据问题的特点，预留独立思考的时间，在演示时让学生先表达自己的思考，再叙述小组讨论的结果。用这些方式"迫使"学生真正独立思考，培养其独立解决问题的习惯和能力。

（二）师生平等对话，充分思考和分析问题

教师作为课堂的组织者和引导者要用心营造安全、民主、宽

松的课堂氛围。特别是问题导学开始实施的阶段，学生的很多思考和表达都不到位，需要教师耐心地接纳和倾听，不急于学生答出所谓的正确答案，及时肯定其个人的自主思考和小组的合作精神。然后，细细引导完善思路，帮助学生树立学习信心，勇于思考和表达。笔者在课堂常表达一些话语，"慢慢来，还有别的观点吗？""如果能从这个角度思考，会不会更好？""我在刚才那位同学分析的基础上作一些补充，同学们看看是否合理？"师生平等对话、真诚沟通，更有利于充分思考和分析问题，提高课堂实效，这种课堂生态更有利于教学相长，实现师生共同进步。

（三）科学引导、适时点拨

在新课改的背景下，有些课堂无视基础知识和重难点的讲授，片面强调学生活动，让学生自主探究获取知识，教学效果必定大打折扣。

没有了教师的科学引导和适时点拨，学生的活动就没有方向性和目的性，难以从感性认识上升到理性认识。"不愤不启，不悱不发"，教师的"导"是不可或缺和至关重要的，除了引导知识，还有引导思考、引导思维、释疑解难和价值引领。教师要针对不同的内容特点和难度变化具体处理，"导"在疑难处和在学生的疑惑处。

对于抽象难懂的基本概念和原理，如经济生活一、二单元中的"货币的本质、社会必要劳动时间、价值规律"等，学生自主探究是无法达到的，教师一定要讲授清晰到位。教师不能迷信某一种教学模式，应根据其特点和优势具体采用，贵在得法。对于理解性的内容，不要停留于概念含义层面，而是引导学生比较分析、应用知识解决实际问题的能力。如"消费的类型"，重点不是含义，而是比较不同消费类型的特点和适用范围，引导学生选择科学合理的消费方式。对于通俗的生活化的内容，教师可大胆让学生在探究中提炼观点，只需适时点拨即可。如"影响消费的因素"这个内容，学生通过探究分析表示基本可以理解，就除了"社会收入差距影响总体消费水平"这个点，而教师只要画出金字塔形收入结构，指出如果财富集中在少数人手里，而大部分人的消费受到制约，所以，社会收入差距影响社会总体消费水平。再引导学生思考影响消费的其他因素，并针对性地提出促进消费的措施。从基本知识到辩证分析思维能力，从"为什么"到"怎么做"的层次提升，学生在思考后质疑，在引导下再思考，便感到豁然开朗。

（四）适时调控，升华情感

在教学实践中，教师发现学生的思考探索会"误入歧途"，不一定沿着教师设计的方向，或在某个问题纠缠不放，让教师无所适从。如果就此打住怕影响学习积极性，若放任自流又会影响教学进度。因此，教师需要适时调控，包括讨论的时间和主题延伸，对于偏离主题的无谓扯谈要及时终止；对于反复流于表面的讨论，适当点拨引导；对于学生思维激荡处的渴求，教师可相机诱导，升华情感。笔者在"企业的经营"教学时，学生意外地对"公司经营的目的"这个简单的问题展开深入的探讨。学生提出要求：列举一个公司实现社会效益的实例。教师：本市的二汽公司每年高考都派十辆空调大巴将高三学生送往十公里外的考场，只象征性收取两元。学生：公司岂不是赚少了？经济效益与社会效益无法兼顾？教师迅速整理思路回答："表面上看赚少了，但长远来看，赢得了社会的口碑，有了信誉和口碑，公司以后会少赚吗？"在学生表示认同后，教师顺势引导：在座的同学日后有成为大老板或公司的管理者，将来你们追逐利润的时候，别忘了社会效益，履行社会责任，就像今天的二汽公司为大家提供的服务一样。这样，我们的社会会更美好，我们今天的课堂就更有价值了！学生用掌声回应了教师的回答。虽然这个问题不是本课的重点，更适合在课外探讨，但基于学生活跃的思维，教师还是决定抓住这"意外的通道"因势利导，实现思维培养和价值引领。课堂需要常态自然和简约实效，在不加重学生负担的前提下提高课堂效率。"问题导学"将过去讲授式的课堂变得更直观系统，而课堂的质量则有赖于"高质量的问题"及"灵动有序的课堂实施"。教师需真正以生为本，以学生的学习质量为依归，提高专业能力和个人修养，发挥创造力，潜心钻研与打磨，优化问题导学的设计和实施，追寻简约有效课堂。

Ⅱ　试析核心概念统领下的政治理论教学设计
——以《经济生活》为例

一、核心概念统领的思想政治学科概念体系
（一）思想政治学科核心概念的内涵

概念是人们解释和把握世界的重要方式，是学生学科核心素养发展的基础，也是教师教学、学生学习的重要内容和线索。核心概念是指居于学科中心，具有超越课堂之外的持久价值和迁移应用价值的关键性概念、原理或方法。

基于上述课程专家对核心概念的认识，思想政治学科的核心概念是指那些数量精当且统摄性较强的概念，即具备概括性强、派生性强、联结性强等特点，具有广阔的解释空间。

（二）核心概念统领的思想政治学科概念体系

由核心概念统摄大量下位概念和相关社会现象与事实，编织出一个具有层次性的概念体系。从下至上看，从学生在具体经验中形成重要概念到最后发展、聚焦到核心概念时，学生的思维才能够从现象与事实水平向概念水平发展，通过核心概念的迁移运

用来预测社会现象、解释和解决复杂的社会问题，提高思想政治学科认知能力。

（三）思想政治学科核心概念的界定

思想政治学科的核心概念是统摄性较强的概念，界定的标准是看其是否具备概括性强、派生性强、联结性强的特点。下面以《经济生活》第一单元"消费"概念为例说明核心概念的筛选和甄别。

本单元的核心概念是"消费"（个人消费是指为了满足生产和生活的需求而消耗的物质资料和精神产品），它的内在逻辑是：消费是人们生活中常见的经济现象，人们的生活离不开消费，而要消费就离不开货币，就需要知道商品的价格。基于这个逻辑，第一单元设计为三课：神奇的货币、多变的价格和多彩的消费。"消费"作为本单元核心概念的原因：首先，人的一生在消费中度过，它是人们关注的中心，所以需要有关于消费的知识。其次，围绕"消费"能生发、组织起大量的其他概念，包括影响消费水平的主客观因素（经济发展状况、收入水平、物价水平、分配政策、消费心理等）、生产与消费的关系；提高消费水平的原因和措施；消费类型（按交易方式和消费目的划分）、消费结构（恩格尔系数）、正确的消费观念等知识。最后，"消费"是学科知识的聚合器，具有较强的内聚力，在生活中聚合着生产者、消费者、就业、市场、价格、供求、宏观调控、经济发展方式的转变等概念。综上所述，"消费"是一个统摄性较强的概念，具备了概括性强、派生性强、联结性强的特点，通过其强大的生长力编织出一个"概念网络"。抓住了"消费"这个最核心、最有用的知识也就抓住了教学内容的根本，为教学活动指明了方向。现代社会中如何消费考验着每一个人的智慧，通过本单元的学习旨在引导学生树立正确的消费观，建立文明健康的生活方式，积极承担起对社会、对他人的义务和责任，做一个理性的消费者。

（四）探索与尝试：《经济生活》核心概念的梳理

本文从以下三个视点尝试梳理《经济生活》（人教版）中的核心概念。

第一，从经济学的视点探寻核心概念。从经济学专业的角度看，经济学中的核心理论有货币理论、价格理论、消费理论、企业理论、收入分配理论、金融理论、财政理论、市场经济理论、宏观调控理论、经济制度与经济体制理论等，即货币、价格、消费、企业等是经济学研究的主要对象，是经济学家普遍认可的经济观点和概念。

第二，从高中政治课程标准的视点探寻核心概念。《普通高中思想政治课程标准（实验）》在必修一中强调的政治概念和政治课程内容是：商品、货币、价格、消费、投资、公司、劳动者、创业、分配、社会主义市场经济、基本经济制度、小康社会经济建设、经济全球化与对外开放等，从中可以看出这些是在《经济生活》教材中起支撑作用的概念。

第三，从教材编写逻辑视点探寻核心概念。《经济生活》教材主编陈友芳教授在解析教材中指出：这个教材的基本逻辑顺序是从消费、交换出发，依次分析生产、分配，最后介绍我国从事这些经济活动的基本背景——面向全球开放的社会主义市场经济。教材逻辑结构可用一句话来概括：在一个面向全球开放的社会主义市场经济的大舞台上，进行生产、交换、分配及消费等经济活动，以建设一个全面的小康社会。

结合教材文本的四个单元标题看，围绕"生活与消费""生产、劳动与经营""收入与分配""面对市场经济"这些概念建立教材结构体系，教材编写逻辑和单元的标题一定程度上揭示出了学生的学习目标，可知这些概念就是处于学科知识体系中心位置的概念。对上述提到的概念进行整合、筛选，本文认定《经济生活》教材中的核心概念有商品、价格、消费、生产、分配、社会主义市场经济。

二、思想政治学科核心概念的教学价值

（一）增进教师授课效率意识，提高教学效能

1. 整体把握教材脉络，使教学简洁高效

由于主客观因素，教材知识分布存在散乱及割裂知识间内在联系的现象，如果按部就班地教学，既浪费时间又影响学生对知识逻辑性、整体性、结构性的把握。以核心概念为主线，将散落在教材文本中的知识有机地串联起来，进行结构化建构，有利于提高教师驾驭教材的能力，灵活选择与调整教学内容，使知识在节题、课、单元之间合理流动，有效化解内容多与课时少的矛盾，提高教学效能。

2. 优化课堂教学结构，使课堂简洁有序

如何对教材提供的每一个知识做出价值判断，是教师进行教学设计时要考虑的基本问题。围绕核心概念规划组织教学内容和活动，就为知识的价值判断提供了一种重要依据，核心概念犹如灵魂，在它的引导下能使具体事例、重要概念、核心概念间保持内在的关联性，过滤掉那些无关紧要的教学环节和繁杂内容，针对知识的价值大小分配好教学时间与精力，把更多的时间用在价值高的核心概念、重要概念上，反之，就少投入些精力。

（二）从注重知识数量的扩增到追求知识质量的提升，提高学生学科核心素养

1. 构筑真正的学科知识结构

学生的知识能否有效地辨析复杂的社会现象，不取决于知识的数量而取决于知识的质量，即是否掌握了有结构的知识。什么是真正的学科知识结构？那种把知识用括号简单地罗列堆积在

一起的知识结构的表述，不能揭示出知识之间内在的本质的联系，是一种虚假的知识结构，只能称之为"知识纲要"或"知识提纲"。"真正的知识结构在本质上是概念结构。"一个拥有"核"的"概念体系"，能清晰地揭示出概念之间的层级关系，让学生在概念体系中学习概念，帮助学生明确概念与概念之间的内在逻辑联系，把握知识的来龙去脉，从而构建有效的认知结构。

2. 引领学生思维发展

"教育的基本思路就是要培养思维能力。"概念为本的教学使教学的重心由知识的学习变为思维的形成，"真正的概念结构是以思维为基础的，而思维是以追问事物之间的本质性的联系为本质特征的"。

一个由低阶思维向高阶思维推进的过程，不同层次的概念对思维发展的贡献大小是不相同的，概念的层次越高对思维发展的贡献就越大。现象类知识和事实类知识不是教学目标，而是教学的起点和手段，教学要能够引导学生超越现象、超越主题进行深入思考，获得重要的和可迁移的概念。换言之就是教学必须要由习惯性思维推向更高层次的理论性思维，促使学生的思维达到概念性整合的思维水平，建立起理性分析坐标，当学生在面对复杂多变的场景时，能够实现知识更好更快地迁移。

三、核心概念统领的政治教学设计策略

基于政治学科的特点，核心概念统领的政治教学设计策略包括四个环节。以"树立正确的消费观"教学为例。

（一）提取核心概念

以全局的视角审视单元内容，在研读课标和教材基础上系统梳理单元内容知识的层次结构及其相互联系，筛选出统摄性较强的核心概念，设计基于核心概念的教学单元，使思维聚焦于这个"概念聚合器"，为单元教学活动指明方向。本课核心概念"消

费"的提取如前所述。

（二）围绕核心概念选择重要概念

深入理解核心概念离不开重要概念的支撑。在核心概念的统领下，需要精心选取相关的重要概念作为教学的支撑点来推导、演绎核心概念，以深化学生对核心概念的理解。从教材体系看，与消费有关的知识涉及《经济生活》第三、四、七、九课等，在梳理教学内容的基础上筛选出以下重要概念来支撑"消费"这个核心概念：影响消费的因素、提高消费水平的措施、消费类型、消费结构、消费心理、消费观念、生产与消费关系的重要原理等。根据上述概念的内在逻辑，以"消费"这个核心概念为统领，重新从整体和系统的角度整合第三课教学内容：第一节"消费水平及其影响因素"，学习影响消费的因素、提高消费水平的措施及生产与消费关系的重要原理；第二节"树立正确的消费观"，学习消费类型、消费结构、消费心理、消费观念四个重要概念。当学生把这些重要概念与由"消费"这个"概念聚合器"节定的更广泛的材料相联系并通过多个课时的学习后，才能增进对"消费"这个核心概念的深层理解。

（三）针对重要概念设计概念性问题

问题是激发学生思维活力的源泉，是帮助学生在更复杂水平上进行思考、达成概念性理解的桥梁。要在具体事例的基础上，把重要概念转化为有思维含量的概念性问题，激发学生超越具体事例的思考，把思维引向深入，寻找嵌入在问题背后更复杂的抽象概括。在"树立正确的消费观"教学中，根据下述具体事例，针对重要概念设计如下问题：

（1）从交易方式、消费目的判断小王一家的消费类型？如何看待贷款消费？

（2）请分别计算表中的恩格尔系数，恩格尔系数的变化意味着什么？考察消费结构的目的何在？

（3）对话中体现了哪些消费心理？消费心理与消费观念之间有何内在联系？你对节俭与侈靡的关系是如何认识的？

上述问题的设计不仅强调了基于事例的知识而且强调了产生于事例基础上的概念，当学生在阅读这些问题时，"判断、如何看待、意味着什么、目的何在、有何内在联系"等这些设问能够避免就事例谈事例，就生活谈生活，迫使学生思维超越具体事例，引向在事例基础上产生的更复杂的抽象概括，辨识出问题所强调的概念性观念，使思维达成概念性理解的层次，这种概念性问题帮助学生建立了知识迁移的图式，可以引领学生对隐含在具体事例背后复杂的经济问题进行更深层次的思考。

（四）精选能够支撑重要概念的生活事例来规划组织教学活动

任何概念都有概括性和抽象性，对重要概念的理解离不开具体事例的支持，它是研究问题的载体。面对丰富多彩、纷繁复杂的社会现象，需要教师精选出有代表性、典型性、能够解释事物本质特征的具体事例来支持学生逐步丰富和完善对核心概念的学习。

在"树立正确的消费观"教学中紧紧围绕本课的四个重要概念，把事例节定在小王一家对买车形成的四种意见上：

爷爷：现在提倡低碳生活，我看就买节能环保型小排量汽车。

小王：现在我们班上同学家买的都是SUV，我们家也要买SUV。

爸爸：我们家不会比他们差，大不了再贷款买辆房车，很有个性。

妈妈：怎么可能，这房子还有几十万贷款没还清呢，现在还需要勤俭节约、艰苦奋斗几年。最好买个二手车，既便宜又实用。

小王：啊，欠那么多钱，咱家为何要贷款买房呢？现在都什么年代了，勤俭节约、艰苦奋斗早就过时了。

上述生活事例的选择坚持了以下两个原则：一是教学内容与现实生活热点相统一的原则。结合本课教学内容，可供选择的事例非常广泛和丰富，基于当下汽车、住房等消费成为消费热点的考量，把具体事例节定在汽车消费上，使生活事例的选择具有趣味性和实用性。二是重要概念与生活素材相结合的原则。由于生活素材的丰富性与复杂性，需要根据重要概念对生活素材进行剪辑加工，呈现他们一家在对话中隐含不同消费心理和消费观念的冲突，在表格中隐含了消费类型、消费结构的重要概念，由此达成让学生把所学知识与生活事例建立联系并实现迁移的目的。结合事例可选择合作学习、课堂演算、课堂辩论等教学方法规划组织教学活动。

总之，核心概念统领下的政治教学设计策略有四：提取核心概念；围绕核心概念选择重要概念；以概念性问题驱动学生在理解重要概念的过程中，把握核心概念的本质；精心选择能够解释事物本质特征的具体事例作为教学活动的载体。

Ⅲ 《新时代的劳动者》教学设计

一、教育教学目标

1. 知识目标

懂得劳动的含义及其地位；懂得就业的作用与意义，了解我国当前的就业形势；知道如何从政府及劳动者两个方面解决我国的就业问题，理解当代劳动者应该树立的正确的择业就业观；了解劳动者的基本权利，知道政府在维护劳动者权益方面的巨大作用，懂得劳动者维护自身合法权益的基本途径与方式。

2. 能力目标

培养学生正确认识我国就业形势的辩证思维能力，提高依法维护劳动者合法权益的能力。

3. 情感、态度与价值观目标

树立正确的就业与择业观念，树立劳动光荣、劳动伟大、劳动平等的观念和热爱劳动人民的情感。

二、教学重点、难点

（1）树立正确的择业观。

（2）怎样维护劳动者合法权益。

三、教学过程

导入新课：每年"五一"前夕，全国各地的劳动模范都会聚集在北京，参加全国劳模表彰大会。

课件展示：全国劳动模范孔祥瑞、李素丽、李新民、朱雪芹演唱歌曲《阳光路上》视频。

师：从周总理与掏粪工人时传祥的握手，到胡锦涛主席与劳动模范的合影留念，我们都能深刻地感受到：我国的劳动者享有何等崇高的地位，光荣属于劳动者！劳动者为何要就业？怎样解决就业难？就业过程中如何维权？今天，我们就来学习第五课第二节《新时代的劳动者》。

讲授新课：

课件展示：《光荣的劳动者》图片一组。思考：怎样认识劳动和劳动者？（小组讨论交流，学生发言后教师点拨）

课件展示：正确认识劳动和劳动者

（1）劳动的含义：劳动是劳动者体力和脑力的支出，是物质财富和精神财富的创造活动。

（2）社会主义社会，以勤奋劳动为荣，以好逸恶劳为耻。

（3）劳动者是生产过程的主体。

（4）我国劳动者分工不同，地位平等。

师：要想在劳动中实现人生价值，首先需要解决就业问题。下面我们一起来欣赏一下同学们自己拍摄的小型连续剧《李师傅的故事》，看一看李师傅在就业的过程中都发生了哪些耐人寻味的事情。

课件展示：（《李师傅的故事》第一集）李师傅是某地发电厂的工人，每月六千元的收入，一家人的日子过得很幸福；因工作勤奋，擅长技术革新，多次被评为"先进工作者"；每当看到自己的工作给千家万户带来了光明和温暖，总是感到很自豪。

探究问题：

（1）就业对李师傅个人、社会有何意义？

（2）目前，我国就业形势如何？

（学生阅读教材，并以小组为单位进行合作探究）

生：（略）

师：正如同学们刚才所说的那样，就业对社会对个人都具有重要意义。

课件展示：

1. 就业的意义

（1）从国家与社会发展角度，就业对整个社会生产和发展具有重要意义。就业使得劳动力和生产资料相结合，生产出社会所需要的物质财富和精神财富。

（2）从个人角度，就业是民生之本，是劳动者谋生的重要手段，使社会劳动力能够不断再生产，有利于实现劳动者的社会价值，促进个人的全面发展。

师：就业具有如此重要的意义，那么，我国目前的就业形势如何呢？

课件展示：

2. 我国的就业形势严峻

（1）我国人口总量和劳动力总量大，而生产力发展水平低。

（2）劳动力素质与社会经济发展需要不完全适应。

（3）劳动力市场不完善，就业信息传递系统不畅通，等等。

师：在严峻的就业形势下，我们的主人公李师傅的命运怎么样了呢？

课件展示：（《李师傅的故事》第二集）在严峻的就业形势和节能减排的经济背景下，李师傅所在的火电厂下马了，李师傅也下岗了。几个月过后，朋友终于帮他联系了一家私营机械加工厂，李师傅在做出决定之前想和家里人商量一下，全家为此展开了热烈的讨论……

父亲说："社会主义国家就业就要靠政府。"

母亲说："不管什么职业，只要能稳定干一辈子就行。"

儿子说："工作一定要体面，不要让人看不起。"

妻子说："一定要找与自己专业知识对口，志趣爱好一致的工作。"

探究问题：

（1）请以小组为单位展开竞学，谈谈你如何看待李师傅一家人的观点？

（2）请你帮助李师傅做出正确的选择，你会怎样建议？

（学生以学习小组为单位进行讨论，每组选派一名同学发表自己的观点，另一名同学指出其他小组的不足，并进行归纳总结。教师适时引导点拨，并对表现较好的小组颁发"胜利图标"）

生：（略）

师：同学们对就业中存在的错误观点进行了纠正，对如何解决就业问题都提出了很多好办法。下面，我们一起总结一下。

课件展示：如何解决就业问题

（1）国家层面

①根本途径：国家要大力发展经济，不断增加就业岗位。

②就业政策：

党和政府实施积极的就业政策，努力改善劳动就业和自主创业环境。

（2）劳动者层面

劳动者自身也应该发扬艰苦奋斗的精神，提高自身素质和职业技能。树立正确的择业观念：

①树立自主择业观。

②树立竞争就业观。

③树立职业平等观。

④树立多种方式就业观。

师：从个人角度来说，只有树立了正确的就业观念，并不断提高自己的素质和技能，才可能找到满意的工作。李师傅是否找到工作了呢？

课件展示：（《李师傅故事》第三集）李师傅在大家的帮助下，转变了就业观念，去这家私营企业上班了。工作的第一天，老板就对他提出了严格要求：公司忙时必须加班，不少于 12 小时；30 岁以上的员工不得参加公司的培训学习；前三个月的工资作为"防跳槽"的保证金；养老保险、医疗保险、失业保险均自己缴纳。李师傅满脸沮丧，为什么会是这样？

探究问题：

（1）劳动者的权利有哪些？

（2）该私营企业老板侵犯了工人的哪些权利？

（学生以小组为单位，合作探究，不同小组之间展开竞争，教师引导）

课件展示：劳动者的权利

（1）平等就业和选择职业的权利；

（2）取得劳动报酬的权利；

（3）休息、休假权；

（4）取得劳动安全卫生保护的权利；

（5）接受职业技能培训；

（6）享受社会保险；

（7）提请劳动争议处理的权利；

（8）法律规定的其他权利。

师：在我国，劳动者依法享有八项权利，现实生活中侵犯公民合法权益的事件也时有发生。那么，我们又该怎样维护自己的合法权益呢？

课件展示：（《李师傅故事》第四集）一个月，两个月……半年过去了，李师傅的工资还没到手，他很失望，也很生气，经常无故旷工以发泄心中不满。后来，他又找到十余名和自己遭遇类似的工友偷偷砸坏了公司的机器，致使订单无法按时完成，损失巨大。老板一纸诉状将李师傅告上了法庭。

探究问题：

（1）你如何评价李师傅的行为？

（2）怎样维护劳动者的合法权益？

（3）如果你是法院法官，你将如何判决？

（学生在小组内部合作探究，小组之间展开竞学；教师引导、点拨，并给优秀小组颁发"胜利图标"）

师：作为新时代的劳动者，我们不仅要有较高的劳动技能，而且必须具备正确维护自己合法权益的本领。维护劳动者合法权益该如何做呢？

课件展示：维护劳动者的合法权益要做到：

（1）国家：党和政府在扩大就业的同时，还要规范、协调劳动关系，依法维护劳动者的权益；劳动法规定了劳动者的各项权利，是保障劳动者主人翁地位的前提，是调动劳动者积极性的保障。

（2）劳动者：

①前提基础：自觉履行劳动者义务。

②重要依据：依法签订劳动合同。

③正确途径：协商、投诉、申请调解、申请仲裁、起诉。

④正确选择：合法手段、法定程序。

课件展示：（视频资料《维权道路多艰难》）河南农民工张海超在工作中不幸患上了"尘肺病"，维权无望的情况下，毅然"开胸验肺"，终获职业病赔偿 61 万元。

师：尽管维权的路途充满艰辛，但是每一个心中充满阳光的人都坚信：山重水复疑无路，柳暗花明又一村。这两天，李师傅的心情特别好。请看：

课件展示：（《李师傅故事》第五集）

2010 年 10 月 28 日这一天，李师傅格外高兴，他打开电视，看到了这样一则新闻：历经了三年，审议四次的我国《社会保险法》终于在十一届人大十七次会议上通过，此法关系到亿万劳动者的切身利益，规定国家建立基本养老、医疗、工伤、失业、生育保险，劳动者维权又多了一个有力的武器。

探究思考：

（1）此法律的通过有何意义？

（2）还有哪些保护劳动者合法权益的法律？

（学生以小组为单位进行讨论、交流，选派代表阐述观点，

教师引导点拨）

师：随着我国法制建设的不断推进，有关劳动者权益保护的法律、法规将会不断完善，劳动者的手中必将有更多的法律武器。本节课的知识我们一起学习完毕，下面请同学们将本课的知识进行总结。

生：（略）

课件展示：课堂小结

师：找到一份理想的工作是我们每一个人的愿望，我希望同学们都能树立正确的择业观，做出正确的职业选择，并希望大家在工作岗位上放心、舒心，做一个幸福而优秀的劳动者！

最后，让我们满怀对职业的崇敬共同朗诵诗歌《让我们放歌》。

四、实践作业

根据自己的实际情况，写一份自己将来的职业规划。

五、教学反思

（1）本节课的教学设计独具匠心，采用了自拍"连续剧故事"的方式，用"李师傅"一个主人公的故事贯穿整节课，增强了课堂的连贯性、可视性和吸引力，大大提高了学生的参与度，激发了学生参与教学的热情，课堂气氛空前高涨，教学效果很好。

（2）采用"小组竞学"模式，以学习小组为单位，将竞争机制巧妙地引入课堂，充分发掘学生的潜力，发挥学生的主动性、积极性，锻炼学生的思维能力、归纳能力，培养学生的竞争意识、合作意识、团队意识，使学生获得全面发展。

Ⅳ "问题导学"的设计与实施

——以"市场配置资源"为例

在传统的知识灌输的教学模式中，作为教学主线的问题是遁隐的，有别于此，在自主合作的教学方式中，问题是居于基础、核心、关键的位置，是教学的动力、起点并贯穿于教学全过程。教学过程即是提出问题、分析问题、解决问题的过程。自主合作教学方式中的"问题导学"，是要把教师的"导"和学生的"学"有机结合起来，充分发挥学生的主体作用和教师的主导作用，而这有赖于问题的合理设置和解决。在问题导学的实践过程中，需要将问题导学串联教学知识内容，契合教材内在知识逻辑和学生认知结构的特点。在此，以人教版《经济生活》第九课第一节题"市场配置资源"为例，略谈问题导学的设计、实施和反思。

【导入新课、学习新课】

情境一：随着人们生活水平的提高"吃"的境界已经不局限于"饱"了，吃得放心、健康、营养显得更为重要。前几年崭露头角的高端土猪肉受到市民的追捧。现在广州的年消费生猪达到 650 万头，而包括品牌、杂牌在内的土猪每天合计供应约 1800 头。

提问：

（1）假设广州市民中有 40% 人愿意持续消费土猪肉？与如今土猪供应是否有差距？

（2）以上计算结果反映了经济生活中存在怎样的矛盾？

（3）请你针对土猪资源与需求之间的矛盾制订牛奶分配方案并说明理由。

小结：通过计算发现，资源的相对有限，而人类需求的无限性，所以需要合理配置资源，可以选择计划和市场两种方式，市场在资源配置中起基础性作用的经济就是市场经济。

（设计意图：情境一既是导入新课，又是学习新课，利用贴近广州学生实际的土猪一号作为主题，激发学生的参与意识、表达意识）

情境二：中国每年的猪肉年销售额达上万亿元人民币，仅广州市至少有80亿元。可以说品牌猪肉市场"广阔无边"，品牌土猪供给不足，价格提升空间很大。

提问：

（1）作为一位有眼光、敏锐的投资者，你捕捉到哪些市场信息？你会如何做？

（2）如果你是"一号土猪"的老总，面对其他土猪供应商的竞争，有何制胜妙招？

小结：市场通过价格、供求、竞争来进行资源的合理配置。市场通过价格涨落，及时、准确、灵活反映供求关系的变化，面对市场竞争，调整生产经营活动，推动科技和管理进步，提高劳动生产率。

（设计意图：主题一致不偏离，承接情境一的分析问题，情境二侧重于解决问题，在解决问题的过程中深化对"市场调节的优点"的认识）

情境三：有一段时间，猪肉的价格很高，于是一些猪农为了使自己的猪提早上市、降低成本、卖上好价钱，使用不该用的"瘦肉精"。这些猪虽然肥肉少、瘦肉多，但食用后直接危害人体健康。还有不少地方的养殖户改养生猪。没过几年，猪肉大量积压，价格直线下降，不少猪农都亏本了。

提问：

（1）为什么会出现这些违规行为？

（2）这对我国生猪行业发展有何影响？

（3）如何解决生猪行业发展中存在的问题？

小结：市场调节不是万能的，有调不了和不让调的地方，市场调节存在自发性、盲目性、滞后性等弊端，所以要用法律和道德来规范市场秩序。

（设计意图：承接情境一、二，通过市场中出现的违规行为，让学生懂得市场调节也有缺点，树立辩证思维的逻辑，同时加强法制意识、道德意识的教育和认同）

【课堂总结】

市场作为资源配置的一种手段，我们要充分发挥市场调节的优点，同时又要克服其缺点，综合法律、道德规范市场秩序，让市场更好地配置资源。市场的缺点能否完全克服呢？如果不能的话那又该怎么办？这和我们的下一节题知识点相关。

以上就是"市场配置资源"的教学设计，相关课程标准是这样表述的："阐释市场是资源配置的基础，分析用法律和道德规范市场秩序的重要性，阐明发展社会主义市场经济的意义。解析政府在市场经济活动中发挥作用的典型事例，说明发展社会主义市场经济离不开国家的宏观调控。"结合教材内容，本课内容围绕市场这一主线展开，了解资源配置的基本手段、市场经济的含义、市场规则的基本形式；理解合理配置资源的必要性、市场配置资源的具体机制、建立健全社会信用制度的必要性与主要内容、市场调节的局限性；知道市场配置资源的优点，懂得规范市场秩序的必要性。全面认识市场配置资源优缺点，针对市场调节的局限性提出合理化建议，把握市场机制有效发挥作用的具体条件。树立有效利用、节约资源的观念；自觉遵守、维护市场秩序与规则；养成诚信为本的良好个人习惯和道德品质。这就是我们进行自主合作的教学方式"问题导学"的依据，契合本节题教学内容，设置了三个教学情境，每个教学情境设置两到三个问题不等，问题设置力争一脉相承，环环相扣，让学生体验和思考，力求避免材料的堆积，使其与教材知识融为一体，为课堂教学的有效进行奠定基础。

第一，情境与问题的合理设置。在教学过程中，情境的创设是建构主义特别强调的，当然也看重学习者的主动性和积极性。波莉亚曾说过："学习任何知识的最佳途径是由学生自己去发现、讨论问题。"特别是在有限课堂时间内要达成相关课程目标，情境与问题的合理设置显得至关重要。教师在创设情境问题时必须考虑两个方面：一是教材的逻辑，二是学生的逻辑。从新教材的模块名称上，我们可以看到新教材的编写特别注重生活化，这种注重生活化的逻辑可能导致前后知识的孤立，因此需要教师依照知识的内在逻辑进行合理整合。教学的最终目的主体是学生，知识的整合、情境与问题的设置根本标准在于学生，要契合学生的生活实际，符合学生现实认知特点，问题要有一定的梯度性。在这一个节题的教学设计中，并未完全按照课文的顺序，而是将第三目提前，在学生充分认识市场调节的优点、缺点之后，再做出解决的对策。资源有限→需要合理配置资源→基本手段：计划、市场→市场调节有优点、缺点→规范市场秩序。在三个情境的创设中，只选用了一个为广东学生所熟知的"土猪一号"主题，希望能引起学生的关注与兴趣，一例到底，保持意义的完整和教学的流畅。

第二，知识与能力的自然生成。课堂教学从来都不应是教师的"独角戏"，按照建构主义的学习观点，学习不是教师在一般意义上向学生传授知识的过程，而是学生建构自己知识体系的过程。此过程的有效达成，需要师生良好互动。通过教师创设情景让学生产生体验动机，互动体验包括"角色内"体验和"角色外"体验。"角色内"体验是学生融入情境的角色进行直接体验，

"角色外"体验是学生从第三者的角度去分析情境进行间接体验。"角色内"的体验主要集中在情景一和二，在情境一中，通过大家的简单计算发现资源不足，需要进行资源的合理配置；在情境二中，在发现商机、捕捉商机的过程中自然生成市场调节的优点的知识，提升解决问题的能力。在情境三中，学生以第三者的角度去分析情境进行间接体验是一种"角色外"体验。

由于学情差异很大，为尊重不同学生的差异，可以将互动分为显性互动和隐性互动。显性互动的学生主体主要是那些有一定基础又愿意公开表达、展现能力的学生。一些性格内向或者准备不太充分的学生虽有表达的意愿，但由于种种原因而没有直接参与公开表达的，则适合隐性互动。比如情境一的第一、二个问题，大家都可以动手算，也不用得出太精确的答案，用隐性互动这一种形式，既倾听了这些学生的意见，又可以保护他们直接参与课堂体验和践行政治生活的热情。知识与能力的获得有赖于师生互动，这与人的身体自然生长过程不同，正如R·M·加涅所言"学习是可以持久保持且不能单纯归因于生长过程的人的倾向或能力的变化，这种变化可能常常是能力的提高，也可能被称为态度或兴趣或价值倾向的变化"。

第三，情感的有效升华。在思维过程中必然会有情感的参与，良好的情感是促进学习持续的动力和保障之一。情感不能单纯无意义存在，必须依附于对一定的社会现实的解读、批判反思的基础之上。情感目标的达成必须依附于具体的情境问题及落实知识的过程的方法上。学生通过情境一、二得知市场调节是一种富有效率的资源配置手段，在情境三中了解市场调节的缺点后，增加防范市场风险，认识到诚信为本、操守为重的良好个人习惯对于规范市场秩序、解决市场调节缺点有良好的作用，从而坚定坚持社会主义市场经济的信心。这是课程设置的情感目标，不仅限于此，这种情感对于学生自身成长也是有利的。

V "主题背景问题链"提高政治课堂教学的有效性

——以《征税和纳税》教学设计为例

一、教学设计理念

新课程改革致力于实现从以"教"为中心向以学为中心转变，"主题背景问题链"即根据新课程标准、考试说明的要求和学生实际，由教师科学设计出课堂教学的核心问题，形成该课时教学的主题背景，在此基础上，科学设计由浅入深的问题链，形成有利于学生合作互动探究的情境与问题，以便帮助学生在互动教学中生成理论观点、提高学生觉悟和素养，实现高效互动学习。在《征税和纳税》一课的教学设计中，以"老张的辉煌期、困境期和反思期"这一主题背景为基础，"以解决问题为中心，通过发现问题、生成问题、分析问题、解决问题等步骤去实现高中思想政治课教学的三维目标，注重问题之间的相互衔接，环节上的紧密相扣"，有助于学生理解与把握教学重点、难点，取得了良好的教学效果。

二、教学目标分析

1. 知识与技能目标

了解税收的含义、基本特征以及违反税法的四种主要行为；理解依法纳税是公民的基本义务。

2. 过程与方法目标

培养学生通过自主学习、小组合作学习掌握增值税和个人所得税的计算方法，以及在分析两个税种的计算方法的过程中理解这两个税种的作用。

3. 情感、态度与价值观目标

认同我国税收的性质，自觉依法诚信纳税；以主人翁的态度监督国家对税收的征管和使用，同违反税法的行为作斗争。

三、教学重点与难点

重点：税收的基本特征及其相互关系。

难点：依法纳税是公民的基本义务。

四、教学过程

【情景导入】

【第一篇：辉煌期】

五年前，老张开办一家服装厂，自己经营努力，市场环境也好，很快成了区里的纳税大户，风光得很啊！老张的服装厂接受了某单位的委托，生产颁奖礼服。为了生产这批服装，该厂向纺织厂购买了 80 万元布匹。（注：纺织厂在销售这批布料时已缴纳增值税，并在开具给服装厂的增值税发票上明示）服装厂按时交货，该单位付给服装厂 130 万元。车间主任小王的当月工资和奖金达到了 8000 元。

合作探究 1：上述材料中，服装厂要缴纳多少增值税？小王要缴纳多少个人所得税？从中可以看出这两个税种各起到什么作用？

设计意图：通过具体案例，引出增值税、个人所得税两大税种，从个别（具体税种）上升到一般（税收），培养学生自主学习、合作学习以及分析、解决具体问题的能力。

目标达成预测：学生通过自主学习、小组合作学习应该能够掌握增值税和个人所得税的计算方法，教师应指导学生在分析两个税种的计算方法的过程中理解这两个税种的作用。

【第二篇：困境期】

受到全球金融危机的影响，老张的服装厂订货量大减，原材料价格也很高，钱也赚不来，烦死了。想来想去，他最后把主意打到税收上去了，找到税务局，向局长提了三个要求。

要求1：能不能给我们企业的税收打个折啊。

要求2：如果不能打折，我也就实在交不起了，我就不交了。

要求3：实在不行，你们税务部门给我提供银行贷款的担保，我贷出来再交税。

合作探究2：老张的三个要求税务局局长能办到吗？为什么？

设计意图：老张的三个要求，税务局长都办不到，因为它们和税收的基本特征相悖。在分析老张的三个要求过程中，培养学生自主学习以及合作交流、语言表达能力。

目标达成预测：在自主学习以及合作学习后，学生应该能够从税收的基本特征方面分析问题。

模拟现场：

面对这次困难，老张没有把注意力放在改善企业的经营管理这一根本问题上，还是把主意打到税收上，他召集厂里的几个所谓的得力干将商讨对策，想了几套方案。

甲说：做两套账。一套是内部账，一套外部账，发票尽量少开，能不开就不开，多隐瞒收入。

乙说：拖，拖死他，来了就说没钱。

丙说：我们多报些出口货物价格和数量，多弄一些出口退税款。

丁说：张总，没关系，税务人员来时，交给我们保卫科，轰走他们。

合作探究3：对上述四种做法，选择其一谈谈你的看法。

设计意图：引导学生在分析甲、乙、丙、丁四人的方案的过程中掌握四种违反税法行为的特征。

目标达成预测：能够分析他们的行为都是违反国家税法的，要受到法律的制裁，同时能够在老师的引导下得出作为一名公民应该要树立依法纳税的意识和增强税收监督意识。

【第三篇：反思期】

最后，因暴力抗税，老张被判有期徒刑一年。提起这次被判刑的经历，他还是有些愤愤不平。老张的一些偏激想法在当今社会，特别是在一些企业主中还有一定的代表性，现在把他的一些偏激想法发表在博客上以供大家讨论。

"钱是我辛辛苦苦赚的，交给国家，我一分好处都没有得到！"

"交上去的钱也不知道去哪里了，交了也是白交！"

"我已经交了那么多的个人所得税了，这次判决对我实在不公平！"

合作探究 4：如果你是博友，请你跟帖发表你的观点。

设计意图：设置一些价值观相互冲突的背景材料，学生在合作学习中，通过师生、生生互动，分析各种价值观念背后的利益关系，认清各种价值观念的实质，树立自觉依法诚信纳税的观念。目标达成预测：学生会从以下几点回答：

（1）税收取之于民、用之于民；

（2）作为一个合格纳税人，我们不能仅仅交钱就完事了，我们还要有现代社会应有的公民意识，积极关注国家税款的征收和使用；

（3）企业家应该要有社会责任感，要有回馈社会的道德情怀。

课堂总结：

在我国，税收取之于民，用之于民。各种偷逃税款的行为实质是偷盗国家资产，吸吮人民的血液。我们一定要树立纳税光荣意识，这也是现代民主社会下，公民所应具备的基本素养。同学们，今天大家都谈得非常好，也谈得非常深刻，老张的歧路人生，给了世人一个警示！如果他今天有幸能参加我们课堂的学习，聆听大家的讨论，必然深有感悟。

五、教后反思

本节课积极探索以"主题背景问题链"为主线，整合课堂教学资源、优化课堂教学结构，提高政治课堂教学的有效性，致力于实现新课程改革所要求的从以"教"为中心向以"学"为中心转变。"主题背景问题链"的核心在于互动探究，而互动探究有效进行的关键在于设置"真问题"，进行"真讨论"。所谓"真问题"，要求设计的问题来源于现实生活，与学生的认知水平相衔接，问题设置有层次性，由浅入深，移步换景，水到渠成，形成有利于学生合作互动探究的情境链和问题链；同时设计的问题要有思维张力、具有发展性，学生在讨论中有收获，知识、能力、水平得到提高，探究过程体现合作的必要。

Ⅵ 高中政治《价格变动的影响》教学设计

一、设计理念与思路

【教学理念】

在整个教学活动的设计中立足于学生的现实生活经验，注重用生活化的情境来呈现问题，提供学生探究的平台和路径。这样处理教材，符合新课程生活化的理念，以学生"学"为主，学生在一定的情境与社会经济背景下，借助教师和学习伙伴帮助，利用必要的学习资源，通过知识建构的方式而获得的，贴近现实、贴近生活、贴近社会，从现象到本质，从具体到抽象，从个性到共性，从感受到认知，符合学生的认识秩序，使学生在更轻松的学习环境下达到教学目标。

【教学思路】

（1）回归生活世界。力求从学生已有的生活经验出发，通过案例分析、资料阅读、图片欣赏、实践探究等，架设生活与教材的桥梁，引导学生主动参与，让他们在真实情境体验中生成知识，而不是呈现现成的知识。

（2）强调学生的主体性，关注学生的全面发展。学生是教学活动的主体，是课堂的主人，所以应该充分发挥他们的作用，让他们在积极参与、快乐体验中关注生活，关注社会，进而提高学生的综合素质。

（3）构建开放互动的课堂。在教学过程中实现教与学的交往、互动。师生双方相互交流、相互沟通、相互启发、相互补充，教师与学生分享彼此的思考、经验和知识，交流彼此的情感、体验与观念，丰富教学内容，求得新的发现，从而达到共识、共享、共进，实现教学相长和共同发展。

二、教材内容地位简析

《价格变动的影响》是人教版新课程《经济生活》（必修）教材的第一单元第二课《多变的价格》的第二节，在理论方面是承接了第一节介绍影响价格的各种因素之后的一个新的内容。《影响价格的因素》承接前面"价格是价值的货币表现"，后面是"价格变动的影响"，它在整个教材中起承上启下的作用，为以后《经济生活》的学习打下牢固的理论基础，因此，本节题在《经济生活》中具有不容忽视的重要的地位。本课出现了许多新的诸如"生活必需品与高档耐用消费品、相近替代品与互补商品"等新名词，这对任课教师的专业理论水平是一个很大的挑战。因此在处理教材之前，首先是教师如何更新自己原有知识体系的问题，其次是任课教师如何引导学生能够利用这部分的知识对生活中的价格变动带来的种种现象进行解释和应用，从而达到知行的统一。

三、教学重难点判断

【重点】价格变动对人们生活的影响——价格变动对互替产品和互补产品的消费量的影响。

【难点】价格变动对人们生产的影响——价格变动是如何影响市场和企业调节生产。

【原因分析】因为课程标准中本节的重要内容目标就是"评述商品和服务价格的变化对我们生活的影响"而价格变动对人们生活、生产的影响这一知识点对实现这一内容目标具有重要意义；另外该知识点比较贴近学生生活实际。"价格变动对生产经营的影响"应该是本节的难点，因为价格变动对生活的影响在学生平常生活当中存在比较普遍，而生产经营在高中学生的世界里比消费和购物要远一点，所以从知识本身的逻辑和学生自身的认识水平看，这一知识点应该算是难点。纵观第二课的两节，第一节为重难点，第二节的总体难度要远低于第一节，学生在掌握了第一节的基础上来学习第二节的内容总体上是没有问题的。

四、教学目标预设

【知识目标】

（1）了解互为替代品、互补商品的含义。

（2）理解价格变动后，理解三种情况下，对商品的不同需求。

（3）识记价格变动，企业的应对策略。

【能力目标】

（1）培养学生在经济生活中正确进行消费选择的能力。

（2）提高学生参与经济生活的能力。

【情感、态度与价值观目标】

通过学习，提高学生的竞争意识、效率意识；科学消费、合理消费的意识。

五、教学策略与手段

本课教学过程以教师创设情境、设置问题、师生共同探究作为基本模式。通过创设相关情境、设置探究活动提高学生的学习热情与学习兴趣，增强学生对知识的探究欲望，提高学生获取信息和解决问题的能力。教师在教学过程中作为引导者、促进者与参与者，在学生学习过程中提供必要的指导，营造民主、开放的教学空间。在整个教学过程中，要贯穿情境教学法、自主探究法、合作探究法和教师讲解相结合的教学方法，教师注意启发、引导，学生坚持自主阅读、思考，讨论、交流学习成果。

【教法】案例情境教学法、讲授法、问题探究法、讨论启发法、温故知新法、多媒体教学法、直观演示法、（表格）对比分析法。

【学法】自主学习法、合作探究法、小组讨论法。

六、教学过程设计

（一）导入新课

【教师活动】

（1）教师引导回顾：简单回顾上节课的知识要点（可以采取提问的方式），询问学生家庭调查结果（家庭是如何对待价格变动的）温故知新式导课。

（2）教师导语：根据回答情况，通过上节课的探究，我们知道价格在日常生活中受供求的影响围绕价值上下波动，那么价格的变动有什么意义呢？今天就让我们一起走进……，一起探究价格变动对我们的生活和生产带来的……

（3）引出节题。

【学生活动】

聆听、思考、回答、讨论老师所提问题与教师互动。

【设计意图】

温故知新，设置问题情境，利用课前调查结果导课，激发学生浓厚的学习兴趣，引发学生注意思考。

（二）讲授新课

【教师活动】

总体思路：案例情境（探究活动）+ 问题。

（1）探究活动：青奥会特许商品专卖。

①设问：如果，让你选择一件商品作为纪念，你会选择哪个呢？

②教师引导提问启发，学生分组讨论、回答。

A. 公布价格（一般规律）

B. 汽油价格上升，汽车（互为替代品）

C. 青奥会特供大米、iPhone3 大降价（生活必需品、高档耐用品，互补商品）

（2）PPT 展示探究结果。

内容分三部分；第三部分用表格和升降符呈现。

（3）过渡语：小结一下，其实价格变动对人们生活的影响是通过影响人们对商品的需求量来实现的，那么对生产呢？

【学生活动】

观看 PPT、阅读教材，填写教案表格，聆听、思考、讨论问题，与老师、同学互动，回答问题。

【设计意图】

设置案例和问题情境，启发式教学，提出问题，引发学生思考讨论回答，师生互动，生生互动，环环相扣，在讨论交流中生成、建构知识，突出重点。

【教师活动】

（1）探究活动：你来当老板。

材料：空调市场开始需求量大，厂家纷纷生产，20 年后趋于饱和，×× 公司接连亏损……假如你作为本公司老板，你会怎么办呢？

①提示（结合前面供求、价值、使用价值）回答结合影响价格的因素。

②教师引导，学生分组讨论、回答。

③根据学生回答，教师引导总结：

A. 人无我有（集合流程图）供求

B. 人有我优（价值）

C. 人优我转（使用价值）

（2）根据师生讨论探究结果 PPT 展示三条，引导学生明白价格对生产的影响是通过影响企业对产品的供求量来实现的。

①需求曲线：价格与需求（反比）。

②供给曲线：价格与供求（正比）。

③补充：CPI。

（3）当堂练习（"涨"声下的你做何反应）。

材料：2007 年开始的价格上涨（猪坚强、豆你玩、蒜你狠）。

①设问：当时你的家庭对猪肉涨价做出了什么样的反应？运用经济生活说明理由。

②教师引导，学生分组讨论、回答。

【学生活动】

观看 PPT、阅读教材，填写教案表格，聆听、思考、讨论问题，与老师、同学互动，回答问题。

【设计意图】

设置案例材料和问题情境，启发式教学，提出问题，引发学生思考讨论回答，师生互动，生生互动，环环相扣，在讨论交流中生成、建构知识，突出重点，突破难点（分散难点，各个击破）。

（三）课堂小结

（四）当堂练习和课后作业

（1）写一份建议书：在国际石油不断上涨的情况下，买家、（厂家、商家）该如何应对才是明智的选择？

（2）分层次性，预习下节。

Ⅶ　高中政治综合探究课的开展与实施
——《正确对待金钱》教学设计

一、教学目标

（1）知识目标：巩固和深化第一单元所学的知识，例如：货币的本质、职能，根据价格变动和收入增减合理安排经济生活等。

（2）能力目标：培养学生收集相关资料、筛选信息的能力及剖析各种观点的思维辨析能力。

（3）情感态度价值观目标：在分析、比较和感悟的基础上，认同正确的金钱观；在共同学习的活动中，体会合作探究的愉悦，学会分享和合作。

二、教学重难点

探究金钱的作用及树立正确的金钱观。

三、教学方法

调查法、举例法、谈论法、小组探究法。

四、教具实验

多媒体教学。

五、设计意图

金钱是什么？金钱能做什么？金钱应怎么获得？金钱应怎样使用？第一单元的综合探究围绕这些问题展开，通过对这一问题的探究，使学生树立正确的金钱观。主要基于以下考虑：

（1）金钱观与本单元内容有内在的联系，可以说是联系三课书基本内容的纽带。探究正确对待金钱，有助于学生更好地学习理解本单元的知识。

（2）正确对待金钱，在高中生的成长过程中十分重要。市场经济条件下，人民生活水平不断提高，高中生有更多的机会与货币打交道。通过对这一问题的探究，可以避免他们陷入拜金主义误区，使其树立正确的金钱观。

（3）这一问题可操作性强。对金钱的看法，在社会上可谓众说纷纭。收集社会上关于金钱的观点和行为表现，并对它们进行争鸣、分析，有助于提高学生的思辨能力，提高思想政治素质。

六、探究活动

（1）将全班学生分成六个小组：第一小组的同学负责收集我国古代有关金钱的看法；第二小组的同学负责收集我国近代人民有关金钱的看法；第三小组负责收集各种典型事例；第四小组负责收集外国人的金钱观；第五、六小组做问卷调查并汇集调查结果。

（2）各小组各负其责，将自己收集的资料进行整理，把整理的结果制作成幻灯片，不是简单地汇集收集的观点、事例，而是要汇报自己对这些观点、事例的看法，以备课堂展示之用。

（3）第五、六小组在教师的指导下，事先编写有关金钱观的调查问卷，将问卷发给周围人填写，将问卷回收后进行统计分析。

（4）全班探究课后，整理出一份探究成果，制作一期板报。

（5）每个小组的成员对小组内其他成员在小组合作学习时的态度、贡献进行评价。

七、教学过程

（一）教师导入：诗朗诵

金钱既是天使，又是魔鬼。取之有道时是天使；取之无道时是魔鬼。

金钱一半是天使，一半是魔鬼。满足正常需要的金钱是天使，满足欲念膨胀的金钱是魔鬼。

金钱有时是天使，有时是魔鬼。靠勤劳聚起的金钱是天使；作为培养庸人的温床时它便成了魔鬼。

金钱适度时是天使，失度时是魔鬼。

金钱一面是天使，一面是魔鬼。当金钱能够拯救人的生命时，金钱站在那儿就成了天使；当金钱葬送了人的灵魂和生命时，金钱就化作了魔鬼。

古往今来，有人视金钱如粪土，有人认为钱能通神；有人说金钱是魔鬼，也有人说金钱是天使。那么，金钱到底是什么？钱能做什么？金钱应该怎样获得？钱应该怎样利用？我们今天就来听听同学们调查探究后的看法。

（二）学生分小组展示探究成果

（1）第一小组：我国古人对金钱的看法。

一清二白、藐视金钱：杨震鲁褒。

崇尚金钱例子：和珅。

正确对待例子：孔子、袁枚、张说。

俗语、名言："有钱能使鬼推磨""钱有两戈，伤尽古今人品""君子爱财，取之有道""富贵不能淫，贫贱不能移"等。

（2）第二小组：我国当代人对金钱的看法。

当然，对于金钱的看法也有很多种。在这里，学生把它们分成了两组：

①被金钱片面的表现所迷惑。

②在金钱面前保持清醒。

（3）第三小组：金钱观与消费观的典型事例。

正确的金钱观、消费观——代表人物（周恩来、居里夫人、华罗庚、王衍、捐献者）；错误的金钱观、消费观——代表人物（夏洛克、盗贼们）。

小组感悟：我们应养成正确的金钱观，正确地理解金钱的意义与价值，合理利用金钱，不要被金钱束缚，要做金钱的主人。消费观从根本上说是受国家经济发展水平制约，还受收入水平、物价水平、人口数量的限制，同时还取决于地方传统文化和伦理价值的差别。无论如何，我们都要树立正确的消费观，坚持科学发展观，适度消费，避免盲从，保持经济持续健康快速协调发展。

（4）第四小组：外国人的金钱观。

美国人的金钱观——举债消费、寅吃卯粮。

日本人的金钱观——崇尚现金、忌讳借债。

犹太人的金钱观——立足于挣钱而不是攒钱。

教师小结：

西方人与中国人金钱观的区别：①重视程度的差别；②表述方式的差别；③衡量标准的差别；④消费时间的差别；⑤理财手段的差别。

（5）第五、六小组：周围人对金钱的看法——调查报告。

调查结果：每个人的金钱观都不一样，造成差异的因素有年龄、成长年代、社会角色、家庭角色、家庭环境、个性、受教育程度等。大多数人都会被金钱左右，或喜或悲。我们应建立正确的金钱观，金钱究竟是魔鬼还是天使不在于金钱本身，而在于人们对金钱的态度，要让金钱发挥其正确的职能，服务于我们，而不要做金钱的奴隶。

调查收获：在本次实践课的小组活动中，本组同学搜集相关报刊、书籍和网络资源来制作问卷，并用问卷进行了调查，将调查结果汇集、整理并进行统计分析，很好地完成了调查报告。这期间同学们积极完成任务，团结互助，其过程更培养了我们收集相关资料、筛选信息的能力，培养了我们剖析各种观点的思维辨析能力，并在分析、比较、感悟的基础上，使我们认识了正确的金钱观。

（三）探究评价

探究评价以教师为主，学生也可以参与。评价的内容与方式必须充分关注学生的学习态度，重视学习的过程与方法。教师客观公正、充满期待的评价能够激励和促进学生的有效学习。

（1）有助于更好地学习理解本单元的知识；

（2）逐步树立正确的金钱观；

（3）有助于提高学生的思辨能力，提高思想政治素质。

（四）作业

总结探究成果，出一期黑板报。

八、教学反思

教师对于普通方式的上课驾轻就熟，而对"探究课"则是陌生的，因为不仅缺乏跨学科的综合知识，而且教学活动的组织极易陷入课堂教学模式的误区。笔者第一次接触新教材，对"探究课"比较陌生，通过第一单元"探究课"——《正确对待金钱》的教学尝试，感触颇深。

成功之处：课堂上学生是真正的主体，无论从时间上还是内容上都能体现这一点，可以说把课堂真正还给了学生，学生主动参与、亲历过程、协同合作、发展个性，充分发挥了积极性，让智慧之花盛开在课堂上。教师在辅导学生的过程中，增长了跨学科综合知识，而且看到学生多才多艺的方面，真正做到了教学相长，受益匪浅。

整节课学生在展示的过程中，对本单元的知识进一步深化；逐步树立正确的金钱观；有助于提高学生的思辨能力，提高学生的思想政治素质。

不足之处：课堂的互动欠缺，形式应更多样化。

第六章　基于问题导学的政治生活教学设计

Ⅰ　如何激发学生的主体作用

——以《人民民主专政：本质是人民当家作主》为例

学生是教学活动的主体，也是教学发展的基本对象。教师的教最终应以学生的学习发展为宗旨和归宿，忽视对学生的分析和思考也就放逐了反思的意义和价值。重视学生的主体地位和作用，才能让学生动起来，才能提高课堂教学的有效性。

课堂教学的主体是学生，如何发挥学生的主体作用，下面以《人民民主专政：本质是人民当家作主》为例来说明。

一、巧设问题，启发思考

一切学问由问题产生，有问题才能引发思考。本课以学习奥运歌曲《国家》的歌词开篇，组织学生有感情地朗读歌词，并及时引导学生思考"我了解的国家知识"。学生在小组交流中总结出自己所了解的零散的"国家"知识，再由教师引导，分析归纳出"国家"相关理论。这种教学让学生在贴近生活的情景中，自主地建构知识，做到生活逻辑与知识逻辑的有机统一。然后展示我国公民民主生活的图片，让学生了解我国的民主，引导学习小组成员交流自己身边的民主生活实例，并提问："我国谁享有民主？他们享有的民主权利体现在社会生活的哪些方面？"这样的问题设置与学生生活密切相关，让学生有话可说，而且又能很好地将学生的发言引回到理论知识上来。

二、小组活动，自主发展

在课堂讲解我国国家性质理论知识中，以"我的中国我作主"为主题，组织开展小组活动。以新的一届人大会召开，记者采访来自社会各界的人大代表为背景，学生组内交流扮演社会不同职业的人民，结合自身生活及身边故事一起来说说我国人民充分享有的民主权利，从而让学生深刻理解我国人民民主专政的国家性质，探究我国人民民主的特点。教学过程深入学生生活，提高了学生参与政治生活的热情。

"我的课堂我作主"，让学生真正成为学习的主人。学生是"运动员"，教师是"教练员"乃至"陪练"。教师应该认清自己"教练员"的身份，把时间还给学生，把课堂还给学生，把方法教给学生。把课堂还给学生，给了学生一个展现自我的舞台，课堂所展现出的学生活动大放异彩。只要肯放手、敢放手，学生完全有能力理解课本，联系实际重塑课本。这样，既调动了学生的潜能，真正做到了理论与实践相结合，又在学生活动中自然而然实现了教学目标，促进了学生成长。

三、设置情景，落实目标

《人民民主专政：本质是人民当家作主》是一堂理论性较强、政治特点较浓的课，是一堂关于政治生活知识方面非常基础、在高一政治生活中地位又十分重要的课。如果教师让学生按理论到理论的方式学习，学生即使掌握了知识点，也只能通过死记硬背的方式来达到记忆。这显然是不符合政治课新课改教学宗旨的。

本课无论是新课导入还是导出原理，教师均可采用情境设置、材料引路、理在情中、情理交融的情境式教学方法。本课结合国际现实，通过贫穷和战争两幅图片，引发学生思考并交流：世界各国人民都充分享有民主权利吗？他们的人权状况怎么样？进而思考我国的人权状况，教师及时点拨引出我国的人权观点，使学生明确我国人权充分体现了人民民主的真实性，且在现实生活中，人民的民主权利得到日以充分的实现。在备感真切的情境下，学生观看《激荡三十年》这段视频，在此过程中，自觉地形成了情感态度价值观，认可和接受了爱国主义教育。教师是通过情境的创设和问题的引导以及亲身的体验与感悟，以潜移默化的方式，达到润物无声的效果。

四、注重预设，更重生成

学生在课堂教学过程中有教师预设以外的或从教师的预设中生发的情节或问题出现，一般被称为是课堂教学的生成性。课堂教学既需要预设，也需要生成，预设与生成是课堂教学的两翼，缺一不可。教师上课既重视预设，应更重生成。

在尊重和理解教材的基础上，也需要教师创造性地使用教材，要"用教材教"而不是"教教材"，促成教材资源生成、赋予教材新的生命。同时，要注重学生学习过程是一个自主建构而不是被动接受的过程。教师可以借助情境设计和启发式教学的形式，使内容更加丰富多彩，从而使自主学习、主动探究、合作探究讨论成为学生学习的主要方式，小组合作学习探究的形式趋于多样化。课堂上有热烈的小组讨论、创意十足的"人大代表采访"、有声有色的"新闻播报"、感动人心的"祖国，请听我说"……这些新的教学方法，引导学生自主学习，初步建构知识体系，再进行合作探究等方法，激发了学生学习的积极性和创造性，促进了课堂的有机生成。

课堂教学是一个动态生成的过程，再精心的预设也无法预知整个课堂的全部细节。在实际的课堂教学中，难免会发生诸多的意外，可能会给正常教学的进行带来一定的"麻烦"，但处理得当，何尝又不是珍贵的课程资源呢？教师将这些意外生成的资源适时地抓住并加以充分利用，将会产生更好的教学效果。有了这么多的精彩生成，这样宝贵的学生资源，我们的课堂才是动态性的、生成性的、真实的和富有朝气和活力的。

五、巧设活动，营造氛围

一个良好的课堂教学氛围是完成一堂课教学任务的必要条件，也是衡量一堂好课的重要因素。

在观看视频《激荡三十年》时，由于受到课堂氛围的感染，自然形成了热爱祖国、报效祖国的情感态度价值观。在这样的氛围中，学生思维是活跃的，身心是愉悦的，教学效果自然显而易见。在课堂最后，结合本地实际，给学生设置情境——请你以《我的中国心》为题，写一篇为我市民主政治建设出谋划策的建议书。将当堂所学知识融入生活，给予学生再一次理论联系实际、贴近生活学习的机会，有利于提高学生阐释知识、分析解决问题的能力。教育教学的发展没有终点，课堂教学实践的改进没有终点。面对课程改革的要求，我们应该更好地让学生发挥主体作用，这样课堂才会活起来！

Ⅱ "民主管理：共创幸福生活"教学设计

一、教学目标

（1）知识与技能：通过学习，学生能够识记和理解基层民主管理的意义和内容；能够比较村委会和居委会的异同。

（2）过程与方法：通过学习活动的开展，学生能够通过对生活的观察和思考，理解教材知识，概括总结知识体系；能够运用教材知识分析和解决现实生活中的政治事件和问题。

（3）情感、态度、价值观：通过创设的情境，学生亲历民主管理的过程，形成对民主管理的理性认识，提升参与民主管理的意识和能力。

二、教学重难点

亲历民主管理过程，感受民主管理的困难和重要，理解民主管理的内涵。

三、教学准备

（1）多媒体辅助教学，提高教学效益；

（2）学生分 8 个小组，为课堂活动展开做准备。

四、教学过程

（一）导入新课

【情境创设】三江村农村风景照片和村财务公开的照片。

【导入新课】同学们好，首先非常感谢大家和我配合共同度过 40 分钟。我来自成都南郊华阳的一个叫三江的村子。（展示三江村风景照片）由于城市的发展，2010 年村子拆迁，村民将变成城市居民。我发现进城后的父亲不仅没有闲下来，反倒更忙了。原来他当选了村民议事会成员，这使我对我们村的民主管理产生了浓厚的兴趣（展示照片，简单介绍了解的情况）。

【学生活动】进入情境，调动兴趣和情感设计意图：设置情境，激发学生的好奇心，为新课的展开营造良好的氛围。

（二）最广泛的民主实践

【情境创设】今年，三江村居民社区动工建设，父亲又开始和村委会和议事会的乡亲们规划以后的社会管理了。他们面临着这样几个方面的问题：

（1）制订选举方案，选举新一届村民委员会；

（2）制订住房分配方案，帮助居民合理公平满意地入住新居；

（3）制订社区管理条例，保证新社区的管理（环境维护、文化活动开展等）；

（4）制订监督条例，监督村委会工作。

【学生活动】下面我想请同学们帮我父亲出出主意，帮助我们村通过民主管理化解矛盾纠纷，保证公平正义，使全村人民过上幸福的生活。

【活动规则】全班分为 4 个小组，抽签决定题目，每个小组一个主题，然后按照主题顺序分享讨论成果。

根据情境设定和要求开展讨论，讨论结果记录在表格内。然后分组进行活动展示。

设计意图：通过老师准备的四个学案，创设清晰的情境，明确要求，激发学生参与热情，通过小组讨论的形式形成自己的方案。引导学生参与到民主管理中来。

1. 分组活动一：制订选举方案

【情境创设】全村 9 个村小组，总人口 1536 人，具有选举权和被选举权的村民 1279 人，要选举 5 人组成村民委员会。

【方案要求】

（1）选举规则公平，保证当选人代表全村大多数人的利益；

（2）选举过程透明，保证村民的监督；

（3）选举纪律明确，杜绝贿选、操纵选举等违法行为的发生。

【学生活动】小组同学根据创设的情境，讨论制订合理的选举方案。并在完成后派出代表在全班分享自己的方案。教师板书其方案要点；其他同学分析选举方案的优点与不足。

【要点归纳】根据《中华人民共和国村民委员会组织法》的规定，村民直接投票选举村民委员会成员。自己选举当家人，是村民自治的基础，也是村民参与民主管理的重要途径。

设计意图：通过小组讨论与分享，同学们会遇到民主选举中可能出现的各种问题。通过运用前课中民主选举的知识解决这些问题，理解本课中村民民主选举的困难、途径和意义。

2. 分组活动二：制订住房分配方案

【情境创设】新住宅楼共 2 幢，1 幢为甲户型，2 幢为乙户型，两户型面积一样，套数一样。村民对户型、楼层等有自己的喜好。

【方案要求】

（1）公平分配，避免暗箱操作；

（2）尽量满足居民对户型、楼层等方面的不同需求。

【学生活动】小组同学根据创设的情境，讨论制订合理的住房分配方案，并在完成后派出代表在全班分享自己的方案，教师板书其方案要点，其他同学分析住房分配方案的优点与不足。

【要点归纳】村民可以通过村民会议等形式发表意见，参与本村公共事务和公益事业的决策和管理。凡是涉及全村村民利益的事，都由全体村民按少数服从多数的原则决定。

设计意图：通过小组讨论与分享，同学们感受住房分配中不同主体利益需求的多元性，思考如何协调利益关系，作出科学合理的民主决策。进而理解民主决策在基层民主自治中的作用和意义。

3. 分组活动三：制订社区管理条例

【情境创设】村民刚刚转变身份，没有物业管理的观念，对公共环境卫生也缺乏责任意识。需要就公共环境卫生制订行为规范和管理方案，以转变观念，维护社区环境。

【方案要求】

（1）既能照顾大家的卫生习惯，又能移风易俗；

（2）保证社区居民有良好的卫生环境。

【学生活动】小组同学根据创设的情境，讨论制订科学的社区管理条例，并在完成后派出代表在全班分享自己的方案。教师板书其方案要点，其他同学分析管理条例的优点与不足。

【要点归纳】村民自治章程或村规民约等形式，是村民规范自己和村干部行为，运用民主的办法管理村里日常事务，实现"自己的事情自己办，自己的难题自己解决"的有效途径。

设计意图：通过情境创设，让学生感受基层民主管理中遇到的各种问题，在解决问题的过程中认识到民主对于基层管理的重要意义。

4. 分组活动四：制订监督条例

【情境创设】村委会每年会有一定数额的上级拨付公共经费，同时土地出租、村办企业等也为村委会提供了一部分资金，用于村民公共事务的支出。如何管理好村里的钱袋子，是村民热切关心的问题。

【方案要求】

（1）要保证资金用于村民的公共事务；

（2）防止村干部贪腐的发生；

（3）村民能够及时了解村财务的详细情况。

【学生活动】小组同学根据创设的情境，讨论制订科学的监督条例，并在完成后派出代表在全班分享自己的方案。教师板书其方案要点，其他同学分析方案的优点与不足。

【要点归纳】在村民自治实践中，广大村民创造了村务公开、民主评议村干部、村委会定期报告工作等形式，保证村民能够切实监督村民委员会的工作和村干部的行为，使村民自治逐步走上了制度化、规范化的轨道。

设计意图：通过情境创设，让学生体验民主监督在基层民主自治中的重要意义，思考民主监督的方法、途径。

5. 发展基层民主自治制度

【教师引导】谢谢同学们出的主意，刚才的活动，也让同学们经历了村民自治的过程。发展基层民主，是我国社会主义民主政治建设的重要内容，实行村民自治和城市居民自治，以保证人民群众依法直接行使民主权利，是人民当家作主最有效的途径。

【学生活动】刚才同学们了解了村民自治中包括的民主选举、民主决策、民主管理、民主监督四个方面的内容。下面请同学们阅读教材，看看城市居民自治具有哪些内容，完成下列表格。

设计意图：因为城市居民自治与农村居民自治在本质上相同，形式上相通，因此对于城市居民自治在这里以学生自学为主，教师只需清晰指出易混易错点就可以了。

（三）共建祥和文明社区

【教师引导总结】在广大农村，正是被我们普遍认为文化素养不高的农民在进行着最广泛、最深入的基层民主创新。民主与民众的觉悟密切相关，同学们更应该成为有民主觉悟的公民，为推动国家的民主进程贡献力量。

可能有同学会认为，我现在还小，连选举权都没有，怎么能参与民主建设呢？实际上，民主就在我们日常的生活中，我们现在要做的就是在民主的生活中培养民主参与的意识和能力（展示班级民主管理的活动照片）。只有民主的生活才能培养具有民主意识和民主能力的公民。希望同学们从班级生活做起，积极参与班级民主管理活动，逐步增强和提高自己政治参与的责任意识和实际本领。

设计意图：此处设计弱化了知识点，主要是因为学生可以通过自学理解教材知识。同时，强化了民主生活在现阶段学生生活中的重要性以及其对建设未来社会的重要意义。意图激发学生民主参与的意识，积极提升自己民主参与的能力。

五、教学设计说明

（1）学情分析：本教学设计针对的是高一年级文科班的学生，此阶段的学生已经具有了一定的理性思维能力，能够有效把握教材基础知识。但是，对学科知识的理解程度较低、能力还有待提升，对学科内涵和学科方法尚处于摸索总结阶段。针对这样的学情，本课的教学设计立足于以下几点思考：要通过动脑、动手培养学生对教材知识的理解和运用能力；要通过典型案例激发学生的兴趣，避免将民主管理讲授成远离日常生活的政治活动，要力求贴近学生生活，切实培养学生参与民主管理的意识和能力；强调学生的参与，不仅是思维的参与，更要有情感参与。

（2）教材分析："民主管理：共创幸福生活"一节是我国公民政治参与的重要方面，着重强调学生民主管理意识和能力的培养。本课主要涉及我国发展基层民主的意义，基层民主实践的重要组织——村民委员会和居民委员会，以及青少年应主动参与基层民主建设，共创和谐家园等方面的内容。从知识难度上看文科学生能够比较容易掌握，因此，本课的教学设计将知识略微弱化处理，以学生自学、老师总结的方式完成。本课要着力的地方是引导学生亲历民主管理的过程，在这一过程中感受民主管理的不易和重要性，养成民主参与的意识和能力。

（3）教学设计思路：本课的教学设计力求贴近学生生活，设置情境让学生全新融入。因此，我们选择一个基层农村管理的真实案例，围绕这一案例设置活动环节和问题，学生分小组分别解决不同问题。在这一过程中，让学生感受民主管理出现的各种矛盾、问题，寻找解决的思路，进而理解基层民主中民主选举、民主决策、民主管理、民主监督四个方面的主要内容。最后总结并引导学生理解民主就在身边，积极参与到民主管理中来。具体做法如下：

第一，积极创设情境，提出基于情境的核心问题，打造学思课堂。核心问题是贯穿课堂教学始终的根本问题，通过对核心问题的研究和解决，促使学生理解和运用教材知识。一个好的问题，必须来源于生活，基于创设的情境，利于调动学生参与和教材知识的整合。本课教学中，始终坚持通过情境创设将教材知识与社会生活紧密联系，我们选择一个基层农村管理的案例，围绕基层民主自治中民主选举、民主决策、民主管理和民主监督四个方面的问题创设四项议题，作为贯穿课堂教学始终的核心问题，围绕核心问题的解决开展学生活动。这样的教学方式可以激发学生的参与热情和兴趣，让枯燥陌生的教材知识变成鲜活的事例。在对问题的解决中理解教材知识，更重要的是感受我国基层民主自治的艰辛、创新和成就。

第二，通过学生分组活动的开展，激发学生兴趣，调动学生参与。学生是课堂教学的主体，师生在课堂教学围绕现实问题的解决展开多维的对话，而一个好的活动设计可以为这种对话提供宽广的平台。本课的教学中，围绕四个问题，分组开展学生活动，既保证问题的深入讨论，又提高课堂效率。对学生的分享，教师及时作出提炼、点评，从中概括出教材知识点。

第三，结合学生生活实际，引导学生感悟身边的民主。民主，不仅是一种政治理念和政治模式，更是一种生活方式。民主的素养只能在民主的生活中获得。如何提升学生的民主参与意识与参与能力？我们试图引导学生发现身边的民主问题，积极参与到身边的民主生活中去，学会在民主的生活中完善自己的人生，建构美好的社会。

Ⅲ　用好教材高效导学
——"民主监督：守望公共家园"教学设计

课本素材极具代表性，但因没有"悬念"或"过时"，往往被老师不加选择地舍弃，学生也没兴趣阅读。本课以教材提供的模拟化情境材料入手，然后通过案例续写的简约方式，腾出更多时间进行系列主题探究，既展示了一节"素课"的高效，又利于引导学生养成研读教材的良好习惯。

某乡农民刘某拉了一车西瓜准备去县城卖，途中碰到一伙歹徒拦路抢劫，一车西瓜被劫走了。无奈中，刘某跑到派出所报案。听了案情，值班民警说："现在已经下班了。再说，一车西瓜也不值多少钱，这事我们管不了！"然后扬长而去。该素材贴近学生"最近生活区"，也极具代表性，只因取之课本，往往被老师们直接舍弃。我则就地取材，以此导入并设问："此时的刘某会怎么想，又会怎么做呢？"然后顺势通过案例续写的方式，引导学生运用课本知识帮助刘某解决眼前的问题，取得了良好的效果。具体地说，在本课的导读、探究和拓展方面，我设计了以下六个主题。

主题一　监督权的内涵与外延

【案例续写】看着值班民警扬长而去，刘某非常生气："就这态度？我要去告你们！"

【问题设置】请依次回答：

（1）刘某打算去告值班民警的不作为行为是行使什么权利？

（2）在此之前，刘某向派出所报案的过程也是行使这一权利吗？为什么？

【设计意图】让学生准确把握监督权的内涵与外延，即"谁监督""监督谁"以及监督权所包括的具体权利等。

主题二　要负责地行使监督权

【案例续写】了解到刘某的情况，围观的行人也表达了各自的看法。一位行人说："作风太恶劣了，太不像话了，找几个人揍他一顿！"另一位行人则说："多一事不如少一事，你斗不过人家的，吃亏是福，算了吧。"

【问题设置】请依次回答：

（1）一个说"揍一顿"，另一个说"算了吧"，请问谁的观点对呢？

（2）实施民主监督有其基本的要求，你认为刘某应如何正确地去行使监督权？

（3）在生活中，总有一些人不能正确地行使监督权，你注意到了吗？请举例说明。

【设计意图】懂得公民不仅要敢于行使监督权，还要正确行使监督权，知道该做什么，不该做什么。

主题三 行使监督权的合法渠道

【案例续写】刘某也知道这两种方式都不妥，但到底怎么"告"，一时毫无主张。此时的刘某非常希望有人能真正地帮帮他，为他提供一些合法的维权（监督）渠道。

【问题设置】你认为刘某应该怎么办？请通过小组讨论，给出具体做法并说明理由，为刘某指点迷津。

【设计意图】通过自主学习和合作学习，从操作层面上了解行使监督权的合法渠道，为下一步制定可行的监督方案提供帮助。

主题四 制订可行的监督方案

【案例续写】听了我们的介绍，刘某可能已经拿定主意了。其实，行使监督权和做其他事情一样，首先要明确达到什么目的，然后再在可行的方案中选择一个最适宜的，最后努力付诸实施，即有一个"确定目标——备选方案——选择方案——实施方案"的过程。

【问题设置】假定刘某最终选择了信访举报方式来行使监督权，请按照上述步骤展开讨论并续写案例。

【设置意图】通过制定完整的监督方案，实现学以致用；通过案例续写，利于引导学生依法行使政治权利，提高学生参与政治生活的素养；此外，也迎合了中国人喜欢关注案例结果的心理。

【续写参考】刘某遭遇歹徒抢劫，损失了一车瓜，感到很窝火；在报案过程中，对值班民警的不作为行为非常不满，刘某决定为此讨个说法。刘某认为请人大代表出面解决问题是一种可行的方式，但人大代表通常是将意见形成议案上传到国家权力机关，这需要较长的时间。刘某又考虑到当地正在大力开展创建文明城市活动，如果通过媒体将此事捅出去，对地方的负面影响会比较大。最后，刘某在他人的帮助下直接到上级信访部门举报。有关部门非常重视，在查清事实后，值班民警被问责。派出所也很快破案，几名歹徒被依法惩处。

主题五　实行民主监督的意义

【问题设置】根据"续写参考"回答：公民依法行使监督权有何重要意义？

【设计意图】关注教材重点内容，从两个方面把握公民行使监督权利的重要意义。

主题六　课余拓展

【课本案例】某市交通局和财政局联合发布一个文件，规定市内每辆出租车一年增加车牌营运使用费一万元，用于出租车的管理。这一文件得到了市政府的批准。对此，出租车司机议论纷纷。

司机A：增加收费不合理，我们一起去闹闹。司机B：这个规定确实不合理，但我们应该依法行事，通过正当渠道反映情况。司机C：算了吧，反映有啥用？唉！别人能交，我也能交。

【问题设置】请你从《政治生活》角度设置两个问题，并认真作答。（提倡预习第二单元，围绕公民和政府两个主体从"原

因""意义"和"措施"等角度去构思命题)

【设计意图】引导学生研读教材,做好复习和预习工作,培养学生的问题意识,实现学以致用。

Ⅳ　关注时政　创设情境　共享探究式教学
——《国家关系的决定性因素:国家利益》教学设计

【教材分析】

本节课是人教版高中思想政治课必修②《政治生活》第四单元第八课第二节的内容。本节题下设三目,由"国家交往剪影""国际关系及其决定因素"和"坚定地维护我国的利益"三目组成,意在明确国际关系及其决定性因素的基础上,进一步认识中国通过坚持中国特色社会主义方向,抵制外国的干涉,维护我国国家利益。它是第八课第一节内容的延续,又与第九课知识联系紧密,在教材中起承上启下作用。

【教学目标】

(1)情感、态度与价值观目标:引导学生关心祖国在国际社会的地位和命运,增强民族自信心;培养学生热爱和平,树立维护本国利益与维护各国人民共同利益相统一的理念。

(2)能力目标:通过分析中法之间亲疏冷热、复杂多变的关系,培养学生透过现象看本质的能力以及自主学习、探索的能力;通过探究如何维护我国的国家利益,培养学生理论联系实际的能力。

(3)知识目标:通过学习,使学生了解国际关系的含义、内容、形式;理解国际关系的决定性因素是国家利益。

【学情分析】

在上一节的教学中,学生已经初步了解了国际关系中的主要成员、主权国家的权利和义务，但是对国际关系的分析缺乏明确而清晰的认识工具，因此，只有通过本节课的学习，才能真正认识到影响国际关系的因素。此外，作为青年学生，每个人都拥有强烈的爱国主义情感，但高一的学生对如何爱国往往停留在感性层面，所以，本节课还要帮助学生树立正确的爱国主义价值观，激发和强化学生的国际责任感。

【设计思想】

根据课程改革要求，政治教学应该贴近生活、贴近实际、贴近学生。本节课的教学从中法建交50周年出发，采取探究式教学方法，设置情境，充分发挥学生的主体作用，通过自主探究、合作探究，师生共同生成答案。

1. 从2014年习近平主席访问法国的行程导入，引出一系列国际活动，引发学生对国际时事的关注，从而体会到国际关系的内容是多方面的，形式是多种多样的。

2. 引导学生利用所学知识分析中法之间出现亲疏冷热、分离聚合的复杂关系，从而认识到国家利益是国际关系的决定性因素。

【教学重、难点】

重点：国际关系的决定性因素。

难点：如何维护我国的国家利益。

【教学过程】

一、设置悬念　导入新课

展示图片——2014年中法文化之春：小马、埃菲尔铁塔。

师：老师向大家介绍我的一位朋友，一匹可爱的小马，谁能说说它背后的故事？

师：老师给大家2个提示词——生肖、埃菲尔铁塔。

学生回答。（略）

师（小结）：50年前，法国是第一个向中国伸出橄榄枝的西方国家，50年后的今天，中国仍在积极开展全方位、多边的外交。大家一起来看这组图片。展示图片：《习主席对俄罗斯、坦桑尼亚、南非、刚果共和国进行国事访问》《习主席对土库曼斯坦、哈萨克斯坦、乌兹别克斯坦、吉尔吉斯斯坦进行国事访问》《习主席出访欧洲》。

师：习主席的访问行程涵盖了大国、周边国家、发展中国家三个领域，预示着新一届政府的外交一开局就是全方位的。同学们，进入21世纪，如果不了解国际社会、不会正确处理国际关系，就难以真正维护我国的国家利益。今天，我们一起来学习《国际关系的决定性因素：国家利益》。

（设计意图：借用图片，结合国际时政热点，自然轻松地导入，激发学生的好奇和兴趣，从而导出本课课题"国际关系的决定性因素：国家利益"）

二、情境创设　突破重难点

探究活动一：关注世界打开国际关系之门。

师：大家想一想，在刚才我们看到的习主席的外交访问的图片中，出现了哪些活动主体？

学生回答。（略）

（回答预设：主权国家、国际组织）

师：那么，我们能不能根据国际活动主体，给"国际关系"下一个定义？

学生回答。（略）

（回答预设：国际关系是指国家之间、国际组织之间以及国家与国际组织之间的关系。其中最重要的是国家与国家之间的关系）

展示资料：习主席访问法国，习主席访问联合国教科文组织总部，乌克兰危机。

师：请同学们指出这些材料分别反映了国际关系的哪些内容和形式？大家可以结合教材来理解。

学生回答。（略）

师（小结）：同学们，这些材料为我们打开了国际关系之门，国际关系的内容是多方面的，包括政治、经济、文化、军事关系等；国际关系的形式也是复杂多变的，竞争、合作与冲突是其基本形式。

师（过渡）：通过这些图片，我们眼前仿佛出现了风云变幻的国际社会。在众多的国际关系中，我们一起来看看有关中法两国关系的资料。

（设计意图：通过对图片的分析，归纳出国际关系的含义、内容、形式，可以增强学生的分析、判断思维能力，加深学生对"国际关系"这个概念的理解）

探究活动二：关注中法揭示国际关系之本展示中法两国关系的资料。（略）

师：在这些资料中，我们发现 2008 年底，时任法国总统萨科齐不顾中方的强烈反对，坚持高调会见达赖这个长期从事分裂祖国活动的政治流亡者，致使当时中法关系完全陷入僵局。然而在 2009 年 4 月，中法两国政府发表了《中法新闻公报》，法国方面在公报中表示，"拒绝支持任何形式的'西藏独立'""重申坚持一个中国的政策，坚持西藏是中国领土不可分割的一部分"。在法国政府做出了上述郑重承诺之后，经历了数月风雨的两国关系终于出现了转机。

师：同学们，我们思考一下：中法关系为什么会陷入僵局？法方为什么要主动修补两国关系？大家前后桌为一小组，讨论发言。

学生思考、讨论。(略)

教师根据学生回答，板书：法国总统干涉我国内政→利益对立→冲突；经济、政治、文化……→存在共同利益→合作。

师(小结)：2008年底，法国总统高调会见达赖，干涉了中国的内政，侵犯了主权统一的原则，所以中法关系陷入僵局。可见，利益对立是引起国家冲突的根源。而2009年中法关系出现转机，因为两国之间在经济、政治、文化等方面存在着共同的利益，而这需要两国互相合作，所以国家间的共同利益是国家合作的基础。归根结底，国家利益是国际关系的决定性因素。

(设计意图：通过创设情境、以合作探究的形式，促进学生思考影响国际关系的因素主要有哪些，从而突破教学难点"国际关系的决定性因素：国家利益")

三、问题激发　提升能力

师：国家利益是国际关系的决定性因素，因此有人认为，法国基于自己的利益会见达赖，无可厚非。请同学们通过阅读课本、小组讨论，对该观点错误之处进行分析。

学生活动。(略)

(回答预设：达赖问题是我国的内政，不容他国干涉；主权完整，不容侵犯……)

师(小结)：虽然国家利益是国际关系的决定性因素，但是任何国家都不应以维护本国国家利益为由，侵犯别国的主权和安全，干涉别国的内政。侵犯别国主权，干涉别国内政的行为，是非正义的，也是错误的，应当受到谴责和反对。

(设计意图：让学生在活动与体验的过程中获取知识；而后教师的小结回归本课所学知识，有利于学生将知识内化为能力，提升学生的视野和思维层次)

四、联系生活　增强责任感

探究活动三：关注中国　维护国家利益之行。

展示图片：电影《十二生肖》海报。

师：在电影《十二生肖》中，成龙扮演的JC在寻宝过程中，被中国文物专家的爱国情怀所感动，一向惜金如命的JC在最后关头放弃了金钱，转而全力挽救国宝，最终将寻回的兽首归还给中国。请同学们观看一段视频，想一想，成龙为什么要拍这部电影？

播放视频：《兽首拍卖引风波，成龙呼吁国际文物归还》。

学生回答。（略）

（回答预设：成龙有着很强烈的民族情感；成龙想以他公众人物的身份引导大家认识这个问题；他在国际上维护国家的利益……）

师（小结）：从成龙的话语和大家的回答里，我的感觉就是，文物对个人而言是民族情感的象征，对国家而言则是国家利益的体现。

师（过渡）：国家利益是国际关系的决定性因素，这就要求我们在生活中要自觉地维护我国的国家利益。那么，我国国家利益的核心内容是什么呢？

学生回答。（略）

（回答预设：国家主权、国家安全、国家统一、领土完整、我国宪法确定的国家政治制度和社会大局稳定、经济社会可持续发展）

师：成龙作为一名公众人物，在生活中用自己的实际行动，坚定地维护我国的国家利益，这一点值得大家学习。维护国家利益是我们每个中国人都应该做的事情，大家设想一下，以后你想从事什么职业？又将怎么在你的工作岗位上坚定地维护国家利益？

　　学生联系自己的理解，谈论将如何在以后的岗位上维护国家利益。

　　师：刚才同学们畅想了在不同行业要如何维护国家利益，但是真正的爱国不应该仅仅表现在漂亮的言辞中，更应该表现在为祖国、为人民谋福利的行动中。那么，我们现在应该怎么做？

　　（回答预设：要树立国家观念、民族意识，增强民族自豪感、自尊心、自信心；自觉履行政治性义务，维护国家的主权、安全和利益；努力学习，掌握报效祖国的本领，为今后增强实力贡献力量；敢于同一切损害国家利益的言行进行斗争……）

　　师（小结）：我们应该清楚一点，中国讲友好，也讲原则。也就是说，中国在维护自身利益的同时，兼顾他国合理关切，在谋求本国发展中促进各国共同发展，但在涉及主权、统一及领土完整的问题上，中国绝不退让，绝不妥协。

　　（设计意图：以电影《十二生肖》为引子，引导学生关注生活中的具体事例，体现"贴近社会、贴近生活、贴近学生"的原则，让学生在兴趣中学习知识、在探究中增强维护我国国家利益的责任感）

五、建构节架　巩固新课

　　师生根据板书内容，共同构建本节题知识体系。

　　师（总结）：同学们，今天我们通过学习了解国际关系的含义、内容、形式；知道了国际关系的决定性因素是国家利益；希望同学们在生活中能学以致用，自觉地维护我国的国家利益，为早日实现中国梦而努力奋斗。

　　（设计意图：通过构建知识体系，及时复习梳理节架，明确本节课学习要点）

六、布置作业　课后延伸

作业：收集身边自觉维护国家利益的人和事，谈谈对你学习、生活的启示。

（设计意图："得法于课内，得益于课外"，引导学生在生活中积极践行相关的知识）

【教学反思】

本节课无论是在教学组织形式上还是在教学手段上，笔者都努力尝试进行一些新的探索。

第一，本课从 2014 年中法建交 50 周年导入，引出习主席的外交访问行程，到最后布置作业，要求学生收集生活中维护国家利益的事例，都体现出对国际时政的关注。

第二，本节课最大的亮点是学生合作，但最大的遗憾恰恰也是此环节。小组合作只是反映在形式上，效率并不高，没能真正发挥小组合作的作用。这点我觉得非常遗憾，因为一节课最精彩的地方，恰恰是师生之间、生生之间思维的碰撞、智慧的交锋。

合作探究是高效课堂中的重要组织形式，但要使它的作用得到最大限度的发挥，仍需要教师在教学实践中做更深一层的探索、实践和研究，只有教师正确认识到合作学习的作用和意义，并认真、精心地对待每一次活动，才能不断地提高小组合作学习的有效性，进而达到提高教学效率和质量的最终目的，而这也是我在今后的教学中需要继续努力的。

V　《和平与发展是当今时代的主题》教学设计的思考与建议

一、教学目标设计

教学目标设计包括知识目标、能力目标和价值目标。在讲授

《和平与发展是当今时代的主题》时，可以这样拟定教学目标。

（1）知识目标：了解当今时代的主题是和平与发展，理解和平与发展之间的关系。

（2）能力目标：正确看待和平与发展问题，提高学生针对当前出现的政治问题运用马克思主义的立场、观点和方法进行分析的能力和水平。

（3）价值目标：树立全球观念，培养和平观念，使学生认识到中国的迅速崛起在促进世界和平与发展中的作用。

二、新课导入设计

一个好的导入可以激活学生的兴趣点，有利于推进课堂的整体教学。在讲授本专题时，可以这样展开：

多媒体展示：美国遭受"9·11"恐怖袭击的视频及反战人士手持和平鸽照片。

教师：这些事件与我们今天讲课的主题内容密不可分，请同学们概括是什么问题？

学生回答，教师进行总结，引出讲课的主题——和平与发展。

三、教学内容设计

笔者围绕"和平与发展"，分别从含义、和平与发展是可能出现的又有可能遭到破坏及解决和平与发展问题的途径展开教学。

（一）和平与发展是当今时代的主题的含义

1. 时代主题的转变。时代主题是对一个时期内世界上带全局性、战略性的基本问题或中心任务所作的理论概括。纵观历史，人类在 20 世纪上半叶两度惨遭世界大战劫难。其中第一次世界大战中伤 3000 余万人，死 1000 余万人，经济损失 2700 多亿美元。第二次世界大战死 5100 多万人，经济损失达 4 万亿美元。

很明显，20世纪上半叶对世界形势发展具有全局性和战略意义的问题是战争与革命。随着国际形势的发展，毛泽东在不同时期分别提出过"两点论""两个中间地带"和"三个世界"的判断。随着国际形势的进一步发展，邓小平对时代主题的判断发生转变。他提出争取一个较长时期的和平环境是可能的。1985年，他进一步指出："现在世界上真正大的问题，带全球性的战略问题，一个是和平问题，一个是经济问题或者说发展问题。和平问题是东西问题，发展问题是南北问题。概括起来，就是东西南北四个字。南北问题是核心问题。"

2. 当今时代主题的内涵。当今时代的主题主要包含两方面含义，它既是指和平与发展是世界发展的基本趋势，又是指和平与发展是有待解决的两大课题。即当今世界总体是和平与发展的，但威胁世界和平与发展的因素又是时时存在的。我们应从两个方面看待和平与发展。

（二）和平与发展是世界发展的基本趋势

当今制约战争、维护世界和平的因素有哪些？

第一，和平与发展是世界的潮流。两次世界大战给人类造成深重的灾难。第一次世界大战，参战国有33个，经济损失达2700多亿美元；第二次世界大战，有67个国家卷入战火，物质损失达4万亿美元。两次世界大战给人类带来的创伤历历在目，人心思和是大势所趋，是遏制发生新的世界大战的重要力量。

第二，随着经济全球化的深入，世界各国你中有我，我中有你，互相依赖性增强。加之世界政治多极化，出现"一超多强"局面，国际力量对比发生了有利于世界和平的深刻变化。

第三，核武器等毁灭世界的战争工具形成的"恐怖平衡"，也成为制约战争的一个重要因素。在这里教师引入电影《南京，南京》开头部分：1945年，美军在日本广岛、长崎投下原子弹所造成的重大损失，让世界看到了核武器的毁灭性，讲述核武器下的强强制约。

第四，现代战争的巨大消耗成为制约战争的又一重要因素。现在一场战争需要依靠强大的经济实力和军事武器装备。像美国这样的大国都不敢轻易发动一场战争，更何况其他国家。

第五，科学技术取代战争成为获取经济利益的重要手段。以前，发动战争可以获取很多利益，尤其是经济方面的利益。随着科学技术水平的提高，获取经济利益的途径越来越多。比如，输出电影电视作品。一部《功夫熊猫》，获取的经济利益非凡。

（三）和平与发展是世界有待解决的两大课题

当今威胁世界和平与发展的因素有哪些？

1. 局部战争从未间断。在世界文明史的 5000 多年里，人类经历了大小 14550 多次战争；和平期仅为 392 年，如果把这 5000 多年当做一天来计算，在 24 小时中，就有 23 小时在打仗。人类在这些战争中付出了惨重代价。战争就像恶魔一样，不断吞噬着人类的财富和生命。当前，由于存在领土争端，种族、宗教问题交织等方面原因，局部冲突不断。

2. 霸权主义、强权政治依然存在。有的大国常常打着"自由""民主""人权"的旗号，侵犯别国主权、干涉别国内政，引起冲突，威胁和平与发展的局面。比如，"人权"在不同的国家要具体分析。中国人口众多，人均资源有限，从中国的国情看，我们要为子孙后代的长远利益考虑，一段时期内，我国实行计划生育是有必要的。那么，有些国家就以此不断抹黑中国，说我们侵犯人权，对我们的政策指手画脚。

3. 恐怖活动频繁发生，危害人们的安宁。美国"9·11"事件，共有 2998 人罹难。

（四）解决和平与发展问题的有效途径

坚决地反对霸权主义和强权政治，改变旧的国际秩序，建立以和平共处五项原则为基础的有利于世界和平与发展的国际新秩序。

四、难点释疑设计

思想政治理论课教学设计要针对学生理解时的"难点"，进行深入讲解以释疑解惑。在讲授本专题时，根据多年教学经验，学生对课本 197 页的"和平问题是东西问题，发展问题是南北问题"在理解上有很多疑难，可以选择这个内容进行深入讲解。

（一）和平问题为什么是东西问题，而不是南北问题？东、西是指两大集团，主要是指 20 世纪 50 年代到 90 年代初的国际关系中以美国、西欧为代表的西方资本主义阵营和以苏联为代表的东方社会主义阵营的对峙成为国际政治的主要内容。东西问题是世界的和平和战争问题。

（二）发展问题为什么是南北问题，而不是东西问题？"南北问题"从地区概念上讲，是指位于南半球的发展中国家和北半球的发达国家或地区之间的问题；从经济概念上说，是指发达国家和发展中国家之间经济发展不平衡、经济关系不平等问题。这是一个经济问题，也是一个政治问题。

五、师生互动设计

在思想政治课教学中，要遵循学生为主体，教师为主导的教学原则，灵活运用各种教学方法激发学生学习兴趣与热情，以实现师生之间的课堂互动，提高教学质量。在讲授《和平与发展是当今时代的主题》时，可以这样进行师生互动。

（一）在讲授"毛泽东、邓小平对时代主题的不同判断的时代背景"时，可运用提问方式。

提出问题：20 世纪上半叶和下半叶世界形势有何不同？

教师点评：在学生踊跃回答问题后，教师再强调毛泽东身经战火纷乱的年代，在分析二次世界大战后的国际形势时先后提出过"两点论""两个中间地带"和"三个世界"的判断。而随着世界矛盾与国际形势的变化，邓小平对时代主题的判断发生转换，提出和平与发展是时代的主题。

（二）在讲授"二战后世界局部战争频频发生"时，教师可采取先课堂设问，再分类举例的方式。

课堂设问：二战后世界发生哪些局部战争？

分类举例：在学生发言后，教师再作总结。冷战中的"热战"：朝鲜战争、越南战争；发展中国家间的局部战争：印巴战争、两伊战争；高科技下的局部战争：海湾战争、科索沃战争、伊拉克战争。

（三）活动探究：你认为第三次世界大战会打起来吗？教师把学生分成两组，一组辩题为"第三世界大战一定会早晚打起来"，另一组辩题为"第三次世界大战不会打起来"。这里需要学生运用本专题所学知识对当今世界出现和平与发展的可能性进行分析。同时，由于和平与发展、战争与革命是一个问题的两个方面，而且在一定条件下有可能会转化，因此，就需要学生对当今时代的总体趋势进行分析，探索哪些因素有可能诱发战争，世界人民又应该怎样维护来之不易的和平发展局面。

VI　《政府的权力：依法行使》教学设计

一

（一）课标要求

（1）列举生活中的实例，评议政府履行职责的表现。

（2）了解依法行政的要求及意义。

（3）说明政府部门及其工作人员依法行使职权对我们生活的影响和作用。

（二）指导思想与理论依据

在新课改的大背景下，以"以人为本"为指导思想，力求实现学生的全面发展。同时结合学生的生活实际，初步探索探究式教学模式，通过信息技术与学科教学的整合，进一步实现"四个转变"，即：教学内容呈现方式的转变，教师教学方式的转变，学生学习方式的转变以及师生互动方式的转变。

（三）教材分析

（1）教学内容分析：本课是高一《政治生活》（人教版）第二单元第四课第一节的内容。教材在第三课着重分析了我国的政府性质和主要职责，即我国政府是人民的政府，权力是人民赋予的，政府必须通过履行其职能来对人民负责。本课则以此为基础讲述了政府必须依法行政，按照法律规定的权限和程序行使权力，以及依法行政的意义。所以，本课拟在分析视频《基本农田为何荒芜》的基础上，采取探究式教学方式突破这一重难点：依法行政。为第二节题权力的行使需要监督作铺垫。

（2）教学重难点：依法行政。

（3）学生情况分析：高一学生涉足社会较浅，特别是直接与政府的行政方式和方法接触相对较少。虽在初中的学习中初步了解了一些法律知识，在生活中也具备了一定的法律意识，但本课所涉及的法律知识学生不太熟悉，所以理解上会有些困难。同时，现在的某些政府部门在行政过程中或多或少又存在着一些不尽人意的地方，由于处在信息时代，学生通过不同的途径或多或少又能获得一些关于这方面的信息。如何使学生通过本课的学习能客观地去分析和看待这些问题，确也是一大难题。

（4）教学方式：主要采用探究式教学法，辅以讲授法。

（5）教学手段：视频片段（三段），PPT 演示文稿。

（6）教学目标：

①知识目标：了解依法行政的要求及意义；理解提高政府依法行政水平对人民生活的影响和作用。

②能力目标：通过分析视频中政府在行使权力的过程中对当地农民生产和生活所产生的影响，初步培养学生正确获取和解读信息的能力；通过了解视频中政府行政存在的问题和模拟政府官员决策，初步培养学生合作能力、表达能力和辩证思维能力。

③情感态度与价值观目标：引导学生在探究的过程中体会依法行政的重要性，体会政府的行政行为对人民生产和生活的影响，为推动我国政府依法行政打下一定的认识基础；在模拟政府决策的过程中，初步感受我国政府决策对人民生活的影响和作用，为我们有意识地监督政府作出思想铺垫。

（四）教学过程

教学过程

基本流程

教师活动

学生活动

设计意图

自主学习

（1）出示下列问题，要求学生自学教材。

政府权力的来源？应该怎么用？

依法行政的含义。

政府依法行政的必要性在哪里？

政府依法行政的具体要求有哪些？

政府依法行政有何重要意义？

政府依法行政水平提高的措施有哪些？

政府权力的行使包括哪些？

（2）就学生在自学过程中出现的问题进行简单的点拨。

带着问题自学教材，在此基础上对教师出示的问题进行初步解答。

设计问题帮助学生提高自学效率，为新课的讲授准备基本的知识结构。

高手过招

导入新课

（1）出示视频：

片段一：《基本农田为何荒芜》（来源：2008年11月18日中央电视台《焦点访谈》）

（2）教师设疑一：

视频中，该政府为了引资建造船厂，而作出了征用农民耕地的决定，其理由是否正当？你认为政府应该怎样行使手中的权力？

（3）总结点拨：

依法行政，即政府及其工作人员的权力由法律授予，行使行政权力必须依据宪法和法律规定。政府依法行政是贯彻依法治国方略、提高行政管理水平的基本要求，体现了对人民负责的原则。

（4）教师设疑二：

该镇政府在行使权力征用农民土地时，可能存在哪些问题而得不到大家的支持？

（5）教学过渡：

真实情况是否如同学们所说呢？继续观看视频。

①观看视频。

②高手过招：

学生在思考的基础上对教师所设的问题一进行辩论。

③合理猜想：

充分展开想象的翅膀，对教师所设的问题二进行。

（1）在观看视频的基础上，通过"高手过招"这一环节充分调动学生的思维，使其能更积极主动地参与课堂探究。并引出本课主题，为突破重点作出铺垫。

（2）通过对具体事件的探讨，初步培养学生透过政治现象分析问题的能力。

（3）通过合理猜想这一环节，进一步激发学生的好奇心和学习热情，为下一视频片段的播放完成顺利过渡。

师生互动

激学导思

突出重点

（1）出示视频：

片段二：《基本农田为何荒芜》

（2）教师设疑一：

该政府在行使权利征用农民土地时的行为，导致了哪些不良后果？从中你是否能归纳出政府依法行政的重要意义？

（3）展示图片：

教师总结。

（4）教师设疑二：

针对该政府行使权力时存在的问题，你认为政府的权力应该如何行使，才能更好地为人民服务，对人民负责？

（5）总结点拨：

帮助学生回忆材料反映的问题，根据政府依法行政的具体要求逐步引导学生思考。政府依法行政的具体要求是：①合法行政；②合理行政；③程序正当；④高效便民；⑤诚实守信；⑥权责统一。

政府依法行政的重要意义：

①有利于保障人民群众的权利和自由。

②有利于加强廉政建设，保证政府及其工作人员不变质，增强政府的权威。

③有利于防止行政权力的缺失和滥用，提高行政管理水平。

④有利于带动全社会尊重法律、遵守法律、维护法律，推进社会主义民主法制建设。

（6）教学过渡：

既然政府依法行政，分别对于人民群众、政府自身建设及行政管理水平的提高和整个社会的民主法制建设等方面具有如此重要意义，那么，视频中该政府又是如何来行使权力的呢？

（7）展示视频：

片段三：《基本农田为何荒芜》

（8）总结点拨：

提高政府依法行政水平的基本措施：

①立法方面：加强立法工作，提高立法质量，以严格规范行政执法行为。

②执法队伍建设方面：加强行政执法队伍建设，促进严格执法、公正执法和文明执法，不断提高执法能力和水平。

③行政管理体制建设方面：深化行政管理体制改革，努力形成权责一致、分工合理、决策科学、执行顺畅、监督有力的行政管理体制。

（1）合作探究：同桌合作探究，并完成以下有效诊断的环节。

（2）有效诊断：

该政府在行使权利征用农民土地时，因存在哪些问题，而没有得到当地人民群众的支持？

　　该政府在行使权利征用农民土地时的行为，导致了哪些不良后果？从中你是否能归纳出政府依法行政的重要意义？

　　请问面对该政府部分低水平且粗暴的行政行为，你认为我国有关部门应该采取哪些措施来改进和提高政府依法行政的水平？

　　（1）通过观看视频，进一步培养学生有效获取信息的能力，同时感性地让学生体会政府决策对人民群众生活的影响。

　　（2）通过思考材料中存在的问题，并提出自己的解决策略，进一步培养学生分析和解决问题的能力。

　　（3）通过层层设问并探究解决实际问题，使学生逐步理解依法行政的重要性。

　　合作探究

　　升华提高

　　（1）教师设疑暨教学过渡：

　　一方是急于发展当地经济的政府，一方是极力维护自己权益的村民，如今，全国上下都在努力构建社会主义和谐社会。

　　如果你们是该政府的领导班子成员，为了当地经济的发展，很想让价值十亿的造船厂投资项目落户本地，你们会如何决策？并说明理由。

　　（2）总结点拨：

　　政府权力的行使包括决策、执行、监督等环节。其中，决策是首要的基本环节，至关重要，其科学与否，关系着国计民生。所以政府必须审慎行使权力，一切决策都应以人民群众的根本利益为出发点，坚持科学决策、民主决策，不断推进我国的决策的科学化、民主化建设，更好地为人民服务，对人民负责。

　　牛刀小试（学生小组合作探究，并派代表发言）

　　如果你们是该政府的领导班子成员，为了当地经济的发展，很想让价值十亿的造船厂投资项目落户本地，你们准备如何决策？

通过合作探究实际问题并提出解决方案，初步培养学生合作能力、表达能力和辩证思维能力。

课堂小结

师生一起回顾本课的内容，并将视频出示的板书补充完整。

（五）板书设计

政府的权力：

依法行使

一、公共权力：切莫乱用

二、政府依法行政

三、审慎行使权力、科学民主决策

1. 提高政府依法行政水平的措施

2. 政府依法行政的具体要求

3. 政府依法行政的重要意义

4. 依法行政的含义

二

（一）教学目标

（1）知识目标：理解依法行政的含义，理解依法行政的原因。

（2）能力目标：通过对依法行政的分析，明确依法行政的意义以及如何才能提高政府依法行政的水平，从而提高学生参与政治生活的兴趣和能力。

（3）情感目标：提高学生参与政治生活的兴趣和能力。

（二）教学重点

政府依法行政的必要性、具体要求及意义。

（三）教学难点

如何才能提高政府依法行政的水平？

（四）教学方法与手段

教师启发、引导，学生自主阅读、思考，讨论，交流学习成果。

（五）学情分析

高中学生涉足社会较浅，特别是直接与政府的行政方式和方法接触相对较少。虽在初中的学习中初步了解了一些法律知识，在生活中具备了一定的法律意识，但由于本课涉及了一些学生不太熟悉的法律知识，所以理解上会有些困难。

（六）课时安排

1 课时

（七）教学过程

导入新课

教师：首先，在上课之前我想先与同学们讨论一下关于"城管"这个话题。"城管"对同学们来讲应该是非常熟悉的，不知道在同学们的心目当中城管是一种什么样的形象呢？

学生讨论，积极发言。

教师：看来，同学们对城管的印象不是太好，为什么会发生这样的情况？当然首先我们不可否认的是，"城管"在社会管理当中所发挥的作用是无可替代的，他们使社会环境整体呈现了清洁的一面，城市管理需要他们，但是在这背后也潜藏着另外一面，城管在执法过程中，暴力执法等负面的字眼出现在人们的视野中。城管形象非常糟糕，甚至被人们所鄙视，更有城管人员与公民发生对峙冲突，关于城管指法的负面报道也是屡见不鲜，接下来，请同学们观看两个视频。

播放视频《城管暴力执法惹众怒》。

很显然，从刚才的视频当中我们可以看出，因为城管的暴力执法，不仅损害了公民的利益，影响到了人民正常的生活，更是影响到了社会的和谐和安定，那么，作为行政执法人员，什么样的执法方式才是最得当的呢？

或者说，政府工作人员，应该如何行使手中的权力？——依法行政。这个是我们本节课所探讨的内容。

进入新课

政府依法行政

1. 什么是依法行政

（1）含义：政府及其工作人员的权力由法律授予，行使行政权力必须依据宪法和法律的规定。

（注意：为什么说要依据宪法和法律？宪法和法律是由最高国家权力机关——人民代表大会制定通过的。通过前面学习过的选举的内容，人大代表是通过人民民主选举产生的，人民选出自己所信任的代表来行使人民的权力，所以人大代表很大程度上可以有效集中人民的意愿，他们制定通过的宪法和法律是人民意旨的体现，所以政府依法行政从本质上讲是为人民服务，对人民负责）

（2）依法行政的必要性

教师：政府是人民的政府，是人民利益的执行者、捍卫者，强调政府要依法执政就是为人民服务。

学生：回答提问加以分析。

教师：政府及公职人员行使权力必须依据宪法和法律。宪法和法律是党的主张和人民意志的体现。从根本上讲，政府依法行政，就是坚持全心全意为人民服务的根本宗旨，就是体现对人民负责的原则。

（3）具体要求

合法行政；合理行政；秩序正当；高效便民；诚实守信；权责统一。（含义看书）

多媒体展示六则材料，让学生判断属于哪种要求。（略）

（4）探究活动

"城管发现小摊贩贩卖日用品"，具体做法由学生自主讨论，得出结论。

过渡：刚才我们从"是什么"的角度解读了依法行政的含义和具体要求，接下来来探讨一下为什么政府要依法行政，解决第二个问题：为什么。

2.为什么要依法行政

学生活动：原因分析的模式是什么？（！＋！即直接原因＋现实意义），按照这个模式对照教材 P1/44 的内容，对依法行政进行原因分析。

（1）直接原因：依法行政是由我国人民民主专政的国家性质决定的；是贯彻依法治国方略，不断提高自身行政管理水平的基本要求。

（2）现实意义：有利于保障人民群众的权利和自由（对象）；有利于加强廉政建设，保证政府及公职人员守法，增强政府权威（主体）……

第七章　基于问题导学的文化生活教学设计

Ⅰ　"博大精深的中华文化"教学设计

一、课程标准要求

辨析中华文化的区域特征和不同样式；展现博大精深、源远流长的中华文化是中华民族延续和发展的重要标识。

二、教材分析

本课是人教版高中思想政治必修《文化生活》第三单元第六课第二节题。本节题分为三个目。

主要内容：中华文化博大精深。

（1）中华文化曾长期居于世界文化发展的前列。我国的文学艺术在世界文学艺术宝库中占有重要位置。中国古代的科学技术成就对人类文明的发展做出了巨大的贡献。

（2）中华文化表现为各具风采的地方文化。我国幅员辽阔，各地区的文化带有明显的区域特征。各地文化长期相互交流、相互借鉴、相互吸收，既渐趋融合，又保持着各自的特色。

（3）中华文化表现为异彩纷呈的各民族文化。中华民族是多民族的共同体，中华文化呈现着多种民族文化的丰富色彩。中华各民族的文化，既有中华文化的共性，又有各自的民族特性。它们都是中华文化的瑰宝，都是中华文化的骄傲。各民族文化的相互交融、相互促进，共同创造了中华文化。

三、学情分析

学生对博大精深的中华文化，其认知起点绝大多数都是由历史课本所得，有一定的学习兴趣。但对于学生来说，对中华文化的了解只是只鳞片爪，要学会分析传统文化，辨析中华文化的区域特征，理解博大精深的中华文化是中华民族延续和发展的重要标识这一课标的要求还有难度。再则学生从感性到理性的思维跳跃也有一定障碍。同时，学生辨识社会现象、合作、表达能力等方面也有待加强。

四、学法和教法预设

（1）学法：讨论探究法。学生在学习过程中全身心的参与，在"交流讨论""欣赏感悟"等环节中充分地让学生动脑、动口、动手，让学生有所知，有所思，有所感，有所悟。

（2）教法：多媒体辅助教学法、引导启发教学法。联系实际教学方法采用情境式体验教学程序：情境体验——小组合作探究解决问题——学生自主交流、展示讨论成果——学生质疑与答疑——教师点拨——对应练习——学生的思维导图建构（课后）。

五、教学目标

1. 知识与技能

（1）学生能理解中华文化的各种成就在世界文化宝库中的重要位置。

（2）理解不同区域的文化既渐趋融合又保持着各自的特色。

（3）各具特色的民族文化为中华文化的形成和发展作出了重要贡献。

2. 过程与方法

（1）教师充分发挥主导作用，充分利用演示、讨论、讲授等方法，并设置易于让学生接受的教学情境。

（2）学生进行探究式学习，讨论并进行归纳总结，引导学生通过"由表及里、由此及彼"进行综合分析，形成观点，加深认识，培养学生全面地、历史地分析中华文化的基本特征的能力。

3. 情感态度与价值观

（1）帮助学生充分认识中华文化的特征，增强民族自尊心、自信心、自豪感。

（2）辨析中华文化的区域特征，说明中华文化是中国各族人民的共同创造。

（3）展现博大精深、源远流长的中华文化是中华民族延续和发展的重要标识，让学生懂得自觉维护民族团结，共创中华民族的未来辉煌。

六、教学重点、难点

（1）重点：中华文化独特性、区域性、民族性。

（2）难点：各族人民对中华文化的认同感和归属感。

七、教学过程

【新课导入】

情境创设：教师在黑板上写出不同书体的"道"字。

写出不同书体的"和"字。

提出问题：

（1）从这两个字的演变过程，你能说出中华文化有什么特点？

（2）这两个字的内涵是什么？从字的内涵可以得出中华文化还有什么特点？

解决问题：学生回答，老师补充。

设计意图：通过对"道"与"和"的字形演变，让学生感受中华文化源远流长的魅力。通过对这两个字含义的理解，让学生明白中华文化博大精深。

【引导过渡】

中华文化博大精深，是我们中华民族的国粹，也是世界文化史上的奇观，这就是博大精深的中华文化魅力。首先体现在其独特性，即在世界文化史上独树一帜，独领风骚。

【学习探究一】

板书：独树一帜，独领风骚（独特性）

情境设置：展示图片：欣赏中国独特的语言文字、古典小说、传统的哲学思想、瓷器艺术、园林艺术等。

提出问题：

（1）在世界文化殿堂中，以上内容哪些是我国独特的贡献？

（2）列举你们所知道的文学艺术方面的表现形式有哪些？

（3）结合你所知道的知识，可否对中华文化中的文学艺术选取一种作出描述。

（4）独树一帜，独领风骚（独特性）的具体体现。

解决问题：分组讨论，发表看法，教师补充和评价。

设计意图：通过图片资料展示，一方面可以给学生带来视觉上的享受，激发学生的兴趣；另一方面也能够让学生从图片欣赏中逐步感受中华文化的内涵丰富，为得出"中华文化的内涵丰富"这一认识自然过渡。通过讨论让学生积极参与并发言，体现了以学生为主体的新课程理念，既调动了学生的积极性，又锻炼了学生的语言表达能力，培养了他们的综合探究能力。

【引导过渡】

这么多事例无一例外都说明一个道理，那就是中华文化的"独树一帜，独领风骚"。在世界文化史上，书写了自己浓墨重彩的一笔。

【学习探究二】

板书：一方水土，一方文化（区域性）

情境设置一：展示图片：北京四合院、上海石库门、陕西窑洞、福建土楼等建筑文化。

情境设置二：同学、教师表演：京剧、豫剧、黄梅戏、东北二人转等戏曲文化。

提出问题：

（1）为什么不同区域的文化会有如此大的差异？

（2）你能否列举出一项自己家乡的文化与大家分享？

解决问题：分组讨论，展示分享，教师评价。

设计意图：先通过展示不同区域建筑和戏曲文化的图片让学生更加直观地分析形成区域文化差异的原因，再让学生列举自己所在家乡的文化，突出地方文化特色，引导学生热爱自己的家乡。

【引导过渡】

除了典型的区域差异外，我国还有一个重要特点：民族比较多，各民族都有自己的民族文化。

板书：中华瑰宝，民族骄傲（民族性）

情境设置：展示图片：闻名中外的石窟艺术、民族文字、服饰等。

学生活动：表演民族舞蹈。

小组讨论：

提出问题：

（1）各民族文化与中华文化的关系是怎样的？

（2）举例说明各民族文化对中华文化的贡献。

解决问题：学生抢答，学生补充，教师评价。

设计意图：通过展示让学生逐步认识到我国民族文化的异彩纷呈，各民族文化都是中华文化的瑰宝，都是民族的骄傲，从而增强民族自豪感。同时通过学生表演舞蹈使学生积极参与到课堂中，让课堂活跃起来。

【引导过渡】

上一节课我们从动态方面学习了中华文化的一个特征：源远

流长。这节课我们从静态方面又了解了中华文化的另一特征：博大精深。请同学们思考中华文化之所以源远流长、博大精深的表现及重要原因是什么？

板书：求同存异，兼收并蓄（包容性）

情景设置一：根据课前布置的任务请小组代表介绍：

第一组：广东开平碉楼

第二组：旗袍发展史

第三组：《混元三教九流图》赞碑

提出问题：

（1）如何收集这些资料？为什么要搜集这些资料？想表达什么观点？

（2）你对其他组的成果有哪些看法？

解决问题：个别发言，教师点评。

设计意图：通过学生收集并分析介绍材料培养学生主动学习、合作学习的能力。这是本课的重点知识，需加深对知识的理解。

情境设置二：辩论活动

正方：中国人应该过洋节日

反方：中国人不应该过洋节日

设计意图：结合学生生活中感兴趣的"过洋节"发表自己的看法，不仅可以调动学生的积极性，激发学生的兴趣，而且还可以培养学生明辨是非的能力，正确处理本民族文化与外来文化的关系。

【课堂总结】

有一段时期，一些年轻人把过圣诞节当成一种时尚，这是源于全球经济相互联系日益紧密。人们生活水平的提高，工作节奏的加快，人们特别希望趁节日的机会放松紧绷的神经，宣泄压抑的情绪。而中国传统节日往往来源于农业文明，与祭祖、驱鬼相关，缺乏诸如圣诞老人、红色袜子这类快乐的载体，而"洋节"恰好迎合了人们需要放松的心理需求，因此格外受年轻人的青睐。在中西文化越来越融合的今天，对待西方洋节的正确态度应该是：坚持鲁迅先生在《拿来主义》中明确指出的：我们要运用脑髓，放出眼光，取其精华，弃其糟粕，自己来拿！所以，每一个有责任心、有正义感、有远见卓识的炎黄子孙都必须站在历史和世界的高度，去认识这个问题，古为今用，洋为中用，既不崇洋媚外，也不故步自封，而是在适当吸收西方节日文化精华的同时，也不迷失自我。

【情感升华】

共同朗诵《中华文化之歌》

中华文化歌

作者：陈汉东

博大精深	源远流长	道德文章	万古流芳
万紫千红	百花齐放	兼收并蓄	博采众长
承前启后	一脉相传	继往开来	光辉灿烂
自强不息	奋发向上	厚德载物	方正贤良
以和为贵	礼仪之邦	求同存异	欢聚一堂
与人为善	爱人以德	见义勇为	助人为乐
推己及人	真心诚意	内外兼修	表里如一
明荣知耻	见利思义	尊师重教	见贤思齐
敬老慈幼	知书识礼	中庸之道	天人合一
血脉相连	和衷共济	安危与共	唇齿相依
富贵不淫	贫贱不移	威武不屈	浩然之气
敏而好学	身体力行	推陈出新	与时俱进
天下兴亡	匹夫有责	群策群力	同心同德

求真务实　持之以恒　言信行果　有志竟成

和而不同　择善而从　天下为公　世界大同

设计意图：通过这一朗诵把本节课推向高潮，从而增强民族自尊心、自信心、自豪感。实现"爱我中华，爱我中华文化"的教学目标。

【专家点评】

该教学设计，既体现了学生如何学，也体现了教师如何教；既处理好了智能培养与情感教育的关系，也着眼于核心素养的落实，同时提高了课堂的教学效率。本课教学，学生活动多，参与面广，课堂活动开展得很有实效性。课堂评价及时准确，以学生为主体，在某种意义上来说，就在于真正发挥学生的主观能动性。因为学生在课堂上除了接受知识，还带着自身的情感、动机需要等一并投入了课堂，他们是一个个活生生的个体。在课堂上，他们除了与教师交往以外，还有与同伴之间的相互交往。因此，学生课堂学习远不只是知识学习，还有提高自己的能力、学习审美情操、培养个性等。该教学设计新颖别致，充分体现了新课改精神，真正做到了以学生为主体，以教师为主导，能够贴近学生，贴近生活，贴近实际。教师若依此设计授课，定是一节成功的优质高效课。

II　《感受文化影响》教学设计

一、设计思想

教师应该用新课程意识指导教学，贯彻理论联系实际原则，在学生依据学案充分预习的基础上，从学生熟知的校园文化环境和学生的文化活动入手，激发学生的兴趣和求知欲，发挥学习小组的作用，联系学生自身的生活，把学生的讨论、探究交流和教师点播有机结合起来，实现教学目标。

二、教学内容

人教版思想政治必修Ⅲ《文化生活》第二课第二节题，说明的主题就是相对于个体而言文化对人的影响。主要是从人的发展的角度看文化。这节课着重讲述第一节"感受文化影响"。本课时从具体的事例入手，介绍文化对人的影响，使学生感知文化不仅影响人们的交往行为和交往方式，而且影响人们的实践活动、认识活动和思维方式。同时初步认识到文化对人的影响具有潜移默化和深远而持久的特点。

三、学生分析

通过第一课的学习，学生已经初步了解了文化的含义以及文化和经济、政治的关系，同时也明白了第一课是从社会发展的角度看文化。这为这节课的学习奠定了基础。本课是从人的发展的角度看文化。中学生已经初步树立了自己的世界观、人生观和价值观，需要学生结合自身体验展开探究。这就需要教师用有效的方式加以启发和引导。

四、教学目标

1. 知识与技能

知道文化对人的影响的来源，分析文化对人的影响的表现；理解文化对人的影响的特点。

2. 过程与方法

能结合材料或举例分析、说明文化影响的来源、表现和特点，在讨论、交流与探究中，提高学生的分析、比较、鉴别能力。

3. 情感、态度与价值观

通过学习认识到健康向上的文化对人成长的意义，激发学生参与文化活动，不断提高学生的自觉性、积极性和主动性，初步树立正确的文化价值观。

五、教学重点

文化对人的交往方式、思维方式和实践活动影响的表现和特点。

六、教学难点

文化对人的影响具有潜移默化和深远而持久的特点。

七、教学策略与手段

采用学案导学法、合作探究式教学法、讨论式教学法，增进师生的互动，提高学生解决问题的能力。

八、教学过程

1. 导入新课

师：我们四方高中历来坚持勤奋、诚信、和谐、创新，我们一直坚信天道酬勤，在宽敞的阅览室，丰富多彩的图书让学子爱不释手，从未离开父母的你们像军人般飒爽英姿，如火如荼的篮球赛场挥洒着拼搏的汗水，校园歌手的比赛中你是否也有了一把做明星的感觉，惟妙惟肖的作品把你的才华展现得淋漓尽致……你是否感受到了校园生活的多彩多姿？其实我们一直身临其中，它无时无刻不在感染着我们，今天让我们共同感受了文化对人的影响！

2. 新课讲授

师：课前同学们依学案做了预习，哪位同学能说说本节我们将从哪些方面探究文化对人的影响。（学生回答教师总结并板书）在预习中，有两个学习小组提出了疑问：①第14页，人们交往方式的差异，见诸交往时使用的语言、符号、器物等，这里的"符号"如何理解？②"思维方式"如何理解？哪位同学可以帮忙解决一下。（学生发言、教师总结）

3. 本课小结

本课我们主要从文化对人的影响的来源、表现、特点三个方面感受了文化的影响，哪位同学能概括总结一下"文化与人的关系"及学习本课对你的启发。（引导学生思考如何接受健康向上的文化的影响，为下一节学习打好基础）

4. 巩固练习（略）

5. 布置作业

（1）2011 年 1 月 25 日，中央外宣办牵头召开深入整治互联网和手机媒体淫秽色情及低俗信息工作会议，确定了 2011 年三大工作目标和五项工作重点。会议认为，整治互联网和手机媒体淫秽色情及低俗信息专项活动取得了显著成效，网上传播淫秽色情及低俗信息的势头得到遏制。但随着互联网新技术新业务不断涌现，淫秽色情网站传播方式更加隐蔽，清理整治工作任务依然艰巨。

（2）依学案预习下一节《文化塑造人生》。

九、板书设计

感受文化影响

文化环境

文化活动

交往行为和交往方式

实践活动、认识活动和思维方式

潜移默化

深远持久

Ⅲ　谈"问题导教法"模式在高中政治教学中的应用
——以《文化创新的途径》为例

在高中政治教学中运用"问题导教法"教学，整个教学过程有如下步骤：强化——用课件展示上一堂课的适量问题，让学生思考、回忆，目的是加深记忆，减少遗忘，巩固和升华旧知；置疑——课件展示本堂课所设置的若干问题，供学生自主学习、探究；师生互动——学生围绕课件展示的若干问题，自主学习、探究，求助同学、老师帮助，以获取问题答案；老师为学生作向导——适当提示、启迪学生，解答部分学生疑惑；评判——学生代表汇报学习成果，老师对学生自主学习、探究的成果进行评判，并及时矫正学生知识错误和补充知识钻研的不足；升华——老师或学生代表将本节内容作归纳总结，达到强化和系统化本节知识的目的；巩固提高——课件展示课堂练习、课后作业，供学生练习巩固。具体到每堂课，一般分为三段：课前、课中、课后。课前——上新课前，花 3—5 分钟，将上一节课的内容及与本堂课有关的内容用问题的形式提出，让学生回顾巩固"前知"（前面所学知识）并让他们产生探究新知（本堂课所要学的内容）的欲望。课中——新课教学，花 25 分钟左右，教师围绕本堂课新知，用课件展示若干问题，让学生围绕这些问题进行自主学习、探究讨论、求助老师、同学的帮助，以解决这些问题；并花 5—8 分钟时间对学生学习、探究的成果进行评判和知识的归纳总结。课后——新课后，花 5—8 分钟的时间，让学生做做课堂练习，用以巩固提高本堂课所学的内容；花 1 分钟左右时间布置下一堂课要解决的问题，好让学生在自习课时，做好课前预习。下面笔者以教授"文化创新的途径"内容为例谈谈政治教学中怎样运用"问题导教法"模式搞好教学。

一、强化——旧知复习提问

设置的问题要求精简，既能做到对上一堂课的知识巩固和升华，又能引入新课教学，同时，要求占用的时间不多，不影响新课教学。

课件展示：①请说出：进行中外文化交流的原因与措施。②请说出：继承传统文化的正确态度。③请回答：文化创新的源泉和作用。（学生举手回答，教师作出评判后课件展示参考答案）

二、置疑——新课教学引入

课件展示供学生自主学习探究的若干问题。所设置的问题要求：

（1）紧扣教材。一堂课的教学，必须完成教学任务。所以老师在备课时，必须深钻教材和教学大纲，围绕教材和大纲设置问题。

（2）设置的问题必须是学生的"最近发展区"。在设置问题前，必须充分了解学生所掌握的知识程度及学生的心智水平。

课件展示问题情境一：创设情境：2008年暑期美国梦工厂年度影片《功夫熊猫》在全球火热上映。你知道吗？《功夫熊猫》的制作秘籍：材料一、事事认真，做足资料搜集，是好莱坞电影的致胜之道。电影蕴涵了丰富的中国元素。这些是美术总监花了8年时间，钻研中国文化、艺术、建筑、山水风光的结果。

材料二、电影以功夫为主题，特别请了一位武术教练开班，安排动画设计人员上堂习武，好让他们能更具体了解各种功夫招式。课件展示供学生自主学习探究的问题一：

《功夫熊猫》的制作秘籍看，文化创新的根本途径是什么呢？

材料中是如何体现的？

你还能举出相关的例子吗？

课件展示问题情境二：创设情境：展示"金镶玉"奥运奖牌图片，引导学生自主探究相关问题。课件展示供学生自主学习探究的问题二：

这图片里展示的物品是什么？

这个设计方案为什么最终能够胜出？

这个方案的胜出告诉我们文化创新的重要途径是什么？

这个方案的胜出启发我们要如何把握好当代文化与传统文化的关系？请举一举文化方面有关"取其精华、去其糟粕"，"推陈出新、革故鼎新"的实例。

课件展示问题情境三：创设情境，展示徐悲鸿的故事和作品《奔马图》。课件展示供学生自主学习探究的问题三：为什么徐悲鸿的作品能驰誉世界呢？结合这个例子，你认为应如何处理传统文化与外来文化的关系，做到文化创新？请举出中外文化交流的实例。课件展示问题情境四：课本第55页的三个观点。课件展示供学生自主学习探究的问题四：讨论课本第55页的三个观点哪些是正确的，哪些是错误的？为什么？

观点一：外来文化是先进的文化，应该照搬过来。

观点二：外来文化和传统文化不相容，应该坚决抵制。

观点三：外来文化中有优秀的部分，也有落后的部分，我们应该根据自己的实际情况，结合自身发展的需要，有选择地借鉴和吸收外来文化。

Ⅳ "润物细无声":政治课堂的生活化
——《色彩斑斓的文化生活》教学设计

【教材分析】

《发展中国特色社会主义文化》是人教版高中《思想政治》必修③《文化生活》整本教材的逻辑终点和最后的落脚点,《色彩斑斓的文化生活》是这一单元的第一节,主要是引导学生感受当今社会人们丰富多彩的文化生活,学会辨识各种文化现象,选择健康向上的文化生活,是第四单元的起点。本节分三目,第一目"当代文化生活素描",主要描述了当今我国文化生活的多样性以及导致文化生活多样性的原因,目的是表现当代文化生活的特点:色彩斑斓。第二目"文化生活的'喜'与'忧'",主要描述文化市场和大众传媒的发展给文化生活带来的可喜变化,以及文化市场的盲目性和大众传媒的商业性给文化生活带来的令人忧虑的现象,启示我们对文化市场和大众传媒要积极管理,正确引导。第三目"发展人民大众喜闻乐见的文化"讲述了人们的精神文化生活需要的多样性,要提供多种类型、多样风格的文化产品,以满足广大人民群众日益增长的精神文化生活需求;明确我们所倡导的大众文化,即面向广大人民,反映人民的利益与呼声,为人民大众所喜闻乐见的社会主义大众文化。

【学情分析】

通过《文化生活》前三个单元的学习,学生懂得了什么是文化,学习了文化的传承与创新,了解了我们的中华文化和民族精神,为本课的学习奠定了基础。现在的高中生思想活跃、思维敏捷、独立性强,他们关注社会,对流行文化的感受力越来越强烈,同时,他们对良莠不齐的流行文化缺乏分辨能力。如何认识文化生活的"喜"与"忧"?怎样的主旋律作品才能吸引他们?

如何引导他们去解读流行文化，丰富精神生活？如何把握流行趋势，理性地选择，使自己的个性得到张扬的同时，更快、更好地融入集体、社会，找到自己的位置，这是一个重要而又亟待解决的问题。

【教学目标】

把握大众文化的丰富内涵，认识加强社会主义文化建设的重要性。

（1）了解当今我国文化生活的多样性；了解文化市场和大众传媒对文化生活的影响；知道只有发展多样性的文化，才能满足广大人民群众多层次、多样性的精神文化生活需要；明确发展为人民群众所喜闻乐见的大众文化的重要性。

（2）培养学生运用所学知识对现实问题进行判断、比较、鉴别、概括的能力，树立全面看问题的观点。

（3）全面了解文化生产和文化消费的多样性及文化生活中存在的一些问题，从而正确地选择健康有益的文化生活，促进社会的全面进步。

【教学重、难点】

（1）重点：如何正确评价文化市场和大众传媒的发展对文化生活的影响。

分析：文化市场的健康发展对构建社会主义和谐社会意义重大，不健康的文化产品对未成年人危害大，而大众传媒对文化生活的影响既有利也有弊。

（2）难点：正确把握大众文化的含义。

分析：我们所倡导的大众文化与通常所说的大众文化在内容上是有区别的，容易混淆，而学术界对大众文化的本质含义也没有统一认识。

【教学过程】

一、导入新课

PPT 展示教师本人参加江苏卫视《一站到底》图片。

师：老师曾经参加过江苏卫视的一档栏目——《一站到底》，上面还有老师的介绍，现在，我想让大家一起来看看节目上面的这段视频。播放教师参加《一站到底》的当期视频。

师：地方卫视老师已经去过了，但是老师最想参加的还是中央电视台的春晚。这是我的一个梦想。我想考一考我们同学对春晚了解多少。

PPT 展示第一届中央电视台春节联欢晚会和 2014 年马年春晚的主持人着装、节目图片对比。

师：和 1983 年第一届春晚相比，30 多年来，春节联欢晚会有哪些变化呢？

（引导学生说出服饰、技术、舞台、化妆、背景、节目种类等变化）

学生回答。（略）

师：春晚只是我们文化生活的一个侧面，综观当今国人的文化生活常态，老年人轻抚《梅花三弄》，广场舞大秀《最炫民族风》，中年人读书看报观天下，闲茶淡酒品人生，年轻的我们书籍与网络齐飞，微博共微信一色。这不禁让人感叹：生命是如此精彩，文化是如此丰富。用四个字来形容我们当下的文化生活的特点就是"色彩斑斓"，今天我们就一起走进"色彩斑斓"的文化生活，去赏、去思、去发现。（板书：色彩斑斓）

（设计意图：由教师本人参加《一站到底》和春节联欢晚会节目图片导入，贴近学生实际，贴近生活，容易激发学生的学习兴趣，使学生直观地理解文化生活的斑斓色彩）

二、讲授新课

探究活动 1：为什么当代文化生活呈现出色彩斑斓的特点？

师：进入我们第一个小组探究：文化生活色彩斑斓的原因是什么？大家可以联系我们以前学过的内容，还可以联系别的模块知识。每四个人组成一组，自愿选出小组长负责记录组员的发言。时间 1 分 30 秒。

学生讨论、回答。（略）

（回答内容预设：传播速度快，传播途径多，经济发展，文化产业繁荣）

师：大众传媒对文化的传播作用是构成当代文化生活色彩斑斓的原因之一。再想想，还有其他原因吗？

（引导学生回忆《文化生活》之前学过的其他模块的知识内容，让知识立体化、系统化）

学生回答。（略）

师（小结）：科学技术的进步，社会主义市场经济的发展，促进了经济、文化的协同发展，同时也让文化发展得色彩斑斓、丰富多彩。

师：这里，我不禁想问大家：大众传媒和文化市场的发展对文化生活有什么影响？大家可以思考一下。现在，我们再回到春晚的话题上来。中国人的文化生活越来越色彩斑斓，春晚的节目也越来越丰富多彩了，我们来看一下今年春晚的节目单。请每个小组分以下几步加以讨论：

（1）你喜欢今年春晚哪个节目？

（2）谈谈你的理由。小组长负责记录组员的发言。

PPT 出示马年春晚节目单。

学生小组讨论。（略）

师：好，讨论结束。刚才同学们的讨论实在是热烈，老师都不忍心打断。现在就让我们一起听听同学们的高见！

学生阐述自己喜欢的春晚节目，并阐明喜欢的原因。（略）

师：春晚作为一种文化，带给我们非常重大的影响，那么，这些影响体现在什么方面呢？

学生回答。（略）

师：的确，文化市场和大众传媒的发展，给文化生活带来了可喜的变化，它表现在以下四个方面——充实人们的精神生活；传播科学文化知识；接受正确的价值观念，提高思想道德素质；引导人们的消费观念，推动生产的发展。（板书：科学技术、社会主义市场经济）

师：从这个方面来说，文化市场和大众传媒的发展给我们带来了"喜"的变化。（板书："喜"）

（设计意图：通过让学生阐述自己喜欢的春晚节目，锻炼学生由实际生活上升到理论的能力，加深对当代文化市场和大众传媒的认识，从而理解本节第一目的内容，了解当代文化生活的特点和文化生活色彩斑斓的原因）

探究活动2：大众传媒给文化生活带来的是否都是可喜的变化？请举出具体事例加以论证。

师：请同学们思考一下，文化市场和大众传媒给我们带来的是否都是可喜的变化？大家能否举出具体的事例？

学生回答。（略）

师：刚才同学们提到的这几个例子，都能有效地说明文化市场和大众传媒给我们带来的不仅是可喜的变化，还有让我们"忧"的一面。其中，老师觉得"秦火火"事件最能说明问题。（出示"秦火火"庭审照片）

PPT出示材料："秦火火"原名秦志晖。秦志晖供认他主要从事网络推手、网络营销等业务，为了扩大知名度、影响力，他和他所在公司的员工组成网络推手团队，恶俗包装女孩，助其成名，严重败坏了社会风气，非法攫取经济利益数千万元。2011 年以来，秦志晖用过"中国秦火火"等 12 个后缀为"秦火火"的网名造谣传谣 3000 余件，恶意诋毁公众人物造成不良的社会影响。

师：通过"秦火火"事件，我们看到大众传媒和文化市场的发展不仅带来了可喜的变化，同时也引发了令人忧虑的现象。不法分子会利用新途径捏造事实、造谣，进而从中牟利。（板书："忧"）

PPT 出示当前社会上利用大众传媒不负责任传播的表现：

（1）有些部门和单位在经济利益的驱动下，不顾社会效益，肆意生产、销售虚假的、品位低下的文化产品。

（2）有些文化产品借消遣娱乐的名义，以荒诞、庸俗的内容，迎合低俗趣味。

（3）有些媒体单纯追求轰动效应，热衷于捕风捉影的"新闻"炒作，不负责任地传播"绯闻轶事"。

师：这些令人忧虑的现象的产生，说明了文化市场的自发性和传媒的商业性。所以，我们应该清醒地看到，大众传媒和文化市场的发展给文化生活带来了复杂的变化，既有积极的影响，也有消极的影响，我们应该一分为二地看待。（板书：加强管理，正确引导）

（设计意图：通过"秦火火"这个反面的事例，让学生辩证地看待大众传媒对文化生活的影响有"喜"也有"忧"，从而引导学生正确地判断文化生活中的各种现象）

探究活动 3：面对文化市场和大众传媒带来的"喜"与"忧"，我们应该怎么做？

师：面对文化市场和大众传媒带来的"喜"与"忧"，同学们思考一下，我们应该怎么做？

（教师引导学生多角度、多层面地思考这个问题）

学生回答。（略）

师（小结）：面对文化市场的这种"喜"与"忧"，不可否认的是，政府应该加强管理，正确引导，文化生产者不能一味地强调经济效益，要把社会效益放在首位。但是，只有政府的管理和引导是不够的，作为公民的我们应该自觉抵御、拒绝不良文化影响。

师：而国家广电总局也下定决心要"净化荧屏"，他们出台了"三大禁令"和"四大工程"。看来，文化生活的天空也是逐渐地晴朗起来。（过渡）那么，这还不够，我们应该发展什么文化，才能满足老百姓的需要呢？我们一起来听听春晚上的这首歌，对于这首歌里面的内容，你是"顶"它还是"踩"它？播放大张伟的歌曲《倍儿爽》。

师：我们要不要大力推介像《倍儿爽》这样的流行文化作品？

学生回答。（略）

（回答内容预设：大众流行文化也应发展，更接地气；经典文化更应发展，易于流传；此歌没有营养，适合发泄情绪）

师（小结）：我们应该看到，对于流行文化和经典文化，有人"顶"来有人"踩"，只能说：

（1）萝卜白菜各有所爱。这不正体现了人们对文化的需求日益呈现出多层次、多样化、多方面的特点，要求我们要以一种包容的心态发展文化。

（2）衡量一部文化作品是不是流行作品，主要看它的接受群体是否广泛，是否在一定时期内受到人们普遍喜爱。大张伟这首歌流行到爆棚，正说明他有着广泛的群众基础，反映了很多人的呼声和要求，在某种程度上为大众所喜闻乐见。

（3）流行的不一定就是我们需要的，流行感冒也很流行！我们需要流行文化，也需要经典文化。同时，我们坚决反对低俗、庸俗、媚俗的"三俗文化"污染我们的视听。从这个角度出发，我们要知道：一部真正价值斐然的文化作品必定是人民大众真正需要的、先进的、健康有益的文化产品，如红花锦簇，深处留香，而这三点不正是我们文化前进的方向吗？即发展的是人民大众喜闻乐见的社会主义大众文化。

（板书：社会主义大众文化）

师：那么，什么是社会主义大众文化呢？（联系教材）

学生回答。（略）

师（总结）：大众文化要为广大人民服务；内容要反映人民的利益与呼声；形式要为人民大众所喜闻乐见；性质为社会主义文化。

（设计意图：通过对不同文化生活现象的分析，让学生明白应分别以什么样的态度面对不同的文化现象，才能让文化生活朝着更健康的方向发展。同时，通过让学生发表对是否大力推介歌曲《倍儿爽》所传递出来的这种文化的争论，让学生明确当代文化生活的需求特点，从而进一步理解文化需求的多样性，认识文化产品必须满足不同层次人们的文化需要，深化对大众文化内涵的理解）

三、课堂小结

PPT 展示本节知识体系，然后根据板书内容对本堂课的内容进行梳理。

（设计意图：以板书内容来增强学生的主体参与意识，培养学生的概括能力，帮助学生建立知识体系。）

四、课后延伸

体验践行：请你按照今天所学的内容给春晚导演组提一下意见，让春晚成为我们中国人除夕夜晚的一道"文化大餐"！

【反思】

根据《色彩斑斓的文化生活》教材的内容，本节课有针对性地运用中央电视台的春节联欢晚会这一文化事例，结合教师本人参与的具体文化活动，充分调动学生的积极性，将政治课堂生活化，从而让学生在讨论中自主习得知识，加深对思想政治理论知识的理解。

本节课以分析春节联欢晚会这一生活化的事例为主线展开教学，对小组合作探究学习法、案例教学法和多媒体教学手段进行有机整合，引导学生合作、探究，重视学习过程，强调体验感悟。课堂上给学生思考、交流和表达的空间，构建开放式的政治课堂，从教学效果上看，学生对本节课很感兴趣，能较顺利地接受本课的观点。但是，个人感觉这一堂课还是存在一些不足。首先，在一些环节问题的设置上，缺乏让学生参与的意识，不能在课堂上树立两种碰撞的观点，让学生展开探讨，所以，学生对知识的理解可能会不够深刻。其次，在对学生回答的反馈及问题设计方面不够成熟，没能挖掘更深层次的内容。我觉得，这是我今后在教学中需要提高的。

V　高中政治《体味文化》教学设计

一、教材分析

《体味文化》是人教版思想政治必修3《文化生活》第一课第一节题内容。文化生活作为人类生活的一部分，是学生十分熟悉但还没有正确认识的一个领域。本节内容作为整本书的开篇，着重让学生去感受、体味、理解文化。本节内容共有三部分组成。第一部分通过大量的图片及文字说明展示人类社会多姿多彩的文化现象，让学生体味到文化现象无处不在，但又各具特色。第二部分介绍文化的概念、内涵，让学生领悟文化是相对于经济、政治而言的人类全部精神活动及其产品，并且人们的精神活动离不开物质活动，精神产品离不开物质载体。第三部分通过展现一些材料和观点让学生去感受文化作为一种精神力量所产生的巨大作用。它能够在人们认识世界、改造世界的过程中转化为物质力量，对社会发展产生深刻的影响。

本节教学的重难点是文化是什么，文化与物质的关系。

二、学情分析

（1）高二学生对生活有一定认识，对文化有一定感悟。但文化理论知识却少之又少。

（2）学习本课前应当引导学生的主体参与、探究，使他们学会提出问题（针对本课的主题，提出有探究价值的问题）、学会合作交流（多角度地认识事物本质）。

（3）【课前准备】学生搜集日常生活中的文化现象。

三、教学目标（含重、难点）

知识目标：

识记：文化的内涵；文化与社会实践的关系。

理解：文化现象无时无处不在，人们的文化生活各具特色。

文化具有非常丰富的形式、内容，离不开一定的物质活动和物质载体；文化作为一种精神力量，能够转化为物质力量。

能力目标：

通过学生的主体参与、探究，使他们学会提出问题（针对本课的主题，提出有探究价值的问题）、学会合作交流（多角度地认识事物本质）。

情感、态度、价值观目标：

积极参与健康向上的文化生活，努力提升自身的文化素养。

四、教学过程

【课前准备】学生搜集日常生活中的文化现象。

（1）问题导入，激发兴趣

师：暑假刚刚过去，同学们放假在家都会干点什么呢？

【学生自由发言】如：看电视、上网、旅游、温习功课、打球等。

师：我们就举其中的一例。请同学们思考一下"看电视"是人的一种什么活动。（文化活动）

（2）展现文化、体验文化

（多媒体）多姿多彩的文化现象。（刺绣、书法、戏剧、电影海报、超女比赛等）

师：这些都是我们平时能够看到或感受到的文化现象。同学们还能不能谈谈自己亲身参与的或自己家乡的其他一些文化现象呢？

（将学生的生活引入课堂教学，既激发学生兴趣，又使他们感受到文化现象无处不在）

【学生自由发言】

师：从我们刚才看到的文化现象以及列举的大量文化现象的事例中，我们可以感受到文化现象的丰富多彩及无处不在，无时不在。看到各具特色的文化现象，品尝不同文化生活的韵味，我们更想探究文化生活的意义，更加关注"文化到底是什么"。

（3）认识文化

【学生活动】说说看，你所理解的文化是什么？

【学生讨论后自由发言】可以从创造、享用文化的主体、过程等角度来讲，也可以从文化与政治、经济的区别的角度来讲。

（启发学生充分调动思维，培养学生自主获取知识的能力）

【定义】"文化"是相对于经济、政治而言的人类全部精神活动及其产品。其中，既包括世界观、人生观、价值观等具有意识形态性质的部分，又包括自然科学和技术、语言和文字等非意识形态的部分。总而言之，文化具有非常丰富的形式，如思想、理论、信念、信仰、道德、教育、科学、文学、艺术等。

【学生活动】阅读教材第 7 页上的相关链接认识"文化"一词的由来。

（4）理解文化内涵

【学生思考】"鸟鸣山更幽"是文化现象吗？（不是）

【归纳】文化是人类社会特有的现象。文化是由人所创造、为人所特有的。纯粹"自然"的东西不能称为文化。有了人类社会才有文化，文化是人们社会实践的产物。文化素养是人通过对社会生活的体验，特别是通过参与文化活动、接受知识文化教育而逐步培养出来的。人们在社会实践中创造和发展文化，也在社会生活中获得和享用文化。

（使学生深刻理解文化的内涵）

【学生思考】文化作为一种精神活动和产品，是不是一种"纯"精神产品？

【学生讨论后回答】

【归纳】人们的精神活动离不开物质活动，精神产品也离不开物质载体。我们阅读书籍，欣赏艺术品，参观历史文物，观察人们的社会行为，都可以从中透视人们的精神世界和精神生活，看到历史和现实中的文化，认识文化的传承和发展。

【探究活动】阅读教材第 7 页"专家点评"，谈谈"文化"与"文明"是否相同。

【学生自由发言】

【小结】"文化"是与"自然"相对，重点强调"化"的过程，它既包含积极的方面，也包含消极的方面。而"文明"是与"野蛮"相对，主要指"明"的结果。文化发展中的积极成果就是文明。

（教师适当补充内容：广义的文化、狭义的文化、中国特色社会主义文化）

（拓展学生的知识面，为后面知识的学习作铺垫）

（5）感受文化的力量

【学生活动】阅读教材第8页《共产党宣言》的影响并思考问题：

我们的生活是否离得开文化？

文化对我们的生活有哪些影响？

【学生自由发言】

师：文化作为一种精神力量，能够在人们认识世界、改造世界的过程中转化为物质力量，对社会发展产生深刻的影响。对于每个人的生活来说，文化同经济、政治一样重要，都是追求美好幸福生活的重要内容。对于每个民族和国家的发展来说，文化是民族延续的重要标识，是国民素质和科技水平的重要标志。今天，我们全面建设小康社会，既离不开经济、政治建设，也离不开文化建设。

【小结】我们的生活总是离不开文化的，我们总是在感受着文化的力量，我们的成才呼唤文化，让文化引领着我们走向成功。

五、板书设计

（1）问题导入，激发兴趣

（2）展现文化、体验文化

（3）认识文化

【定义】"文化"是相对于经济、政治而言的人类全部精神活动及其产品。其中，既包括世界观、人生观、价值观等具有意识形态性质的部分，又包括自然科学和技术、语言和文字等非意识形态的部分。总而言之，文化具有非常丰富的形式，如思想、理论、信念、信仰、道德、教育、科学、文学、艺术等。

（4）理解文化内涵

【小结】"文化"是与"自然"相对，重点强调"化"的过程，它既包含积极的方面，也包含消极的方面。而"文明"是与"野蛮"相对，主要指"明"的结果。文化发展中的积极成果就是文明。

（教师适当补充内容：广义的文化、狭义的文化、中国特色社会主义文化）

（5）感受文化的力量

【小结】我们的生活总是离不开文化的，我们总是在感受着文化的力量，我们的成才呼唤文化，让文化引领着我们走向成功。

【反思】

新课程背景下课堂教学过程要求课堂教学从以教为本转变到以学生的主体参与为主，教学方式要求从单向灌输转变为情境建构，注重学生体验。基于这两点要求，本教学设计首先借助多媒体向学生展示丰富多彩的文化，使学生感受现实生活浓郁的文化气息，再让学生联系生活实际叙述自己身边的文化现象，使文化融入生活，也使学生获得了必要的感性认识。紧扣"文化"这个主题，引导学生进行合作学习，使他们在主动思维的过程中，培养起分析问题？解决问题的能力。在学生思考的过程中，教师给予必要的引导，使学生的认识实现了从感性认识发展到理性认识的过程。

VI "世界文化之旅"教学实录及设计解析

一、教学设计

【教学目标】

(一)知识目标

(1)懂得世界文化的多样性与丰富性,每一种文化都有它存在的合理性与独特价值。

(2)知道文化存在差异,学会尊重其他民族和文化。

(3)认识世界文化多元和谐的发展趋势。

(二)能力目标

(1)能通过自己的体验去感悟文化的丰富性和不同文化的独特性,认识到文化差异存在的客观性。

(2)增强全面、辩证地看问题的能力。

(三)情感、态度与价值观目标

(1)能在尊重本民族文化的同时,用欣赏的眼光去看待不同的文化。

(2)养成开放的心胸和态度,共促世界文化的多元和谐。

【教学重点】

了解文化的独特性、多样性和丰富性。

【教学难点】

正确对待文化差异,奏响和谐乐章。

二、教学实录

(一)问答导课

师:近年来,随着人民生活水平的提高,外出旅游的人越来越多了,大家喜欢旅游吗?

生：喜欢！（齐声回答）

师：那好，今天我们一起进行一次特别的旅行，老师称之为"世界文化之旅"。

（板书：世界文化之旅）

设计解析：本课主要通过领略不同国家与民族丰富多彩的文化，理解并尊重文化的多样性，正确对待文化差异，以此扩大我们的交往对象和空间，共促世界文化的多元和谐。教师在设计本课时借用题目中的"旅"字，通过简单的问答，自然引出本课的课题"世界文化之旅"，以此引起学生学习的兴趣。

（二）文化之旅

第一站："环游世界说文化"

师：让我们坐上文化直通车前往本次旅行的第一站："环游世界说文化"。

（教师播放 PPT，引导学生欣赏一段视频图片）

师：刚才大家在视频中都看到了什么？看谁能说得最多。

生 1：有各国的节日，如春节、中秋节、端午节、泼水节、圣诞节、万圣节、狂欢节、奔牛节、番茄节、啤酒节等。

生 2：有各国的标志性建筑，如美国自由女神像、埃及金字塔、法国埃菲尔铁塔和凯旋门、意大利比萨斜塔、澳大利亚悉尼歌剧院、中国长城等。

生 3：有各国代表性的食物，如北京烤鸭、韩国泡菜、日本寿司、美国大汉堡等。

师：大家总结得非常好，刚才视频中展示了世界各国的节日、习俗、标志性建筑物、人物、食物以及绘画等，为什么大家看到了这些内容，会马上想到这个国家和民族呢？

生 4：因为这些节日、习俗等都打上了这个国家和民族的烙印，体现了这个国家和民族的一种文化。

师：既然如此，那你觉得世界文化呈现什么特点呢？

生5：每个国家和民族都有自己独具特色的文化。

生6：世界上有多少个国家和民族就会有多少种独特的文化。世界文化呈现出多样性和丰富性。

（板书：世界文化特点——独特性、多样性、丰富性）

师：刚才我们欣赏了世界各国的文化，作为中华儿女，更应该了解我们中华文化，那除了刚才视频中的中华文化，你还知道有哪些独具特色的中华文化吗？

生7：中华武术、京剧、昆曲。

生8：四大发明、书法、剪纸。

……

师：为了更好地让大家感受中华文化的魅力，我们再一起欣赏一段关于中华文化的视频。

（教师播放"中国映像"视频）

师：视频看完了，请大家谈谈感受。

生9：中华文化博大精深、源远流长。

生10：中华五千年文明史，历史悠久，文化博大精深，我们身为炎黄子孙，应该为中华民族有如此魅力的文化而感到骄傲和自豪。设计解析：教师通过设置视频情境和问题引导学生积极思考，概括出世界文化的特点。通过拓展视频情境展示源远流长、博大精深的中华文化，激发学生对中华民族的认同感和归属感，以此实现本课的情感、态度与价值观目标。

第二站："赏舞蹈析文化差异"

师：世界上有多少个国家和民族，就会有多少种独特的文化，这些独特的文化恰恰说明了各国文化之间是存在差异的。为了更深入了解各国不同文化带来的魅力，我们一起乘坐文化直通车去往本次旅行的第二站："赏舞蹈析文化差异"。

（教师播放非洲多哥部落的舞蹈、西班牙弗拉明戈舞蹈、中国传统舞蹈"踏歌"三段视频）

师：结合视频请大家思考：三种舞蹈，你更喜欢哪种？为什么？

生11：我喜欢非洲多哥部落的舞蹈。因为该舞蹈动作粗犷有力，感情炽烈，是一种很原生态的舞蹈，充分展现了非洲原始部落的野性和原始。

生12：我喜欢西班牙弗拉明戈舞蹈。因为舞蹈的节奏欢快，动作强烈，反映了一种慷慨、热情、狂放和不受拘束的生活方式。

生13：我喜欢中国传统舞蹈"踏歌"。因为该舞蹈婉约、柔和、含蓄、优美、轻盈，集中展现了中国古典文化的风韵。

师：大家知道，舞蹈也是一种文化，以上三个国家的舞蹈可以说各具魅力，各有优点，说明文化虽存在差异，但不分优劣，各有千秋。那除了舞蹈方面的差异，你觉得世界文化在哪些方面还存在差异？

生14：语言文字。

生15：待人接物、礼节。

生16：饮食、服饰等。

（教师展示各国有关服饰、礼节等图片，让学生感受各国文化的差异性）

师总结：看来生活在不同文化背景下的人们在语言、服饰、为人处世、礼节等方面都存在差异。而正是这种差异使世界变得生机勃勃、五彩缤纷、魅力无穷。那我们又应如何对待这差异呢？

生17：每个国家和民族的文化都有其生存和发展的权利，因此，我们要肯定其存在的价值，不能漠视其他国家和民族的文化。

生 18：我们要尊重因文化的不同而带来的行为方式的差异，要善于虚心学习其他国家和民族文化的长处、优点。

生 19：面对文化的差异我们主张平等交流，相互借鉴，求同存异，共同进步。

（板书：尊重、学习、交流）

设计解析：教师通过设置视频以及图片，让学生通过欣赏不同舞蹈给人带来的视觉感受，以及服饰、礼节等各国文化的差异，认识到各国文化虽然存在差异，但不分优劣，各有千秋。本环节的设计旨在引导学生在尊重本民族文化的同时，要学会用欣赏的眼光去看待不同的文化，以此增强学生全面、辩证地看问题的能力。

第三站："文化交流促和谐"

师：让我们一起走进本次文化之旅的最后一站："文化交流促和谐"。

（教师播放两组视频图片，让学生进行对比并思考：一组为京剧团出访美国、海尔品牌落户德国、中国品牌商品欧洲展销；另一组为肯德基落户本地山城、沃尔玛超市进驻中国、苹果手机中国卖场）

师：你从图片中看到了或发现了什么？

生 20：中国的文化或品牌走向了世界，世界品牌也来到了中国。

师：换句话讲，世界不拒绝中国，中国同样也不拒绝世界。
（教师指导学生完成"填一填"的探究活动）

（1）到世界找"中国"

节日习俗

民族品牌

（2）到北京找"世界"

节日习俗

民族品牌

师：填完以后大家想一想，这种现象的存在说明了什么？

生21：各国文化相互交流，相互融合，你中有我，我中有你。

师总结：通过刚才大家观看视频图片，以及"填一填"探究活动的开展，可以说，当今世界各国文化相互促进，相互融合，呈现出多元和谐的发展局面。而这恰恰是当今世界文化的发展趋势。

（板书：世界文化发展趋势——多元和谐）

设计解析：教师通过设置两组图片视频，展示世界文化的多元和融合，并通过完成"填一填"探究活动以及问题的思考，让学生进一步理解世界文化的多元和融合，明确世界文化的发展趋势，以培养学生开放的心胸和态度。

（三）总结升华

师：著名学者费孝通曾讲过一句话："各美其美，美人之美，美美与共，天下大同。""各美其美"是指各自"美"自己的"美"，即要欣赏和赞美自己的美。"美人之美"是指"美"别人的"美"，即要学会赞美和欣赏他人的美。"美美与共，天下大同"是指互相欣赏和赞美，实现理想中的大同美，达到一致和融合。在理解字面的基础上，请大家利用今天所学的知识，结合板书，谈谈你是如何理解费老这句话的。

生（综合学生发言形成的理解）："各美其美"是指每个国家和民族都有自己独特的文化，因此，首先要肯定和欣赏各自的文化；"美人之美"是指在肯定和欣赏本国本民族文化的基础上，同时要善于欣赏和赞美其他国家和民族的文化，尊重文化的差异，善于向其他国家和民族的人民学习。"美美与共，天下大同"，说的是各民族不仅要弘扬自己优秀的文化传统，同时要学习不同民族、国家的优秀文化，相互包容，相互借鉴，最终呈现出多元的文化、多彩的世界。

师总结：刚才同学们回答得很好，文化固然如此，我想做人也应这样。每个人首先要学会尊重自己，欣赏自己，同时要学会欣赏他人，赞美他人，大家和谐相处，才能共创美好的未来。设计解析：这一环节通过费老的名言对本课进行总结，回应文化之旅的前三个环节，在此基础上补充完成板书，意在培养学生的总结和概括能力，同时提升对本课的整体认识。

三、教学反思

本课设计，整体以"文化之旅"为主线，层层递进，环环相扣。文化直通车"三站"内容的设置，分别解决世界文化的特点、正确对待文化的差异、世界文化的发展趋势三个重要知识点，以此引导学生学会与不同文化背景的国家和人民友好交往。最后环节引用费孝通的名言，很好地回应了本课的整体设计，即"各美其美"印证"环游世界说文化"，"美人之美"印证"赏舞蹈析文化差异"，"美美与共，天下大同"印证"文化交流促和谐"。结尾处教师由文化拓展到做人，虽言简却意远。从课堂教学实效看，这节课较好地实现了教学的三维目标。

本课教学，本着让学生"在情境中体验，在体验中感悟，在感悟中成长"的理念，采用文化直通车形式，以图片和视频为载体，并设置了相关的问题情境，让学生在愉快的旅途氛围中体验世界文化的魅力，感悟文化的差异，从而增强民族自豪感和树立起正确对待世界文化的态度。教学方法上注重引导学生思考、讨论、探究，并进行适时的点拨，真正把课堂还给了学生。

本节课的不足之处是在具体的问题设计上欠周全，使得学生的思考方向有些偏离，显得不够流畅，好在及时更换了比较合适的问题之后，教学目的还是得以顺利实现。这启发笔者今后不仅要备教材、备教学方法，还要多备学生，要尽可能地从学生的思维角度来设计问题，这样才能真正实现预设与生成的完美结合。

Ⅶ　"我们的民族精神"教学设计

一、教学目标

1. 知识目标

（1）通过观看国家形象宣传片《人物篇》，让学生感受到浓缩在片中人物身上的中华民族精神；通过进一步具体分析宣传片中所选人物，让学生理解中华民族精神的基本内涵和核心。

（2）通过展示课前小调查的结果，让学生思考他们所列大量历史人物的思想和行为，明确中华民族精神植根于中华文化。

（3）通过对浙大郑强教授的演讲片断和"鸟巢一代"这一"反"一正的讨论，让学生感受到中华民族精神不能在青年一代身上缺失。

（4）通过介绍当前各国重视培育和弘扬民族精神的资料，并和学生一起了解我国"十二五"规划的美好蓝图，来让学生体会到中华民族精神对我国目前发展的重要性。

（5）通过概括和分析近代中国不同历史时期的民族精神，让学生感悟到中华民族精神具有传承性，是与时俱进的。

（6）通过观看利比亚撤侨的视频，让学生从对内对外两个角度分析撤侨的影响，探讨如何弘扬和培育中华民族精神。

2. 能力目标

（1）通过观看和分析国家形象宣传片，启发学生透过现象进行深度思考。

（2）通过分析调查结果，培养学生的抽象概括能力，根据自己的理解推导出第6课和本课的关系（中华民族精神和中华文化的关系）。

（3）通过讨论郑教授的观点，培养学生的辩证思维能力；通过我国当前对中华民族精神的重视，培养学生用联系的、全面的观点看问题的能力，能从对具体问题的认识上理解中华民族精神的重要性。

（4）通过对近现代中国不同历史时期的民族精神的概括，培养学生从个性中找出共性，并学会用发展的观点看问题的能力。

（5）通过对利比亚撤侨的分析，培养学生多角度分析问题的能力，进而认识到弘扬中华民族精神不仅是国家的事，更是每个公民的责任。

3.情感、态度、价值观

（1）通过观看国家形象宣传片《人物篇》，增强学生的民族自豪感和自信心。

（2）通过对浙大郑强教授的演讲片断和"鸟巢一代"一"反"一正的讨论，激发学生对中华民族精神的认同感；

（3）通过对我国"十二五"规划的美好蓝图和近现代中国不同历史时期民族精神的分析，让学生懂得只有发扬团结一心、艰苦奋斗的中华民族精神，才能实现中华民族的伟大复兴，从而增强对民族精神的自信心。

（4）通过对利比亚撤侨的分析，增强学生的责任感、使命感。

二、教学重点、难点

弘扬中华民族精神的重要性。

三、教学过程

【导入】（播放国家形象宣传片《人物篇》）在前面学习"文

化软实力"时我们看过这部宣传片，今天重温这部颇受关注的片子，是要让大家认识到制作和播出这部宣传片，不仅是塑造国家形象、展示我国软实力，更是通过选取的五十位各领域的典型人物来展现中国人民昂扬向上的精神面貌，展现他们身上浓缩的我国当代民族精神。（引出课题：第七课"我们的民族精神"）

【讲授新课】

环节一：中华民族精神的内涵

国家形象宣传片《人物篇》选取的人物是各个领域的代表人物，StunningChineseBeauty：千手观音表演者邰丽华；InspiringChineseBravery：奥运火炬手金晶；Leading-EdgeChi-neseAgriculture：世界杂交水稻之父袁隆平；ExtraordinaryChinesePeople：郭明义（当代雷锋）；ThrillingChineseAthletics：著名篮球明星姚明；Thought-ProvokingChineseScholarship："嫦娥奔月"工程运载火箭系统总指挥岑拯；ChineseSpaceTravel：神舟五、六、七号全体航天员……

【设问】请同学们说说这些人物身上展现了什么民族精神呢？（学生回答略，教师把学生的回答用板书呈现出来）

【教师总结】我们的民族精神只体现在当代人身上吗？当然不是。我们课前做了一个小调查："你知道有哪些体现我们民族精神的人物或事件吗？"（投影展示汇总的调查结果）在调查中大家也提到了上面这些人物，同时同学们还列出了大量历史人物的思想和行为。从古至今的这些人物集中体现和传承了我们的民族精神，在五千多年的发展中，中华民族形成了以爱国主义为核心，团结统一、爱好和平、勤劳勇敢、自强不息的伟大民族精神。

（板书：一、中华民族精神的内涵　1.内涵）

民族精神到底源于何处？我们的民族精神深深植根于我国悠久的历史与文化传统之中，正是我们民族在几千年发展壮大的过程中所创造的优秀传统文化熔铸了伟大的民族精神。从我国传统文化中可以找寻到中华民族精神内涵的深刻思想根源（幻灯片出示民族精神内涵及其可以对应的思想）。

（板书：2. 中华民族精神与中华文化的关系）

团结统一、爱好和平、勤劳勇敢、自强不息的精神，相辅相成，无不体现着爱国主义这个主题。早在春秋时代的《战国策》中就出现了"爱国"一词；东汉荀悦的《汉纪》中就有"爱国如家"的说法。儒家不但追求理想人格，而且孜孜以求国格，将国家的荣誉、尊严摆在至高无上的地位，为了国家可以"杀身成仁"。这种国格观构成了近代爱国主义的真正源泉。

（板书：3. 爱国主义是中华民族精神的核心）

环节二：民族精神的重要性

浙大教授郑强专业虽是理科，但对人文教育却非常看重，作了100多场有关爱国主义和人文素养方面的专题报告，针砭时弊，呼吁中国的精神与价值，人称"愤青教授"。据说近期有一次演讲被127次掌声打断，以下是其演讲片断：

（1）日本人宁愿喜欢黑人，也不喜欢我们，因为现在有些中国人没有了精神。

（2）日本人侵犯我们，因为我们出了很多汉奸。将来日本人再侵犯我们，还会不会有汉奸？谁将是未来中国的汉奸？

（3）在当时留学日本东京大学的人当中，我是唯一回来的，但日本人反而敬重我，因为我活得有灵魂，活得有骨气。

【设问】127次的掌声说明郑教授的演讲引起了共鸣，你对他的言论怎么看？（学生的回答有支持有反对，充满了思辨，有利于培养学生辩证思考问题）

【教师总结】郑教授的话难免有些偏激，但他的演讲是希望民族精神不要在青年一代身上丢失，是为了唤起大家对民族精神的重视。可喜的是，一度被认定是"迷茫的一代"和"垮掉的一代"的"80后、90后"，就好像沉睡的巨狮突然醒来。2008年，他们在北京奥运会上的极佳表现，以及"5·12"汶川大地震期间的积极作为，让人们迅速改变了对这一代人的评价，被称为"鸟巢一代"。"鸟巢一代"所表现出来的气势让世界各国的人们印象深刻，媒体纷纷赞誉他们胸怀宽广、激情满怀、肯担当、有抱负、理性爱国、友善、有梦想、敢于竞争、奉献精神、快乐、平等交流、责任心强、崇尚参与，是中国的希望，更让我们看到他们身上迸发的民族精神的巨大魅力。在刚刚通过的"十二五"规划中提出，到2015年GDP将会增长40%，达到55.8万亿元。这个硬任务需要"软实力"来帮助实现，需要全体人民团结一心，埋头苦干，共创美好发展蓝图。所以，规划提出要"推动文化大发展大繁荣，提升国家文化软实力"。全国政协委员、国家图书馆馆长周和平接受人民网记者采访时说"提升文化软实力，最核心的就是要培育民族精神。没有民族精神，哪里来的软实力？"从中我们感受到，在发展中国特色社会主义的历史进程中，中华民族精神发挥着不可估量的作用。

（板书：二、我国当前弘扬民族精神的重要性）

民族精神是维系中华各族共同生活的精神纽带，支撑中华民族生存和发展的精神支柱，推动中华民族繁荣强盛的精神动力。

（1）弘扬和培育中华民族精神，是提高全民族综合素质的必然要求。

（2）弘扬和培育中华民族精神，是不断增强我国国际竞争力的要求。

（3）弘扬和培育中华民族精神，是坚持社会主义道路的需要。

环节三：薪火相传，越燃越旺

民族精神贯穿于中华民族发展进步的每个历史时期，并与每个时期的时代主题相呼应，如新民主主义革命时期的井冈山精神、长征精神、延安精神等，在社会主义革命和建设时期的雷锋精神、"两弹一星"精神、大庆精神、抗洪精神、载人航天精神等。这些精神具体形成的历史背景不同、呈现形式多种多样，但它们有共同的内涵，精神实质是相同的，都是以爱国主义为核心的民族精神的体现，与民族精神一脉相承而又与时俱进，这些精神是过去的，但更属于现在和将来，无论就其中哪一点来说，都是不朽的，是永远的民族之魂。

【设问】目前，我国正处在社会主义市场经济体制的建立和完善时期，知识经济时代来临，经济全球化进程不断加快，针对这样的时代特点，需要哪些精神观念与之相适应呢？

学生思考、讨论并回答，老师总结：如社会主义市场经济体制的建立和完善要求自立意识、竞争意识、效率意识、民主法制意识；知识经济时代的来临要求民族精神必须充分体现科学精神和创新精神；经济全球化进程不断加快更要求我们既要继承发扬中华民族伟大的爱国主义精神，又要培养国际合作意识，正确处理国际化与民族化的关系问题等。

（板书：三、薪火相传，越燃越旺）

环节四：如何培育和弘扬民族精神（播放我国从利比亚撤侨视频）

【设问】从对外、对内两个角度，说说我国撤侨的影响。（引发学生深思）

（学生回答略）

【教师总结】中国政府此次撤侨的影响从对外、对内两个角度来看，对外：不仅体现了政府对海外侨民和工作人员的关心，中国政府处置突发事件能力增强以及应急机制的日益完善，更是综合国力提升的表现，提升了中国国际影响力。"中国撤离行动凸显了中国全球影响力的增长。"（美国《华尔街日报》）对内："利比亚大撤侨背后的第一个语境是中国国家意识的觉醒。中国人在海外有了更多中国公民概念的新体验和自豪感，这种高调彰显的国家意识有助于提升民族凝聚力和向心力。"（法国《欧洲时报》25日评论）国家以人为本来凝聚民族精神，那么每个公民应该如何做呢？作为青年学生应该怎么做呢？高二（1）班学习了"我们的民族精神"这一课后，班里的孙茜蕊同学在汇文党建博客上写了她的课堂感言，版主白瑞祥书记给予了评论，其中他说道："爱国不是口号，正如你说，'周一的升旗仪式上，为何不将我们内心的澎湃化作洪亮的国歌声？校服上的团徽为何不能时常出现在胸前？每日的学习能否再认真一些，用舍我其谁的心情，努力使自己成为祖国未来的骄傲？和平年代，我们能做的同样很多很多。'这正是大爱无疆先有缘，大爱至高也有根，大爱无言却有行。"

（板书：四、如何培育和弘扬民族精神）

环节五：总结升华。（播放歌曲《国家》）

【教师总结】青年是国家的希望，民族的未来。我们人人都应成为民族精神的传播者、弘扬者和建设者，共同续写民族精神的新篇章！

第八章　基于问题导学的生活与哲学教学设计

Ⅰ　亲历政治　引导探究　生活即教育
——《价值与价值观》教学设计

【教材分析】

本节属于人教版高中《思想政治》必修④《生活与哲学》第四单元第十二课第一节题。其内容主要分两目，第一目要介绍价值的基本含义，人是社会一切财富的创造者，人的价值在于创造价值和对社会的贡献以及对一个人的评价主要看他的贡献等内容。第二目要介绍价值观的导向作用，内容包括价值观的基本含义。本节题教学内容是贯彻《全日制普通高中思想政治新课程标准》4.11 规定的"识别事实判断与价值判断的表现，说明价值判断的意义，理解价值观对人们行为的导向作用"的要求。本课主要内容是"实现人生的价值"，而学好本节题的"价值与价值观"是掌握好整个章节的基础和前提。理解价值观对人们行为的导向作用，要明白什么是价值。先从具体事物的价值着手，然后引入哲学意义上的价值，并通过引导学生思考哲学意义上的价值与具体事物价值的关系而真正理解哲学意义上的价值。同时，弄清人不同于物，物永远都是价值的客体，而人既是价值的主体，又是价值的客体。人是价值的创造者和享受者，是价值的主体和价值的客体的统一。因此，人的价值包括个人对社会的贡献和社会对个人的满足两个方面，是社会价值和自我价值的辩证统一。鉴于当前思想多元化，各种不良文化对中学生造成的不良影响，本课的难点问题是引导学生正确认识价值观的导向作用，从而让学生知道寻找正确的价值观就是寻找人生的真谛。

【学情分析】

当代青少年生活在张扬个性、弘扬主体意识的时代。他们缺乏价值判断和选择的能力，面对复杂多样的社会现实，容易出现判断和选择正确价值观的困惑。对学生而言，价值观对其行为有着深层的导向作用，关系到其信念与理想、前途与方向的选择。因此，对学生进行价值观教育成为现代教育中的一个重要课题。而进行价值观教育的关键是让学生对价值观的形成特征有比较系统的了解。高二学生学习了人教版高中《思想政治》必修④《生活与哲学》前三单元的哲学知识，初步掌握了运用唯物论、辩证法的观点去认识问题、分析问题，对辩证唯物主义历史观有了初步的理解，初步树立了正确的理想信念，这为本课教学目标的落实奠定了知识基础。

【教学目标】

（1）识记价值、价值观、价值观的导向作用；理解人的价值的内容以及如何评价人的价值。

（2）使学生具有自觉运用马克思主义哲学的基本观点和方法，正确分析和看待社会、人生的能力，初步具有正确认识和评价人的价值的能力；能运用本课所学，分析物的价值和人的价值的不同，深化对人的价值的理解。

（3）在案例的分析中，促使学生树立起人的价值在于奉献的正确价值观。

【教学重难点】

重点：理解价值观的导向作用。

难点：理解人的价值在于对社会的责任和贡献。

【教学过程】

源于生活　透视人生

师：几年前，两岁女童小悦悦在佛山市某市场外被两辆车相继辗轧。随后，18名路人冷漠走过，使该事件引起社会极大关注。如今肇事司机已经被绳之以法。在选择视频的过程中，我的心情非常沉重，因为许多视频都大篇幅地再现当时小悦悦被碾轧的情景，我很不想和同学们再次回顾那可怕、冷漠的一幕，所以选择的视频相对没那么血腥，现在请大家观看视频。

探究活动一：观看视频，发表各自看法：你如何看待"小悦悦"事件？

视频情景导入：《广东佛山：小悦悦事件肇事司机获刑三年六个月》。

师：你们对这个事件怎么看？请说说看。学生分别从理解、愤怒、心寒几个方面发表自己的看法。（略）

师：不论同学们怎样看待这个事件，其实都是自身价值观的体现。由此，我们不禁要思考：人生的价值何在？什么是价值观？价值观对我们有什么样的影响？从这节课起，就让我们进入历史唯物主义人生价值观的学习，共同探讨人生的意义。请同学们将课本翻到第96页，今天我们学习第十二课第一节题《价值与价值观》。（板书："一、价值与价值观"）

学生浏览教材，找到相关知识点。

师：浏览完教材，谁能说说什么是价值，什么是人的价值？

生：哲学意义上的价值就是指一事物对主体的积极意义，即一事物所具有的能够满足主体需要的属性和功能。

师：哲学意义上的价值是由主、客体两方面构成。价值是一种关系，是人的需要与事物属性和功能间的相互关系。生活中，无论是衣食住行、自然环境，还是文学作品、科学理论，只要对我们有积极意义，能满足我们的某种需要，那么就可以说是有价值的。因此，哲学上的价值概念，涵盖了不同领域事物的价值，具有高度的概括性和普遍性。（设计意图：通过生活实例导入，让学生在心灵深处产生强烈震撼，认识到树立正确人生价值观的现实意义）

模拟生活　体验人生

师（过渡）：那么，人的价值也是这样吗？它跟事物的价值有何不同？人的价值和物的价值有什么相似之处和不同之处呢？接下来我们一起进入下一个环节，一起来探讨这些内容。

探究活动二：假如你是陈贤妹老人，选择救起小悦悦，你准备选择哪些东西和何种交通工具到医院呢？请说明理由。

学生思考、回答。（略）

（回答预设：选择止血绷带——小悦悦失血较多；选择矿泉水——小悦悦需要补充水分；不选择三国杀——游戏在救人方面无用；选择出租车——去医院最便利；不选择飞机、动车——此时此地无法派上用场）

教师和学生共同得出结论：之所以会选择这些东西，是因为它们对救助小悦悦有用，这些物品的某些属性和功能能满足我们救人的需要。可见价值是一种关系，即事物对人的积极意义。物的属性和人的需要是构成价值的不可缺少的两个方面。

师：物的价值是这么体现出来的。那么，人有价值吗？人与物的价值有什么不同？（板书："1. 人的价值""（1）价值的基本含义"）

师：哲学意义上的价值就是指一事物对主体的积极意义，即一事物所具有的能够满足主体需要的属性和功能，由主、客体两方面构成。那么人的价值也是这样吗？它跟事物的价值有何不同？人的价值与物的价值有什么相似之处和不同之处呢？

学生回答。（略）

师：没错，物的价值是一事物对主体的积极意义，而事物本身是没有需求的。人既是价值的创造者，又是价值的享受者，人的价值包括社会价值和自我价值两个方面。（板书："（2）人的价值在于创造价值"）

PPT呈现材料：在小悦悦事件中，直到第19个路人陈贤妹老人才救起了小悦悦，这是有价值的，也是陈婆婆朴实而高尚的个人品质表现。当有老板奖励她10万元，阳山政府也奖励她1.78万元时，一些别有用心的人质疑陈贤妹老人这样做是炒作行为，是为了钱，为了出名。接连不断的采访和颁奖，将陈贤妹原本平静的生活彻底打乱。为了避开风头，她甚至"逃离"佛山，回到老家阳山。对于现在人们的冷漠，陈贤妹说她不会怕，"只要能帮到人，我都会去帮，救人最重要"。有人为陈贤妹老人抱打不平，认为："救人却引起别人质疑，还给家人带来不便，那真不值得！"

师：从陈贤妹老人的事例中我们可以看出人的价值是什么？如何评价？（板书："（3）如何评价人的价值"）

学生讨论并回答。（略）

（回答预设：陈贤妹老人为社会做出了巨大贡献，实现了她的社会价值，而社会也给予她很高的尊重和认可，这体现了她的个人价值。陈贤妹老人虽然被人误会和质疑了，但是她实现了自己的人生价值。人生价值在于对社会的责任和贡献）

师：面对被撞倒在地的小悦悦，18位路人选择视而不见，陈婆婆却毫不犹豫地扶起了她，由此可见，人的价值在于创造价值，在于对社会的责任和贡献，即通过自己的活动满足自己所属的社会、他人以及自己的需要。所以，我们说，评价一个人的价值主要是看这个人对社会发展和人类进步事业的贡献。

（设计意图：通过讨论和交流，及时将社会正确价值观以学生能够接受的方式传递出来，启迪和帮助学生进行正确价值观的个性构建）

直面生活　感悟人生

师：其实，一个人走什么样的人生道路，选择什么样的生活方式，都是在一定的世界观和价值观的指导下进行的。不同的价值观，决定了人们在面对公义与私利、生与死的冲突时所做出的选择。下面我们一起来分析接下来的内容。（板书："2. 价值观的导向作用"）

探究活动三：就"小悦悦事件"看，18个路人和陈贤妹老人的行为哪个更有价值？为什么？

师：大家也想想这个问题。小悦悦最终没有被救活，那陈贤妹老人救人的意义在哪里？

学生回答。（略）

师：这个问题对于大家来说是毫无疑问，当然是陈贤妹老人的行为更有价值。可是，既然救人是件有价值的事，为什么那18个路人却选择了不救呢？

学生回答。（略）

师："小悦悦事件"已经过去几年了，时间并没有冲淡人们的愤懑和自我"救赎"的反省。可以说18个路人"见伤不扶""见死不救"的冷漠加剧了世人心头坚冰的厚度。"小悦悦事件"发生后，全国掀起轩然大波，出现了一系列诸如媒体谴责、校长撑腰、网民声讨等道德大思考。对此，我相信大家也都有自己的看法，但不论同学们持哪一种观点，其实都是一种价值观的体现。那么，什么是价值观？（板书："（1）价值观的含义"）

学生联系教材回答。（略）

师：从社会存在与社会意识的角度来看，价值观属于社会存在还是社会意识?

学生回答。(略)

师:社会意识与社会存在之间有什么关系?价值观的反作用是什么?

学生回答。(略)

(回答预设:价值观作为一种社会意识,对社会存在具有反作用,科学的社会意识会促进社会存在的发展,而落后的社会意识则会阻碍社会存在的发展。关键的时候,决定人们做出选择的是价值观。价值观具有至关重要的导向作用)

师:从这个事情上,我们也可以看出,"小悦悦事件"引起的社会反响非常大。在这个事情之后,对陈贤妹老人,有人称赞她,也有人要辞退她,还有人讽刺她。为什么同样一件事情,不同人会有不同的看法?这些看法会导致什么样的后果?

学生思考、回答。(略)

师(过渡):遇到一件事情时,不同的行为选择,带来的结局是不同的。肇事司机胡军选择的是继续前行,所以带走了一条生命,也给自己带来了3年多的牢狱之灾。而陈贤妹老人呢,她的精神感动了非常多人,引发了我们对中国人道德的审视。从这里,我们能看出,价值观具有什么样的导向作用?(板书:"(2)价值观的导向作用")

学生回答。(略)

(设计意图:适时把握住教育契机,让学生明白在现实生活中碰到这些问题时,内心深处究竟应该相信什么、需要什么、坚持和追求什么)

探究活动四:对待同一事件,为什么会有不同的看法?这些看法会导致什么样的后果?给我们有什么启示?

师:"小悦悦事件"中18:1的比例的确触目惊心,也令人寒心，但我们不能因此就对整个社会绝望。要改变冷漠的现实仅靠愤怒和谴责是不够的，还需要我们深刻的反思和切实的行动。请同学们换位思考一下，假如事情发生在我们身边，我们该做什么？我们能做什么？

学生思考、讨论。教师慢慢引导学生把讨论的话题集中到"身处事故现场，救或不救？自己救了人之后，被人误会了，怎么办"上。

师：同学们的讨论很精彩。我也想表达一下我的观点。如果是我在现场，我会选择打电话报警，并用醒目的方式告知过往的车辆。社会比我们想象的复杂，在伸出援手救助他人的时候也要学会保护自己。

师：价值观是人生的重要向导，是我们能否拥有美好生活的航标。寻找正确的价值观就是寻找人生的真谛。那么，什么样的价值观才是正确的价值观呢？

学生思考、讨论，表达自己的想法。教师根据学生的回答做出适当反馈，并把方向转到树立集体主义价值观上面来并板书。（板书："（3）树立集体主义价值观"）

师：陈贤妹老人瘦弱的外表下，跳动着一颗伟大的心，在"世风日下"的社会环境中，向被碾女童伸出了可贵的援助之手，让我们看到了人性在闪光！而肇事司机的行为，不仅会受到舆论的谴责，还会受到法律的制裁。从陈贤妹老人和肇事司机的结局对比，说明选择了不同的价值观就选择了不同的人生道路。如果有正确的价值观，那么人生是美好的、光明的；相反，错误的价值观将会让人变得自私自利、消极悲观，就容易与庸俗、与苟且为伍。（设计意图：通过讨论，加强学生的自我认识、自我感悟、自我反思，让学生自身的价值观在碰撞中不断完善，从而让学生意识到每个人都责无旁贷，理应担负起自己的道德责任）

师：最后，我们请一位同学回顾一下本节课的主要内容，大家一起思考并补充。

学生发言。（略）

师："小悦悦事件"中18：1的比例的确触目惊心也令人寒心，但我们不能因此就对整个社会绝望。这里，我想用熊培云在《自由在高处》中的一句话与大家共勉——"社会终究是在进步。退一步说，无论环境多么恶劣，你总还可以做最好的自己。这些年，我一直坚持的一个信念是，改变不了大环境，就改变小环境，做自己力所能及的事情。"所以，碰到问题时，我们还要想，不是有一心"只想着救人"的拾荒老人陈贤妹吗，不是有徒手接住坠楼女童的杭州"最美妈妈"吴菊萍吗，不是有扶助摔倒老人、虽被冤枉却依然无悔的司机殷红彬吗……即便在我们身边，也还有许多令我们感动、让我们温暖的人或者事，真正的冷漠并不占多数。希望大家通过今天的学习，都能在实际生活中，努力实现自己的人生价值，自觉树立正确的价值观。

回归生活　展望人生

布置作业：运用本课所学知识以"拒绝冷漠、从我做起"为题，面向全校同学拟一份300字左右的倡议书。

Ⅱ　《矛盾是事物发展的源泉和动力》教学设计

【复习旧课】

师问：矛盾特殊性原理的内容是什么？学生回答（略）。

设计意图：巩固知识，承上启下。

【创设情境　导入新课】

教师活动：视频短片"王家岭矿透水事故救援现场"。（旁白：2010年3月28日，我省乡宁县王家岭发生特大透水事故。在井下被困八天八夜后，第一名矿工被成功营救出井，人们看到了希望！国家安监总局局长骆琳亲临现场，指挥救援："只要有一丝希望，就要尽百分努力。"党中央给受难矿工带来温暖与问候。全体医护人员不舍昼夜，忘我抢救，生命高于一切！紧握双手，传递力量！全体武警官兵齐心协力、众志成城，不放弃每一个救援机会。更多的矿工被营救出井，创造了生命的奇迹!)

学生活动：学生观看、思考，试分析：这段视频说明什么哲学观点？

设计意图：以视频短片"创设情境，导入新课"。学生通过分析，运用上节课的"矛盾特殊性"原理加以说明。从而导出其方法论：具体问题具体分析。

【学习新课】

教师活动：教师在学生自学提纲的基础上进行板书。

1.坚持具体问题具体分析（依据：矛盾特殊性原理）

（1）含义；（2）地位；（3）意义。

教师提出：请同学们阅读教材，解决以上3个问题。

学生活动：（学生上台展示自学提纲）

学生自主学习，识记知识点。掌握具体问题具体分析的含义、地位、意义。

设计意图：由于本课的三个知识点在理解上没有大的困难，主要通过学生自主学习加以掌握。

教师活动：（多媒体展示）

如果问下雨是好事还是坏事，很难做出肯定或否定的回答，应当给出确定的条件。对于卖雨伞的人来说，就是好事；对于卖纸扇的人来说，就是坏事。

学生活动：（课堂探究）

（1）上述材料包含了什么哲学道理？

（2）你在生活中是如何分析具体问题的？

设计意图：对教材的探究题进行修改，使其更贴近生活。让学生在讨论中将"具体问题具体分析"这一原则运用于生活实际，指导实践，突出重点。

教师活动：（归纳）具体问题具体分析是马克思主义的一个重要原则，是马克思主义的活的灵魂。具体问题具体分析是我们正确认识事物的基础；具体问题具体分析是我们正确解决矛盾的关键。

（过渡）矛盾的特殊性告诉我们要具体问题具体分析，王家岭矿透水事故救援工作之所以取得重大进展，是由许多因素造成的，其中政府领导开展科学有效的救援尤其重要。具体分析救援工作涉及多个矛盾，如：通风、抽水、后勤、医疗等。它们同等重要吗？不是，而是有主次之分，这就是我们接下来学习的内容。

教师活动：教师在学生自学提纲的基础上进行板书。（略）

2. 坚持两点论与重点论的统一（依据）

（1）主次矛盾辩证关系原理；

（2）矛盾主次方面辩证关系原理。

学生活动：学生在自主学习的基础上，掌握结构、突出重点。掌握概念、分析原理与方法论。

设计意图：自主学习是合作学习的基础，在学生自主学习的基础上把握教材结构。

学生活动：（课堂探究）（多媒体展示）

如果由同学们负责指挥救援工作，需要安排通风、抽水、后勤、宣传、医疗、善后处理等工作，请你说明。

（1）应以哪一项工作为重点？

（2）其他工作能忽视吗？

（3）作为重点的工作是不是始终不变呢？

设计意图：从学生最关心的当前发生的事件出发进行分析，贴近学生、贴近生活，使学生能更好地理解知识，并将理论与实践相结合。

教师活动：（归纳）（多媒体展示）

（1）主要矛盾和次要矛盾的含义：

主要矛盾：在事物发展过程中处于支配地位、对事物发展起决定作用的矛盾。

次要矛盾：在事物发展过程中处于从属地位、对事物发展不起决定作用的矛盾。

（2）主要矛盾和次要矛盾辩证关系原理：

主要矛盾和次要矛盾相互依赖、相互影响，并在一定条件下相互转化。

教师活动：（过渡）复杂事物的矛盾有主次之分，一个矛盾有两个方面，这两个方面的地位和作用也是不同的。

学生活动：（课堂探究）（多媒体展示）

2010 年 3 月 28 日，山西王家岭煤矿发生特大透水事故。事故发生时，被困职工有 153 人。在党和国家的高度重视下，经过全社会的共同努力，115 人获救，37 人遇难。你如何评价王家岭矿透水事故救援工作？

设计意图：通过学生对王家岭透水事故救援工作进行全面的评价，既看到救援成绩的一面，也看到救援问题的一面，但总体上说救援工作还是成功的，创造了生命的奇迹。这样既激发起学生课堂讨论的兴趣，又加深了学生对矛盾主、次方面原理的理解。

教师活动：（归纳）（多媒体展示）

（1）矛盾主要方面和次要方面的含义：

矛盾的主要方面：是指在一个矛盾中居于支配地位、起主导作用的矛盾方面。矛盾的次要方面：是指在一个矛盾中处于被支配地位、不起主导作用的矛盾方面。

事物的性质是由主要矛盾的主要方面决定的。

（2）矛盾主、次方面辩证关系原理：

矛盾主要方面和次要方面既相互排斥，又相互依赖，并在一定条件下相互转化。

教师活动：（多媒体展示）

请同学们结合以上两道探究题，"如何指挥救援工作"及"对救援工作的评价"，尝试归纳出主要矛盾和矛盾的主要方面的区别。

学生活动：（合作学习）

分组讨论：主要矛盾和矛盾的主要方面的区别。

设计意图：运用分析比较法、合作学习、探究学习等学习方法，分清主要矛盾和矛盾主要方面的区别，从而突破难点。

教师活动：（归纳）（多媒体展示）

主要矛盾和矛盾的主要方面的区别。

（1）标志词不同。"中心""关键""重点""重中之重""突破口""根本上""核心""首位""突出地位"等属主要矛盾，"主流""主体""大多数""总体上""性质""本质""方向""形势"等属矛盾的主要方面。

（2）复杂事物（多个矛盾）有主要矛盾，一个矛盾应是矛盾的主要方面。

（3）讲发展是主要矛盾，讲评价或性质是矛盾的主要方面。

教师活动：（提出问题）

学完主次矛盾和矛盾主次方面原理，我们应该把握的方法论是什么？需要把握什么内容？

学生活动：讨论回答。

设计意图：让学生自主学习，得出结论。

教师活动：（归纳）（多媒体）

（1）两点论：就是在认识复杂事物的发展过程时，既要看到主要矛盾，又要看到次要矛盾；在认识某一矛盾时，既要看到矛盾的主要方面，又要看到矛盾的次要方面。

（2）重点论：就是在认识复杂事物的发展过程时，要着重把握主要矛盾；在认识某一矛盾时要着重把握矛盾的主要方面，要抓住主流。

（3）要坚持两点论和重点论统一，必须反对一点论和均衡论。

综上所学内容，"坚持对具体问题作具体分析"和"坚持两点论与重点论的统一"，这就是今天我们学习的"用对立统一的观点看问题"。

【课堂小结】

教师活动：师问：这节课我们学习了什么？请同学们将本节课的知识结构体系列出。并请一个同学来总结本节课的教学重点和难点。

学生活动：学生独立地将本节课的知识结构体系列出。并指出本节课的重点和难点。

设计意图：由学生自主复习，从宏观与微观上把握本节课的主要内容。

Ⅲ　以问题为导向构建培养学生理性精神的哲学课堂
——《用发展的观点看问题》教学设计

【教材分析】

本课为人教版高中《思想政治》必修④《生活与哲学》第三单元第八课内容。发展的观点是上一课联系观点的逻辑延伸。世界是一个相互联系的总体，这个总体中的事物是相互作用的，这种作用构成了运动、变化和发展。因此发展的观点和联系的观点一起构成了唯物辩证法的总特征。本课发展的观点包含前进性、曲折性和量变质变两部分内容，容量较大，从情境材料的设问和突出教材重难点的实际出发，设计教学方案时，对教材顺序做了调整：先教量变质变，后教前进性曲折性。这也遵循了由具体到抽象，从微观到宏观的认知原则。

【学情分析】

哲学本身就是理性之学，高二学生对哲学的印象是抽象的，所以要通过具体情境让学生理解、接受，从感性上升到理性。同时高二学生处于人生观、价值观逐步成型的阶段，对学习生活中的失败与成功、困难与挫折、奋斗与机遇等现实问题存在迷茫和困惑，本课的教学在一定程度上不仅要起到"传道、授业"的作用，更要起到"解惑"作用。

【教学目标】

（1）以情境材料为背景，通过设置系列问题引导学生总结归纳出事物发展的状态、趋势的原理和相应的方法论要求。设置实验活动让学生学会观察，理解感悟哲学难点。

（2）通过对热点问题的探讨，引导学生关注社会现实问题，培养学生运用发展的观点看问题的能力；引导学生自我反思，把发展的观点运用到生活学习中，培养分析、解决问题的能力。

（3）教学中通过素材的选择、问题的设置和引导、重难点的突出和突破、知识的拓展和延伸等方面培养学生的独立思考、实事求是、勇于质疑、批判创新等精神，促进学生理智面对社会和生活中的各种问题，并能做出恰当的解释、判断和选择。以负责任的态度和行动促进自身发展和社会和谐。

【教学重难点】

教学重点：发展的前进性和曲折性，量变和质变。

教学难点：新事物不可战胜，量变质变关系。

【教学过程】

1.做好量变的准备，促进事物的发展

师（导入）：2015 年 10 月 5 日，一则消息为国庆假期增添了别样的喜庆，又一位中国人获得诺贝尔奖，大家知道是谁吗？

师：有人说《诗经》才是屠呦呦获得诺贝尔奖真正的预言帝，"呦呦鹿鸣，食野之蒿。我有嘉宾，德音孔昭"。这句诗出自《诗经》，是科学家屠呦呦名字的由来。其中的"蒿"指的是蒿类植物。或许是巧合，在《诗经》产生近三千年后，屠呦呦凭借对青蒿素的研究，成为第一位获诺贝尔生物医学奖的中国人。今天我们将用唯物辩证法的发展观，一起探究屠呦呦发现青蒿素的艰难之路。现在先请大家带着问题一起观看这个视频。

问题一：屠呦呦及其团队为研发青蒿素做了哪些具体工作（列举一些数据）？

学生观看视频《屠呦呦与青蒿素》，并从视频中提取相关信息作答。

（设计意图：通过视频，提供鲜活典型的现实情境，以激发学生的学习兴趣。带着问题看视频，有助于提高教学的针对性和实效性。概括视频和材料中的直观数据，有助于学生理解量变和

质变的含义，符合从感性认识上升到理性认识的认知特点）

师（引导）：在项目的第一阶段，我们调查了2000种中草药，确定了640个可能具有抗疟效应的成分。从200种中药中提取了380余种成分用于老鼠模型测试其抗疟效果——可见，这一过程中屠呦呦及其团队进行了大量的积累，哲学上称之为"量变"。经过这些量变的积累最终发现了青蒿提取物，这个结果我们称之为"质变"。现在请同学们根据老师刚才对数据材料的分析和对量变质变特点的描述，结合教材进一步概括出量变质变的含义。

学生结合教材可容易得出量变与质变的含义。

PPT出示量变是事物数量的增减和场所的变更，是一种渐进的、不显著的变化；质变是事物根本性质的变化，是事物由一种质态向另一种质态的转变，是一种根本的、显著的变化。

师（追问）：这是教材上关于量变与质变关系的表述，对于这两个概念内容，同学们有什么疑问？

（设计意图：这两个概念，教材上有明确的表述，追问是为避免学生照本宣科地念现成的知识点、囫囵吞枣地记忆教材或被动等教师的讲授。这个追问是为了激发学生的问题意识，培养其质疑和思考的习惯，转变学习方式）

这两个概念中，有的学生可能会不理解量变中的"场所的变更"这个表述。如学生能提出这个疑问，可让其他学生加以回答。如果学生没法提出并回答这个问题，教师可把这个问题提出来，让学生思考，并辅以金刚石与石墨烯的区别（金刚石和石墨都是碳元素构成，物理性质却截然不同）加以说明。

师：为了更直观展示量变质变，现在请一位同学上来动手操作一个化学小实验：氯化铝滴加氢氧化钠溶液。大家注意观察，操作实验的同学还要用量变与质变的原理解释实验现象。

学生实验操作并分析回答。

师（归纳）：在第一阶段的滴加中，产生氢氧化铝沉淀，这是一次质变。继续滴加，试管中又出现了澄清溶液偏铝酸钠。这是在新质基础上开始新的量变又到质变的过程。所以，从这个实验，我们可以得出量变与质变的什么关系？

（设计意图：理性精神要求大家要善于观察事物，实事求是地分析事物，而科学实验正是这两方面的直接体现。通过这个实验，可让学生更加直观地理解量变质变的原理，同时培养动手实践能力、基本的科学素养和理论推导能力）

学生根据实验观察归纳，教师根据学生的回答，出示 PPT。

PPT 出示：（1）事物发展总是从量变开始，量变是质变的必要准备。

（2）质变为新的量变开辟道路，使事物在新质基础上开始新的量变。

师（追问）：相关内容就在课本第 66 页第一段。大家仔细阅读，找找对其中的内容有什么疑问？

引导学生翻阅教材，并思考：量变是否必然引起质变？质变是否就是发展？

师（归纳）：从前面的分析与讨论，我们可以进一步明确——量变到一定程度才会引起质变；只有前进上升的质变才是发展。

问题二：量变质变之间的关系对我们的生活和学习等工作有什么指导意义？

根据学生的回答，引导学生回归课本第 66 页，归纳用发展的观点看问题的方法论。

PPT 出示：（1）事物发展总是从量变开始，要求我们重视量的积累，为质变创造条件。

（2）量变到一定程度，只有改变事物原有的性质才能发展时，要抓住时机，促成质变，实现飞跃。

师：的确，生活中最慢的步伐不是小步而是徘徊，最快的脚步不是跨越，而是继续，所以我们"要重视量的积累"；大家都有自己的梦想，梦想像鸡蛋，不及时孵化就会变成臭蛋，所以要善于"抓住时机"。那么，大家再思考一下，量变质变关系对民族复兴和实现中国梦有什么启示？

（设计意图：让学生联系生活实际思考，有助于从理论回归到现实生活。理性精神要求学生要能理解当前改革开放的新要求，面对急剧变化的社会，要敢于把握机遇，迎接挑战。通过对该问题的分析和思考，有利于学生学科核心素养中政治认同和公共参与部分能力的提升）

2. 前途是光明的，道路是曲折的

师：刚才我们从事物发展的状态这个比较微观的角度探究了屠呦呦发现青蒿素之路，接下来我们要从事物发展的趋势这个比较宏观的角度来探究屠呦呦的青蒿素研发之路。

师：下面我们再回头思考视频和老师发给大家的辅助文，思考下面这个问题。

问题三：青蒿素有什么独特之处？青蒿素与治疗疟疾的其他药物（奎宁）有什么区别？与传统中医有什么联系？

（设计意图：通过探寻青蒿素的独特性，可引导得出新事物的特征是符合事物发展的客观规律；再从青蒿素与奎宁和传统中医的对比联系中可得出新事物战胜旧事物的原因。此举遵循从感性材料上升到理性认识的思维规律，可突出知识的获取过程，尊重学生的主体让学生在探究中获得新知）

让学生从视频和辅助材料中提取相关信息作答。

师：从同学们的归纳可见，青蒿素作为新事物有光明的前途。进一步深入思考，大家能否从理论上归纳为什么新事物发展的前途是光明的？

根据学生的回答，出示 PPT。

PPT 出示：（1）符合客观规律、克服了旧事物消极、过时的东西，汲取了积极合理的因素，增添了新内容；

（2）旧事物违背发展的必然趋势；

（3）社会历史领域中，新事物符合历史发展的必然趋势和人民群众的根本利益和要求。

师：刚才大家从分析中得出新事物发展前途是光明的，还从对比中得出为什么新事物会战胜旧事物。但是新事物光明前途背后是否意味着发展的道路是一帆风顺的呢？请大家继续阅读材料后回答。

问题四：屠呦呦发现青蒿素和获奖之路经历了哪些困难？为什么会经历这些困难？

让学生结合教材及视频内容，归纳出为什么事物发展的道路是曲折的。

PPT 出示：

（1）新事物发展要有一个过程；

（2）人们对新事物认识也有一个过程；

（3）在社会领域，旧事物会极力扼杀新事物。

师（总结）：这三点实际是从事物自身、人们的认识、旧事物对待新事物这三个角度来说明发展道路是曲折的。大家发现了吗，这其实也是与新事物前途光明的三个原因相对应的。这样对问题的分析就具有很强的针对性。当然，仅了解事物发展的趋势是前进性与曲折性的统一是不够的，大家还要继续思考。

问题五："事物发展趋势的前途是光明的，道路是曲折的"，这个原理对我们的学习生活有什么指导意义？

（设计意图：从原理到生活的运用，目的是引导学生概括出对应的方法论，重在体现获得知识的过程，而不是直接呈现结论）

师（提升）：我们对未来要充满信心，还要做好充分的思想准备，勇敢接受挫折与考验。

师：从前面的学习，我们得知事物发展的趋势是前进性曲折性的统一，状态是量变质变的统一，并且了解了各自的方法论。接下来我们进一步扩宽视野，从屠呦呦获奖这个事件说开去，讨论一个更具有发展性的问题。

PPT出示：（热点追踪）2012年莫言获得诺贝尔文学奖，2015年屠呦呦获诺贝尔生物医学奖，有人欢呼：中国将很快进入"诺贝尔奖时代"。如何看待这一呼声？

（设计意图：在学生掌握基本原理方法后，进一步拓宽思路，打开视野，从屠呦呦的个体事例上升到我国科研发展的趋势判断。本问题具有相当的开放性和一定的思维深度，需要分析我国当前教育科研存在的问题，并思考如何解决这一问题才能真正迎接中国人的"诺贝尔奖时代"。这一过程也是要引导学生独立思考，理智面对社会热点问题，特别是当今中国的变化和发展中出现的各种问题，做出合乎理性的价值判断和行为选择。讨论的最后还是要落实到本课的教学内容，既要对我国科研发展的光明前途满怀信心，也要勇敢面对诸多问题的考验。我们既要克服急功近利的浮躁心态，从小事做起，又要把握当前世界科技发展的契机，敢于做出成绩）

师（小结）：对于这一获奖现象，我们既要从已获奖的事实中获得信心并为之自豪，也要看到当前我们的教育和科研体制等离发达国家还有较大的差距，离"诺贝尔奖时代"还有很长的路要走。所以我们既要克服急功近利的不良心态，脚踏实地潜心积累，也要善于跟踪国际科研发展的前沿，敢于创新，满怀信心地迎接诺贝尔奖的中国人时代。

师：今天这堂课探究了屠呦呦的青蒿素发现之路，探讨了如何看待中国"诺贝尔奖时代"，现在问题的探讨回到自身。

PPT 出示：（自我反思）自己在日常学习和生活中，哪些方面做到了用发展的观点看问题，还有哪些方面做得不够？

（设计意图：通过这一问题可培养学生的批判性思维和自我反思意识，这是理性精神的重要体现，本课实现了从理论逻辑到生活逻辑的回归，学生从中既可获得生活的智慧，也可达到认识的升华）

师（小结）：认识的目的是用于指导实践，之前大家在学习生活中若用发展的观点看问题是下意识、不自觉的，那么从现在开始，我们更应该有意识地用发展的观点对待生活和学习中的各种问题或困惑。用发展的观点看问题，我们既要对未来充满信心，又要勇敢地面对挫折与考验；既要重视量的积累，又要善于抓住时机。那么大家思考下，在日常生活中要做到这两个方面，用一个词概括，哪个词最合适？

（设计意图：用一个词概括整课的方法论对学生来说是个较高的思维挑战，学生既需要对整课内容有总体的把握，也需要有较强的概括能力，体现对哲学的活学活用，对本课教学而言也是个高度的浓缩）

师（总结）：今天所学的用发展的观点看问题，从生活的智慧来说，可以浓缩成一个词——坚持！在量的积累阶段需要坚持，等待质变和飞跃的契机；在曲折的过程中要坚持，相信发展前途的光明！所以，认定了正确的目标和方向，就要坚持再坚持。当然坚持不是从不动摇，而是在动摇中不知不觉做了下来。如果有的同学正经历挫折和失败，那就把坏日子当作好日子的首付吧，坚持就是胜利！本节课到此结束。

【反思】

这是一堂新一轮课程改革即将启动背景下的探究课，目的在于培养学生的学科核心素养中的理性精神。由于缺乏丰富的实践借鉴，也缺乏系统的理论指导，所以且行且思。结合众多听课教师的评价和自我反思，本课的设计在构建培养学生理性精神的哲学课堂方面突出的亮点如下。

（1）在选用素材和使用教材方面：以屠呦呦获诺贝尔奖为背景关注社会生活的重大事件，体现思想政治课的时政性特色，有利于激发学生的民族自信心和自豪感，也为接下去的理性思维的培养铺设了鲜活的感性素材。在教材处理上，先上量变质变，后上前进性和曲折性，使得教材的重点更突出，学生的理解也容易从微观到宏观。这种做法体现了用教材教的理性选择。

（2）在设置问题和激发问题意识方面：系列问题的设置环环相扣，充分发挥学生的主体地位，让学生在概括材料、分析成因、提炼哲学原理的过程中培养自主、理智、抽象概括等思维品质。教师不仅精心设置问题，教学过程中还不断鼓励学生发现问题、提出问题，此举有助于培养学生的问题意识，凸显理性精神的独立思考和批判性思维的具体要求。

（3）在突出重点和突破难点方面：化学小实验的设置不仅直观呈现量变质变的关系，活跃了课堂氛围，调动了学生的学习积极性，更让学生在实践中感悟抽象的哲学知识。此举也培养了学生的动手能力，让学生体会哲学与其他学科的密切关系，体现理性精神的内在要求就是要实事求是。

（4）在教学拓展和延伸方面："热点追踪"和"自我反思"这两个问题的设置，可引导学生从对屠呦呦获奖的个人关注上升到对国家和社会发展的关注，回应了核心素养中理性精神对思想政治课的具体要求：用辩证唯物主义的基本观点讨论国家政治生活中的决策和发展问题，把握国家发展的趋势和阶段性特征，激发学生对国家发展的自信和历史担当。

当然，由于这是一堂探索性的研究课，教学实施后，笔者也发现了可进一步探讨的地方。由于本课知识容量大，课堂最后 10 分钟显得很仓促，所以在辅助材料的提供和问题的设置上可再精简些，在对学生回答的引导和评价方面可再凝练些。

Ⅳ 教学内容处理的思考与实践

——以"用对立统一的观点看问题"为例

设计理念

充分发挥学生的主体作用，在"自主、合作、探究"中培养创新能力，选用贴近学生实际和具有时代气息的典型教学素材，积极创设情境，调动同学们的生活经验，激发同学们的创造热情，通过主次矛盾和矛盾的主次方面的学习、实践与探索培养同学们的辩证思辨能力。

教法学法

（1）教法：情景教学法、实践探索法等。

（2）学法：自主、合作、探究等。

一、实践过程

导入新课：

创设情境一：

展示辽沈战役前的敌我双方形势。

课堂探究：

（1）在辽沈战役中存在哪些矛盾？

（2）为什么把首攻地点选在锦州？

（3）辽沈战役的胜利在哲学上说明什么问题？

进入新课：

（1）在辽沈战役中，毛泽东提出先攻打锦州，这是夺取辽沈战役胜利的关键。因为锦州是通向关内咽喉，又是敌军关内外、陆海空联结的总枢纽，还是敌军唯一陆上物资补给基地。其哲学依据是复杂事物中，主次矛盾关系原理。

（2）让学生举例（也可在学完这部分内容后让学生说明）。

1. 主次矛盾辩证关系原理

本知识点首先应弄明白主、次矛盾的含义，其次理解掌握主次矛盾的辩证关系原理。

（1）主、次矛盾的含义。

①主要矛盾：在事物发展过程中处于支配地位、对事物发展起决定作用的矛盾，就是主要矛盾。②次要矛盾：是指处于从属地位、对事物发展不起决定作用的矛盾。

课本中毛泽东的名言说明在复杂事物发展过程中存在许多矛盾，这些矛盾的地位和作用是不同的，有主要矛盾和次要矛盾之分，要善于抓重点，集中力量解决主要矛盾。

（2）主要矛盾和次要矛盾的关系。

①主要矛盾和次要矛盾相互依赖、相互影响。

就是说，在事物发展过程中，虽然主要矛盾处于支配地位，起着决定作用，但次要矛盾反过来也会影响主要矛盾的发展和解决。如：在学校有许多矛盾，但这些矛盾的中心是教学工作，因为这关系到学校的生死存亡，是学校的生命线，因此，各学校都必须把教学工作作为学校的中心工作，必须抓好；但各种次要矛盾也要处理好，否则，会影响教学工作的正常开展和教学质量的稳步提高。再如，在一个班级中，抓学生的学习应该是主要任务、主要矛盾，这关系到每个学生的未来前途，也是评价一个班集体是否优秀的主要标志。但班级中的纪律、卫生、班风等，是保证学习质量的重要条件，对学习有重要影响，因而，也必须抓好。

②在一定条件下，主要矛盾和次要矛盾可以相互转化。

第一，原来的主要矛盾解决了，或者基本解决了，这时，原来处于次要地位的某种矛盾就会突出起来，成为主要矛盾。

例如，我国对生产资料私有制的社会主义改造基本完成之前，社会的主要矛盾是工人阶级和资产阶级两个阶级、社会主义和资本主义两条道路之间的矛盾。1956 年对生产资料私有制的社会主义改造基本完成之后，这个矛盾基本解决了，于是，人民日益增长的物质文化需要同落后的社会生产之间的矛盾就成为主要矛盾了。

第二，有的时候原来的主要矛盾虽然并没有解决，但由于出现了新的条件，也会发生主次矛盾的相互转化。

例如，我国抗日战争期间，由于日本侵略者的入侵，使中日民族矛盾上升为主要矛盾，而国内的阶级矛盾则暂时地降到次要和服从的地位，由原来的主要矛盾变成次要矛盾。

创设情境二：

（1）展示成语：人无完人，金无足赤

（2）三峡工程该不该建？

课堂探究：

（1）你如何理解"人无完人，金无足赤"这句话？我们应该怎样对待同学，老师、家长和自己？请结合自己实际，谈谈你的想法。

（2）三峡工程利弊分析：三峡工程的利：可以使长江荆江大堤的防洪标准由目前的 10 年一遇提高到 100 年一遇，使 1500 万人免受洪灾威胁；它的发电量相当于 6.5 个葛洲坝工程。三峡工程的弊：是移民问题和生态问题，三峡水库要淹没 11 个县和 2 个城市，迁移人口可达百万以上；三峡水利枢纽工程建成后，会对生态和环境产生一定的影响，特别是一些文物古迹和自然景观会被淹没，这都是不可逆转的影响。

思考：（1）三峡工程有利有弊，谁是矛盾主要方面？

（2）三峡工程的胜利实施在哲学上说明什么问题？

进入新课：

该知识点主要讲两方面的内容：一是矛盾主次方面的含义；二是矛盾主次方面的辩证关系。

（1）矛盾主要方面和次要方面的含义。

①矛盾的主要方面：是指在事物内部居于支配地位、起主导作用的矛盾方面。（重点）

※ 文科班补充：主要矛盾与矛盾主要方面的区别。主要矛盾和矛盾主要方面作为矛盾特殊性的两种情形，虽然都是讲矛盾的不平衡性问题，但二者有着严格的区别。

首先，二者外延不同，主要矛盾是就复杂事物中所包含的"诸多矛盾"相比较而言的。主要矛盾一般只有一个，次要矛盾可以有多个；而矛盾的主要方面只有一方，矛盾的次要方面也只有一方。

其次，两者的内涵不同。主次矛盾讲的是"矛盾体"。可以称为"一个"或"一种"矛盾；而矛盾的主次方面讲的是"矛盾侧面"，只能叫"一方"或"方面"。正因为主次矛盾是"矛盾体"，其内部都包含着矛盾的双方，所以主次矛盾又有各自的矛盾的主次方面。

再次，两者的作用不同。主要矛盾决定事物发展的进程，其原因是主要矛盾处于支配地位，起着决定作用；主要矛盾的主要方面决定着事物的性质，其原因是矛盾的主要方面在力量上超过矛盾的次要方面，在地位上支配着矛盾的次要方面。

最后，两者的方法论要求不同。主次矛盾关系的原理，要求做工作要抓重点、抓关键、抓中心，但又不能忽视次要矛盾。矛盾主次方面关系的原理，要求看问题时要把握本质和主流，但又不能忽视支流。

②矛盾的次要方面：是指处于被支配地位、不起主导作用的矛盾方面。

这就是说，矛盾发展的不平衡性不仅表现在事物发展过程中的多种矛盾中，而且在每一种矛盾中，矛盾双方的地位和作用也是不平衡的，有主、次之分。那么，矛盾的主要方面和次要方面又是怎样的关系呢？

（2）矛盾主、次方面辩证关系。

矛盾主要方面和次要方面的关系是对立统一的，二者既相互排斥，又相互依存，并在一定条件下相互转化。

①二者相互排斥。

主要表现为事物的性质主要是由主要矛盾的主要方面所决定的。这一问题也是本节题的难点。为此，把握这一问题要注意从以下几方面来理解。

a. 唯物辩证法认为，任何矛盾中的两个方面力量是不平衡的。矛盾的主要方面在力量对比上占优势，在矛盾中起主导作用，居于支配地位。

b. 正是由于矛盾的主要方面在力量对比上超过矛盾的次要方面，在地位上支配矛盾的次要方面，起着主导作用，所以在规定该事物的性质中，能起主导作用。而矛盾的次要方面，由于在矛盾中的力量对比上处于劣势，其地位和作用都居于被支配地位，所以，在规定事物性质中不起主要作用。

c. 复杂事物或过程中包含许多矛盾，这些矛盾也是不平衡的，其力量、地位、作用都是不一样的。其中主要矛盾处于支配地位，对事物的发展直接起着决定的作用。这时，事物的性质不是由其他矛盾的主要方面所决定的，而是由主要矛盾的主要方面所决定的。例如，每一种社会形态中有许多矛盾，而决定该社会性质的则是主要矛盾的主要方面。

再如，实行"一国两制"不会改变社会主义性质，因特网的发展，有利有弊，但利大于弊等。

②二者相互依赖。

事物的性质固然主要是由主要矛盾的主要方面所决定的，但不能由此而否定矛盾的次要方面对事物性质的影响和作用。

因为构成事物矛盾的两个方面是对立统一的。没有矛盾的次要方面，矛盾的主要方面也就不存在了。我们说矛盾双方力量的不平衡，就是指在相互依存的条件下，对立双方力量的对比关系。倘若离开了相互依存的条件，所谓对立双方力量的平衡或不平衡，都是不存在的。所以矛盾的次要方面，对规定事物的性质不是不起作用，只是不起主要作用罢了。例如，人的生命运动，主要是由于人体内新陈代谢的矛盾所引起的。其中吸收养料，促进细胞生长的因素居于主要地位，起主导的决定的作用。但是，即使在这时，排除废料和一部分旧细胞死亡的因素也绝不是不起作用的。倘若人体内没有排除废料和一部分旧细胞死亡的因素存在，则生命中新陈代谢的矛盾运动就停止了，生命运动也就停止了。所以当我们认识事物的性质，或在促进事物转化的时候，既要充分认识和把握矛盾主要方面的主要作用，也绝不能忽视矛盾次要方面的作用。

③二者在一定条件下可以相互转化。

矛盾的主要方面和次要方面的区分不是固定不变的，它们相互作用、相互斗争，在一定条件下会引起两方面地位的相互转化。这时，事物就发生根本性质的变化，由这一事物变成另一事物。

学生小结：（1）主次矛盾的含义，主次矛盾辩证关系原理及方法论意义。

（2）矛盾主次方面的含义，矛盾主次方面关系原理及方法论意义。

课堂练习：

1. 生活中人们常说"是药三分毒"，可我们生病时还是要吃药，因为我们看重的是那七分的药效。这启示我们必须坚持（　　）

A. 主观与客观的统一　B. 矛盾主次方面的统一

C. 主、次矛盾的统一　D. 客观规律性与主观能动性的统一

2.（单选）关注民生、保障民生，改善民生，是我们党全心全意为人民服务宗旨的要求，是人民政府的重要职责，也是当前构建社会主义和谐社会的关键所在。这说明（　　）

A. 我国社会主要矛盾和次要矛盾的地位已经变化

B. 民生问题作为次要矛盾制约着主要矛盾的解决

C. 解决民生问题是解决社会主要矛盾的具体体现

D. 民生问题已成为社会主义初级阶段的基本矛盾

3.（单选）GDP 是衡量一个国家或地区经济规模、综合国力和国民收入水平的重要指标。它是分析和判断宏观经济运行状况、正确实施宏观调控政策的重要依据，但它的局限性在于难以反映经济与社会发展的协调性。这反映了：①矛盾有主要和次要方面；②事物都是一分为二的；③矛盾有主要和次要之分；④事物都是表里如一的。（　　）

A. ①②　　B. ②④　　C. ③④　　D. ②③

【板书设计】

（1）主要矛盾和次要矛盾及其辩证关系。

①主要矛盾和次要矛盾的含义：

②辩证关系的内容：

③方法论：

（识别运用的提示词：抓重点工作 // 抓关键 // 抓中心 // 把……作为……重中之重 // 把……放在更加突出的位置 // 集中力量 // 抓重点工程 // 把……作为第一要务 // 集中优势兵力等）

（2）矛盾的主要方面和次要方面及其辩证关系。

①矛盾的主要方面和次要方面的含义：

②辩证关系的内容：

③方法论：

（识别运用的提示词：以……为主体 // 以……为主导 // 经济形势、国际局势和我党的状况总体是好的、主流是好的 // 九个指头与一个指头 // 利大于弊或弊大于利 // 因小失大 // 权衡利弊得失，分清主流和支流等）

二、收获与体会

本堂课用学生历史课上学习的辽沈战役等实例导入，激发学生学习的兴趣。选材典型，环节精巧，教法灵活，活动充分，体现思想政治课新课程改革的方向和特点。教学过程中积极创设情境，调动学生的生活经验，激发同学们的创造热情，通过主次矛盾、矛盾主次方面关系原理及方法论意义的学习与探索培养学生的思辩能力。

三、问题和建议

主次矛盾、矛盾主次方面关系原理及方法论意义是非常难理解的内容，一定要让学生多体验和感悟，才能真正理解、运用。

Ⅴ 《矛盾是事物发展的源泉和动力》教学设计

一、情境导入

（多媒体课件展示材料）

美国对我国包围圈由"V"型逐渐变为"C"型；国庆六十周年庆典上，国防工业成就展；某处路面曾经非常泥泞、破烂，而今路基实在路面平整；锁具的不断升级换代得益于小偷技术水平的不断提高。

二、推进新课

以上材料共同说明了什么道理？

学生回答：（略）。

教师总结：以上材料共同说明了，世界上的任何事物都包含着两个方面，这两个方面既有对立的一面又有统一的另一面。由此构成了矛盾。

矛盾的同一性和斗争性

任何事物都是对立统一的。任何事物的运动、变化、发展都是矛盾对立统一的结果。

板书：1. 矛盾的含义

矛盾是反映事物内部对立和统一的哲学范畴，简言之，矛盾就是对立统一。

把握矛盾的含义我们应注意：①"事物内部"是指一个事物的内部，也指事物与事物之间。②不能把哲学上讲的矛盾与日常生活中的矛盾混为一谈。比如说某某同学和另外同学闹矛盾了，这里的矛盾只是我们哲学上讲的矛盾的一种具体形式，是矛盾斗争性的具体表现。③也不能把哲学上讲的矛盾与形式逻辑中违反逻辑规则，出现前后不一首尾打架的现象，即逻辑矛盾混为一谈。比如说"整个校园漆黑一片，只有一面窗户亮着灯"；"他是三好学生，是大家学习的楷模，就是劳动不积极，时常浑水摸鱼；身体像林黛玉经常咳咳哈哈"。逻辑矛盾是在思维领域中主观上违反了思维规则出现的一种错误现象。哲学上所讲的矛盾包括日常生活中形形色色的矛盾，具有客观性、普遍性。同学们能举例说明吗？高矮、胖瘦、强弱、有无、难易、进步落后、成功失败、运动静止、民主法制、自由纪律、化合分解、同化异化、遗传变异等。

板书：2. 矛盾的两个基本属性

板书：（1）同一性：矛盾双方相互吸引、相互联结的属性和趋势。

同一性的含义包括：一是矛盾双方是相互依赖的，一方的存在以另一方的存在为前提，双方共同处于一个统一体中。二是矛盾双方相互贯通，即相互渗透、相互包含，在一定条件下相互转化。

问题情境：（多媒体课件展示）胖和瘦也可以相互转化，胖要变瘦，条件是吃减肥药或参加体育锻炼；瘦要变胖，就多吃高脂肪、高能量的食品。进步者如果骄傲自满目空一切，就会落后；相反落后者如果发奋努力积极进取就会取得进步。

问题探究：上述材料说明了矛盾双方存在什么样的关系？

学生讨论、回答过程略。

教师总结：矛盾双方相互贯通，即相互渗透、相互包含，在一定条件下相互转化。

注意：矛盾双方的转化是有条件的。失败转化为成功，并不是随心所欲的，我们必须找出失败的原因，总结经验教训，并更加的发奋努力才可以把失败转化为成功。

问题情境：（多媒体课件展示）生物体在新陈代谢过程中，同化作用贮存能量，异化作用释放能量，它们是两种相反的作用，是相互排斥的。物理学上的作用力与反作用力大小相等方向相反。在 1949 年以前的中国社会，代表资产阶级的国民党是统治者、剥削者，而代表无产阶级的共产党是被统治者、被剥削者，它们的地位和利益是根本对立的，是相互斗争的。在教学过程中教师的教是启发与传授，学生的学是领悟与接受，两个方面是相互区别的。

问题探究：上述材料说明了什么样的哲学道理？

学生回答（略）。

教师总结：上述材料说明矛盾双方是斗争的。

板书：（2）矛盾的斗争性：矛盾双方相互排斥、相互对立的属性。这里的斗争是对立、区别、差异、冲突等的通称。

板书：（3）同一性和斗争性的关系。

同一以差别和对立为前提，没有斗争性，就没有矛盾双方的相互依存和相互贯通，事物就不能存在和发展；斗争性寓于同一性之中，并为同一性所制约，没有同一性就没有矛盾统一体的存在，事物同样不能存在和发展。矛盾双方既对立又统一，由此推动事物的运动、变化和发展。这里的"寓于"，也就是存在于、包含在其中的意思，是斗争性寓于同一性之中。特别说明：斗争性和同一性是指矛盾两个方面之间的关系性质，不能只把它们看成矛盾的两个方面。矛盾的两个方面是指矛盾的主要方面和次要方面。

板书：3. 唯物辩证法矛盾的观点的方法论意义

既然事物包含两个方面，这两个方面既有对立的一层关系，又有统一的另一层关系，那么我们在生活和工作中，想问题、办事情就要坚持一分为二的观点，全面的观点、两分法，两点论。反对以片面的观点看问题。

问题探究：同学们在日常生活中有没有违反一分为二的观

点，片面地看问题的表现呢？

同学回答（略）。

三、课堂小结

本节课主要讲了矛盾的含义、矛盾的基本属性以及二者之间的关系，唯物辩证法矛盾观点的方法论。同学们要重点把握矛盾的含义及全面地看问题的方法论。在分析和解决实际问题的过程中，进一步强化对基本原理的理解和运用。

四、随堂练习

单项选择题

1. 曹植七步诗的后两句是："本是同根生，相煎何太急。"其实，曹植和曹丕如果不是"同根生"，曹植的才华和抱负就不能对曹丕的皇位构成威胁，曹丕也无须去"煎"他。丕、植两兄弟的真实关系应该是："只缘同根生，相煎分外急。"由此可知（　　）

A. 矛盾双方没有对立，就没有统一

B. 矛盾双方没有统一，就没有对立

C. 矛盾双方互相依存，共处于一个统一体中

D. 矛盾双方依据一定条件各向其相反方向转化

2. 2006年3月，国务院总理温家宝在举行记者招待会时说："形势稍好，尤需兢慎。"其中"兢慎"见唐诗《泾溪》："泾溪石险人兢慎，终岁不闻倾覆人。却是平流无石处，时时闻说有沉沦。"这首唐诗所包含的哲学道理主要是（　　）

A. 矛盾双方各向自己相反的方向转化

B. 事物发展是前进性与曲折性的统一

C. 矛盾是事物发展的根本动力

D. 事物发展是量变与质变的统一

3. 古语云：万物并育而不相害，道并行而不相悖。这就要求

我们（   ）

    A. 要在对立中把握事物的同一性

    B. 要善于抓中心、抓重点、抓关键

    C. 要学会具体问题具体分析

    D. 要看到事物的对立性

    4. 挫折既是人生路上的"绊脚石"，又是前进道路上的"垫脚石"，这种看法（   ）

    A. 是全面看问题的辩证观点

    B. 正确发挥了人的主观能动性

    C. 说明意识能反作用于物质

    D. 说明量变会引起质变

    5. 李政道说，科学与艺术是一枚硬币的两面，连接它们的是创造力；福楼拜说，科学与艺术"从山麓分手，又在山顶汇合"。从哲学上看，这两句话都强调了（   ）

    A. 矛盾的双方各有其特点

    B. 矛盾的双方对立统一

    C. 矛盾的双方相互转化

    D. 任何事物之间都是矛盾的

Ⅵ   "人的认识从何而来"教学设计及点评

一、教学设计

【教学目标】

（1）知识目标：理解实践的含义和特点，实践与认识的关系。

（2）能力目标：培养积极思考问题的能力和归纳能力。

（3）情感、态度与价值观目标：感受人类实践的伟大，理解实践的重要性，树立积极参加实践的观念。

【教学重难点】

（1）教学重点：实践的含义和特点。

（2）教学难点：实践是认识的基础。

【教学过程】

师：今天早饭大家吃了什么？

PPT1：（呈现四种不同的面包图片）

师：你觉得哪一种面包是甜的？面包是客观的事物，而甜不甜需要主观的判断。想要知道面包的滋味，你就得亲口尝一尝。今天就让我们走进第六课：求索真理的历程——人的认识从何而来。

设计意图：通过贴近学生生活的图片，吸引学生的注意力，产生对新课的兴趣。

师：面包是用什么材料做的？现在我们来看一段关于小麦的视频并思考问题。

PPT2：（视频内容：麦子是如何生长的）

（1）种植小麦的主体是谁？需要什么手段（工具）？种植改变的对象是什么？

（2）主体、手段、对象有什么共同点呢？从整体上说这是一种怎样的活动？

（学生回答略）

师：种植小麦的主体、手段、对象都是客观的，种植活动的过程也是客观的，是物质相互作用的过程，其过程与结果受客观事物及其运动规律制约。现在，请你从哲学高度，用一句话来概括这项活动。

生：实践是人们改造客观世界的物质活动。

师：这就是我们今天要学习的"实践"的哲学概念。实践是主体根据自身需要改造客体的活动。实践自身并不能独立存在，没有主体和客体，实践活动不可能产生。实践是一种直接现实性活动，思想本身没有直接现实性的品格，只有靠实践，才能把人们头脑中的观念变为直接现实的、客观存在的东西，为人们提供现实的成果。所以，实践具有客观物质性。

设计意图：播放视频，激发学生的兴趣，产生思考，再归纳出实践的定义，锻炼学生的归纳能力。

师：请大家一起来判断下列活动是不是实践活动。

①蜜蜂筑巢。

②2015年浦江农民种花菜，亩产量达到4000斤。

③全面推进依法治国，建设社会主义法治国家。

④小明有一份假期旅游计划。

⑤2015年12月，我国自主研发的平流层飞艇"圆梦号"进行了首次试飞，实现平流层飞艇的长时间飞行。

⑥海南昌江核电1号机组进行3次甩100%负荷试验。

⑦2015年，我国营业税改增值税范围扩大。

PPT3：

师（生回答后小结）：其中①是动物本能活动，有别于人的实践活动；④属于认识活动。其他的几项都符合实践的概念，属于实践活动。

设计意图：通过学生的判断，教师可以了解学生的掌握情况。

PPT4：（视频内容：小麦是如何生长的——这个简单的问题，开启了历史上伟大的一次革命。它使我们从狩猎采集者转变为农耕者，这标志着人类由此开始大规模改造地球环境。新的生活方式使我们可以预先规划，更好地控制食物供应。通过挑选品质最好的种子，我们还可以提高农作物的产量，我们开始向大自然施

加影响。农耕进一步证明，我们能够改变世界，而不仅仅是适应它）

师：视频内容中哪些动词最能体现人类实践的"伟大"？

生：规划、控制、挑选、提高——这些动词体现了人类改造自然的"伟大"。实践具有客观物质性，是实实在在的改造过程。人类向大自然施加影响，创造出自然中原来没有的新的东西，建立起自己的家园。

师：除了对自然的改造之外，实践过程对人本身又有什么影响？

生：实践过程是人的本质力量展现的过程。人不仅能适应自然，而且能有目的、有意识地改变世界。

师：这说明实践具有能动性。

设计意图：充分挖掘视频资源，通过设问，引起学生的思考，体会人在实践活动中的作用，从而理解实践的能动性。

PPT5：（我国小麦种植变化表）师：从西周少量的种植面积到现在的 2.44 亿公顷，历经了千年。请你用这一事实分析说明实践具有怎样的特点。

（学生讨论、回答略）

师：种植规模不断扩大，播种工具越来越先进，加工能力逐步提高。从表格的分析中我们可以知道，实践活动不是单个人孤立的活动，而是处在一定社会关系中的人的活动，离开他人和社会的纯粹个人的实践活动是根本不存在的。在不同的历史阶段，实践的内容、规模和水平都不相同，都受到一定历史条件的制约，是一定历史条件的产物。这就是实践的社会历史性。

设计意图：通过图表，清晰地展现我国小麦种植的变化，让学生从数据的变化中感知实践的社会历史性，增强学生的分析能力。

师：上面我们分析了实践的含义及其特点，现在请同学们归纳一下实践具有的三个特点。

生：实践的三个特点：具有客观物质性；具有能动性；具有社会历史性。实践的这些特点是相互联系、相互渗透的。因此，我们说，实践是人们改造客观世界的物质活动。

师：在人类文明高度发达的今天，我们仍应对祖先怀有崇敬之情与感恩之心。如果没有人类祖先的实践，就没有灿烂的农耕文明，就没有现在的先进与发达。在工业化时代，人类拥有更多改造自然的能力，但我们更要对自然保持敬畏。人类所有的实践活动都必须尊重自然，遵循规律。

设计意图：通过教师的讲授，使学生感受人类祖先实践的伟大，同时理解实践也要遵循客观规律，增强问题的深刻性。

师：实践的观点是马克思主义认识论首要的观点。同时，实践具有社会历史性，后人的实践总是在前人实践的基础上，推动认识不断地向前发展。小麦在一定程度上缓解了饥饿的问题，然而人就算吃饱了，还可能生病，生病了就需要医治。让我们看幻灯片。

PPT6：（内容：葛洪《肘后备急方》和屠呦呦的材料）

师：东晋的葛洪寻书问义，阅读大量医书是借鉴别人的经验，这是一种间接的经验。他在行医实践中，总结治疗心得并搜集民间医疗经验，又是他的直接经验。通过实践，他获得《肘后备急方》这一认识的成果。而今，屠呦呦又从《肘后备急方》中的"青蒿一握，以水二升渍，绞取汁，尽服之"，受到了启发。请大家思考：既然实践是认识的唯一来源，为什么屠呦呦还要阅读中医古籍？

生：就每代人或每一个人来说，事事都去亲自实践是不可能的。亲自参与实践活动而获得知识是直接经验，通过学习和传递而获得的知识是间接经验。屠呦呦发现青蒿素就是借鉴了前人的认识成果。

师：所以说，实践是认识的唯一来源，但不是唯一途径，前人为我们积累了丰富的间接经验，对于我们中学生来说搞好今天的学习显得更为重要。

设计意图：激起学生的疑问，再通过引导，最终得出"实践是认识的来源"的结论，并能区分认识的来源与途径。

师：那么，实践与认识除了实践是认识的来源这一重要关系之外，还会有什么关系呢？就让我们再看一段视频。

PPT7：（视频内容：疟疾给人类带来了巨大的灾难，各国科学家为此都在努力，之前使用的氯喹、奎宁已产生抗药性，治疗效果不理想。屠呦呦已经筛选了200多种中药，提取方法加起来380多种，全部没成功。最后，屠呦呦研发小组把重点放在了青蒿上，又经过一次次的实验，才发现改用沸点比乙醇低的乙醚，能有效地提取青蒿中的抗疟成分）

生：疟疾给人类带来了巨大的灾难——这是实践的需要。当时的抗疟药都产生了耐药性——这是实践产生的新的需要。

师：从试验新药的时候，我们对抗疟药有了一定的认识，到屠呦呦重点研究青蒿，这是认识的发展。人类在改造客观世界的同时，也改造着自己的主观世界。所以，实践是认识发展的动力。

设计意图：疟疾的危害以及耐药性体现实践的需要，使学生能更好地认识到实践推动了认识的发展。

师：青蒿素用乙醚在低温下提取，既能保持青蒿素活性又极大提高纯度。这是一种通过实践检验的正确认识。那么，怎么样的认识才算是正确的呢？这就需要处在主观和客观交汇点上的实践来回答。所以，实践是检验认识的真理性的唯一标准。

设计意图：设疑让学生思考，层层递进，学生在了解屠呦呦发现青蒿素提取方法的过程中，深刻理解实践是检验认识的唯一标准。

PPT8：（视频内容：屠呦呦的发现对人类的影响，无法估量。过去十年里，全球死于疟疾的人数下降了38%，全球43个国家，疟疾发病率和疟疾死亡率都下降了50%以上。在过去的15年里，青蒿素复方药物已经成为治疗疟疾的主要药物，在复方疗法中，可以降低产生抗药性的风险）

师：人们评价"屠呦呦的发现对人类的影响无法估量"。结合视频内容，说明这一评价的理由。

师（在学生讨论、回答基础上小结）：青蒿素复方药物被世卫组织列为治疗疟疾的首选药物，全球43个国家疟疾发病率和疟疾死亡率都下降了一半以上。所以说，屠呦呦的发现对人类的影响无法估量。认识本身不是目的，而改造世界才是认识的目的。所以，实践是认识的目的和归宿。

设计意图：让学生从数据中感受青蒿素对世界的影响，明白认识只有回归实践，改造世界，才有意义。

师：现在，我们一起来概括实践与认识的关系（学生讨论后形成共识）：实践是认识的来源，实践是认识发展的动力，实践是检验认识的真理性的唯一标准，实践是认识的目的。一句话：实践是认识的基础。那我们趁热打铁，一起来连一连。

（学生回答略）

师：最后，我把《年轻的战场》这首歌送给大家，希望同学们有想法就去实践它，有梦想就勇敢地坚持。

设计意图：整理思路，串联知识点，加深学生的印象，再通过连线练习，检验学生的掌握程度。

二、课例点评

总的来说，这是一堂理念科学、设计巧妙、深入浅出、重点突出、效果明显的富有"哲学味"的优质课。

1. 从观念层面看

该课例以情景认知理论为指导，在教学过程中通过设置多个视频及系列问题情景，建构了师生对话、生生交流的互动平台，使课堂以"学"为中心有了依托，一定程度上摆脱了长期以来思想政治学科以"教"为中心的传统授课方式。

2. 从目标层面看

要说明"人的认识从何而来"的教学素材是很多的，选取"麦子是如何生长的""发现种植的意义""东晋葛洪《肘后备急方》""屠呦呦及青蒿素"作为教学素材显然是匠心独运的，独特的教学素材蕴含着高远的教学立意。课例中老师结合学生的认知特点，通过一系列问题的设置，在师生解决问题过程中较好地落实了知识和能力目标；更为重要的是，老师在教学中始终引导学生对祖先的实践要有感恩之心，对自然应有敬畏之意。另外，老师还通过"葛洪《肘后备急方》的诞生、屠呦呦对青蒿素的反复实验并成功提取"等感人故事，进一步引导学生去领悟中国传统医学的博大精深和医药学家屠呦呦的为科学献身精神。这样的教学立意无疑与新课程所倡导的情感、态度和价值观目标是完全一致的。

3. 从方法层面看

老师善于用学生知识领域中已有的或生活中较为熟悉的事例，对一时难以理解的理论或问题进行诠释，这是一种较好的教学方法。把抽象、深奥的哲学道理轻易地说明白绝不是一件容易事，把"情感、态度和价值观目标"这种无形的目标通过师生对话过程、学生思维冲突、学生情感体验等途径无痕地加以落实则更不容易。可贵的是，老师在这节课例中尝试做了。

主要参考文献

［1］仇金彪．科学的命运，人的命运——论科学精神与人文精神的辩证统一 [J]. 思想理论，2002.(2).

［2］钟启泉，崔允漷．新课程的理念与创新 [M]. 高等教育出版社，2003.

［3］杨明全．加拿大中小学 STSE 课程的实践与启示 [J]. 外国教育研究，2008.(8).

［4］乔红华．STSE 教育在中学物理教学中的实践研究 [J]. 东北师范大学，2005.

［5］吕康社，王欣．新课程理念下开展 STSE 教育的思考 [J]. 陕西师范大学继续教育学报，2006.(2).

［6］曹金勇．试论思想政治课的学科功能 [J]. 新课程改革与实践，2009.(14).

［7］李彰有．政治课融入社会主义核心价值体系教育的教学建议 [J]. 中学政治教学参考，2012.

［8］徐霞，高中思想政治课教学融入社会主义核心价值观策略例谈 [J]. 中学政治教学参考旬刊，2013.

［9］雷震．高中政治教学活动的几点有益的反思．科学咨询，2008.(16).

［10］周丽霞．略谈新课标下的高中政治教学导向．沧州师范专科学校学报，2008.(3).

［11］胡刘宋．谈高中政治教学中学生问题意识的培养．跨世纪，2008.(6).

［12］杨英．高中政治课堂教学问题设计新探 [J]. 中国科教创新导刊，2010.(33)：66.

［13］廖素治．优化高中政治课堂的问题设计 [J]. 吉林画报出

版社，2013.(5)：70，116.

［14］符太胜，李东斌，王培芳．教师教育有效性问题的再思考——基于建构主义理论的探讨 [J]. 教育探索，2008.(03).

［15］丁福军．让政治课堂充满探究的魅力 [J]. 思想政治课教学，2007.(02).

［16］杜海军，欧阳宇．"问题导学"模式对高中学段学业成绩的影响研究 [J]. 教育导刊：上半月，2015.(3).

［17］韩立福．"问题导学"：当代课堂教学深度改革的新方向 [J]. 江苏教育研究，2013.(1).

［18］欧阳宇，宋东胜．"问题导学"课型中的问题生成策略探析 [J]. 课程教学研究，2016.(2).

［19］韩立福．有效教学法 [M]. 北京：首都师范大学出版社，2012.

［20］刘建国．思想政治课过程探究式教学浅谈 [J]. 常州师范专科学校学报，2003.(02).

［21］陈育梅．思想政治课探究式教学模式的认识与实践 [J]. 平原大学学报，2004.(05).

［22］段宝寿．思想政治课探究式教学刍议 [J]. 青海教育，2005.(04).

［23］H·Lynn·Erickson. 概念为本的课程与教学 [M]. 兰英译，北京：中国轻工业出版社，2003：173.

［24］陈友芳．《经济生活》教材逻辑结构解析 [J]. 中学政治教学参考，2012.(3)：19-20.

［25］季苹．教什么知识——对教学的知识论基础的认识 [M]. 北京：教育科学出版社，2009：258-259.

［26］郅庭瑾．为何而教 [D]. 上海：华东师范大学出版社，2001.

［27］郑涛．"问题群"教学模式在高中思想政治课教学中运用研究 [D].上海：师范大学出版社，2007.

［28］陆正军．政治计算型试题的解题窍门 [J].新高考（政治历史地理），2009.(9)：14-17.

［29］郑传霞．高中思想政治探究课教学研究 [D].山东师范大学教育学院硕士论文，2012.

［30］洪艳梅．高中政治综合探究作业的设计与评价 [J].思想政治课教学，2011.(11).

［31］王恒富．新课程视域中的"综合探究" [J].中学政治教学参考，2007.(7).

［32］祝文俊．浅淡思想政治课的教学反思 [J].教育科学教学实践学，2012.(01).

［33］邓昌滨．教学反思：论文创作的基石 [J].教育纵横，2014.(02).